교육무용의 이론과 실제

박순자 저

감사글

교육무용에 대한 발전의 필요성을 느끼며…

본서는 필자가 숙명여자대학교 무용과에서 어언 30여 년간 이론을 중심으로 강의 해온 이즈음, 무용이라는 학문이 시대적 필요성에 의하여 주로 공연예술의 목표를 향해 발전하는 과정에서 어떤 목적의 무용을 표현하더라도 교육이라는 과정이 반드시 수반되고 있음을 깨닫기 시작하면서 집필의 필요성을 갖게 되었습니다.

주로 대학은 영 · 유아 · 초 · 중 · 고등학교 및 학원 등의 교육을 통해서 무용을 사랑하는 학생들을 선발하였으며 실기 중심의 교육으로 일관하여 왔다고 볼 수 있습니다.

우리나라가 광복 이후, 연령별 교육기관을 세우고 교육의 중요성을 갖는 가운데 점차 산업화 · 정보화의 성공적 발전을 통해 선진국 대열에 서는 급성장하는 국가가 되었습니다. 이에 국민들이 다양한 문화적 체험 및 여가를 선용하면서 무용 또한 대중성을 갖고 보급되고 있음을 알 수 있었습니다.

최고의 연구 기관인 대학에서는 공연예술로서의 무용에 깊은 관심을 갖고 오직 무용가, 무용수로서의 목표를 지향할 때, 사회는 자신의 행복을 추구하기 위한 대중적 무용교육의 다양한 프로그램을 필요로 하고 있었다고 볼 수 있습니다.

이에, 대학입시 경쟁 및 강화 현상이 일어나기 전에 교육의 보편성을 유지하였을 때 교

• • • • • • •

육 받았던 교육무용의 교육적, 대중적 부활과 그에 따른 교육의 중요성의 각성 및 콘텐츠 개발이 이 시대에 필요로 하고 있음을 절감하며 본서가 이러한 전인격 형성 및 인간의 복지적 행복의 필요성에 기여할 수 있기를 기대합니다.

끝으로 본서의 편집을 위해 그래픽 디자인을 해주신 성밝음님과 본서 출판을 위해 수고하신 진수진 사장님 및 임직원들께 감사드립니다. 더불어 밤 낮 끊임없이 함께 수고한 조선하 조교와 김수진, 강미리 제자에게 진심으로 감사한 마음을 전합니다.

2016. 1. 20.

박순자

"지혜 있는 자는 듣고 학식이 더할 것이요
명철한 자는 지략을 얻을 것이라." (잠언 1장 5절)

CONTENTS

차례

IV. 교육무용의 이론적 배경

V. 교육무용을 위한 기초 동작의 이해

VI. 교육무용의 이론과 실제

VII. 21C의 바람직한 무용교육의 방향

VIII. 무용교육에 있어서 선교의 필요성

IX. 예술관련 자격증

I

교육의 이론과 배경

교육의 어원

교육의 어원적 의미를 파악하는 것은 교육의 개념을 이해하는데 도움이 된다. 한자로서의 敎育은 동양의 고전인 「맹자(孟子, BC372~289추정, 유가철학)」의 「진심편(盡心篇)」에서 처음 쓰여진 것으로 알려져 있다. 맹자는 이 책에서 최고 인격자로서 군자가 갖는 세 가지 즐거움을 말하고 있는데, 그 첫째 즐거움은 부모가 건재하시고 형제가 별 탈 없이 살아가는 것이요, 둘째 즐거움은 하늘을 우러러 부끄러움이 없고 인간 사회에 부끄러움이 없는 것이요, 셋째 즐거움은 천하의 영재를 얻어 이를 가르치고 기르는 일, 즉 교육하는 일(天下英才而敎育之三惡色)이라는 것이다.

敎育에서 '敎'자는 윗사람이 모범을 보이면 아랫사람이 이를 본받는다는 의미(上所下所效)이다. 윗사람이 모범을 보인다는 것은 교육자가 학습자를 지도하고 모범을 보인다는 뜻이다. '敎'의 한자 구성은 '스승과 어린이가 인간관계를 형성하며 회초리로 지도받는 모습'을 나타낸다. 또한 '育'자는 그릇된 자식을 바르게 길러 착한 일을 하도록 한다는 의미(養子便作善)이다. 따라서 敎育은 미숙한 아이가 착한 아이가 되도록 윗사람이 모범을 보이고 지도하여 아랫사람으로 하여금 모방하고 추종케 한다는 뜻이다.

영어인 Understand의 어원은 영어의 역사와 깊은 관계가 있는 게르만계의 앵글로색슨의 리더에서 부터 시작되었다. 수렵 민족에게 리더는 그 집단의 결정권을 가지고 있는 자이다. 그 리더의 '아래에 선다'고 하는 것으로 리더의 마음을 짐작하여 이해하는 것을 요구한 것이 understand의 어원이 되었다. 즉 understandan, under(로 부터 아래에) + standa(서서)로, understand는 누구를 이해한다는 것이 아래의 입장에서, 즉 상대방의 아래 입장에서 그 사람을 이해한다는 의미로 쓰인다.

교육은 곧 피지도자를 이해한다는 것으로부터 출발해야 한다고 볼 수 있다.

교육의 서양적 어원은 페다고지(pedagogy)와 education에서 찾을 수 있다. 페다고지의 어원은 그리스어의 paidagö gos(파이다고고스)에서 유래하는데 이것은 어린이를 이끈다는 뜻이다. paidos(파이도스-어린이)와 agö gos(아고고스-이끌다)의 합성어인 paidagogos는 귀족의 자제들을 학교나 체육관, 기타 공공의 장소로 데리고 다니면서 교육시키는 고용된 가정교사(tutor)이다.

아테네를 여행하던 중 안내자를 통해 아테네의 교육에 대해서 설명을 들었던 기억이 난다. 아테네에서는 성적이 좋은 학생은 사설 학원을 다닐 수 없으며 성적 부진학생을 중심으로 학원을 다닐 수 있는 사회적, 교육적 제도가 있는데 이러한 제도가 국내에도 도입이 되면 좋을 것이다. 반드시 상기의 제도가 아니더라도 질서와 중심을 잃은 듯 지나친 과외 수업, 학원의 교육 등으로 학생들의 인격과 특성 등이 또 다른 정형적 틀을 만들어 낸다고 볼 수 있기 때문이다.

미국에서는 고등학교 졸업 시 SAT(Scholastic Aptitude Test)를 통해 졸업여부를 판단한다. 즉, 그 나라의 모국어와 수학을 시험 보는 것이다. 이와 같이 우리나라도 상기의 예와 같이 국가적이면서 국제적인 면모를 갖추는 교육열이 필요하다고 본다. 국내의 교육현상 중 영어 중심의 교육을 인정 아니 할 수 없다. 그러나 최근의 우리나라 의무교육 중 국사나 국어가 외면당하는 성향을 모두 공감하였듯이 적어도 한국은 모든 학과목 가운데에 모국어인 국어가 중심이 되어야 한다는 것이다.

최근에 평생교육의 중요성이 강조되면서 성인을 대상으로 한 교육활동이 활발하게 이루어지고 있다. 이런 점에서 아동들을 대상으로 한 교육학에 대비되는 개념으로서 성인교육학(andragogy)이라는 용어가 생성되었다. andragogy는 andros(성인)이라는 말과 agogos(이끌다)라는 말의 합성어로서 성인들의 학습활동을 지원하는 체계적인 학문이라고 할 수 있다. 교육의 대상이 아동뿐만 아니라, 성인으로까지 확대되고 있다는 점에서 아동중심의 교육학적 접근은 한계가 있음을 보여준다.

영어의 education은 라틴어의 educo(에듀코)에서 유래한 말이다. 이것은 e(밖으로)와

duco(끌어내다)가 결합된 말로서 인간의 내재적인 소질과 잠재적인 가능성을 밖으로 끌어내 발전시킨다는 의미를 갖고 있다. 앞서 밝힌 그리스어의 paidagogos와 유사한 의미인 것이다.

이상을 통해서 교육은 인간 한사람을 소중히 여기며 인간의 근본도리를 몸소 행할 수 있는 전인격적인 것을 바탕으로 개인적 자질을 발견하고 발전시켜 갈 수 있도록 이끌어 주는 것이다. 나아가 이 땅에서의 생을 마감할 때까지 지속적인 교육의 중요성을 망각치 않고 평생토록 인간본연의 교육적 가치성을 유지, 보전, 활용한다는 것이다.

교육의 정의

앞서 교육의 어원을 통해 교육의 정의가 대략 밝혀졌다. 오늘날의 교육의 정의는 다문화, 다원화, 글로컬 문화도입 및 정보화 시대, IT세계화 구축으로 인해 교육의 정의가 다양하게 나타나고 있다.

이렇듯 교육은 어디에 중점을 두느냐에 따라 다르게 정의된다. 교육을 어떻게 정의하더라도 결국 교육은 인간의 행동을 바람직하고 필요한 방향으로 변화시키는 일임에는 틀림없다. 교육의 정의를 내리지 않고서 교육에 대하여 논할 수는 없을 것이다. 그 이유는 교육의 정의가 곧 교육의 목표가 되기 때문이다.

다음은 교육의 측면에서 기능적 정의, 목적적 정의, 조작적 정의이다.

1) 기능적 정의

교육이란 무엇을 하기 위한 수단이라고 보는 입장으로 교육의 도구적 · 수단적 가치나 외재적 가치를 중시하며, '교육을 문화의 계승 및 발전의 수단'으로 보는 입장이다.

2) 목적적(규범적) 정의

'교육의 궁극적인 목적이 무엇이냐'와 관련지어 규정하는 입장으로 '교육은 인간을 인간답게 형성하는 과정'으로 보고 교육의 가치실현 그 자체에 더 큰 비중을 둔다.

3) 조작적 정의

교육을 '인간행동의 변화과정'으로 보는 입장으로, 교육은 인간의 내·외현적 행동의 계획적·의도적 변화 및 작용이다. 내현적 행동이란 겉으로 드러나지 않는 행동(태도, 사고, 가치관, 인격, 자아개념, 신념 등)을 말하고 외현적(겉으로 드러난) 행동은 객관적으로 확인 가능한(수량화할 수 있는) 행동을 말한다. 이것은 계획적·의도적이라는 것으로 교육목적과 교육과정이 포함되어 있는 의도적 작용을 의미하며, 교사·학생·교육내용 등 교육의 3요소가 언제나 존재하는 형식적 교육에서 특히 중요시 되는 말이다. 또, 변화란 말 속에는 육성, 계발, 발달, 상향적 진보 등의 의미를 담고 있다. 변화란 현재보다 나은(바람직한) 가치관과 진리를 향한 접근을 의미한다.

이상의 교육의 정의와 더불어 학자들에 따라 달리 정의 되어 왔다. 칸트(Immanuel Kant, 1724~1804, 독일 철학자)는 도덕적이고 인격적인 측면을 강조하여 '교육은 인간을 인간답게 형성하는 작용'이라고 정의하였다. 이에 비해 슈프랑거(Spranger, 1882~1963, 독일 철학자·교육학자)는 교육의 문화적 기능을 강조하였다. 그는 교육을 비교적 성숙한 사람이 미성숙한 사람을 자연의 상태에서 이상의 상태로 끌어올리기 위해 문화재를 통해서 구체적, 연속적으로 주는 문화작용이라고 보았다. 즉, 문화의 전달, 유지, 발전, 창조 등을 교육이라고 본 것이다.

루소(Rousseau, 1712~1778, 프랑스 철학자·교육론자)나 케이(Elen Karolina Sofia Key, 1849~1926, 스웨덴 여성운동가·사상가)는 교육을 인간의 자연적 발전을 위한 조성 작용이라고 보았고, 스티븐(Steven, 1832~1904, 영국 문학자·윤리학자)은 교육은 자연의 법칙에 따라 개체의 발달을 조장하려는 인류 고유의 활동이며, 미성숙한 자연인을 자율적이고 독립적인 생활인으로 성숙될 수 있도록 성숙자가 미성숙자를 육성하는 모든 작용이라고 보았다.

사회성에 중점을 둔 페스탈로치(Pestalozzi, 1746~1827, 스위스 교육이론가), 크리엑(Kriek) 등은 교육을 사회의 계속적인 개혁의 수단이라고 정의하였고, 생활과 경험적 측면을 강조한 듀이(Dewey, 1859~1952, 미국 철학자)는 교육을 생활, 성장, 사회과정, 경험의 재구성으로 정의하였다. 이들의 정의를 관점에 따라 분류하면, 다시 규범적 정의, 기능적 정의, 조작적 정의로 나눌 수 있으며 그 내용은 다음과 같다.

1) 규범적 정의

규범적 정의란 그 어떤 궁극적 목적과 연관되어 있다. 즉, 교육은 현재 인간의 모습, 현재 사회의 현상에 초점을 두는 것이 아니라 미래에 당연히 확보해야 할 것으로 보는 가치 있는 어떤 특성에 초점을 둔다. '교육은 진리를 추구하는 과정이다', '교육은 민주시민으로서 가져야 할 자질을 양성하는 과정이다'라는 정의는 교육의 규범적 정의를 강조한 것이다.

교육에 대한 규범적 정의는 누구나 동조할 수 있는 일반적이며 바람직한 방향을 제시한다. 그것이 너무 추상적이거나 포괄적이어서 구체화하는 데에는 어려움을 갖고 있다. 인격 완성이나 자아실현과 같은 내재적 가치의 실현 또는 진리의 추구는 계량화하기에 어려움이 있고, 객관적 관점에서 그것을 평가하기에도 어려움이 있다. 또한, 개인적 관점에서 바람직한 인간상을 마련해 놓고, 그것을 위해 교육한다고 했을 때, 그 관점이 진정으로 바람직한 것인가에 대한 의문도 남게 된다.

2) 기능적 정의

기능적 정의란 교육의 도구적 가치를 강조한 관점이다. 기능적 관점에서 보았을 때, 교육이란 사회 문화의 계승 및 사회 발전의 수단이 된다. 이 때 교육이 기여해야 할 대상을 자신에게 한정시킬 것인가, 아니면, 사회나 국가로 확대해서 볼 것인가 등은 관점에 따라 더욱 세분화된 다양한 기능적 정의가 가능하다.

'교육은 취업을 위한 수단이다', '교육은 대학을 가기 위한 수단이다', '교육은 자격증을 취득하기 위한 수단이다'라는 입장은 교육의 기능성을 강조한다. 현재 우리나라에서 가장 팽배해 있는 관점은 이 기능적 관점의 정의이다. 이러한 교육의 기능적 정의는 교육의 도구적 가치를 중시하는 입장이다.

그러나 기능적 교육관에 치중하게 되면, 그 가능성과 당위성이 인정된다고 하더라도 교육 고유의 가치를 잃게 되고, 교육을 무언가를 위한 수단으로 밖에 인정하지 않음으로서 교육에 대한 병폐를 낳게 된다.

3) 조작적 정의

교육에 대한 정의를 조작적으로 하려는 학자들은 규범적 정의와 기능적 정의의 단점을 보완하고, 교육은 인간 행동을 계획적으로 변화시키려는 과정의 측면을 강조한다. 즉, 인간 행동이란 관찰하기 쉬운 외현적 행동과 지식, 사고, 태도, 자아개념과 같은 눈에 보이지 않는 내면적 행동까지를 포함한다. 일반적으로 교육에서 보는 인간의 행동은 지적인 측면을 다루는 인지적 영역, 정서적 측면을 다루는 정의적 영역, 신체적 측면을 다루는 운동기능적 영역으로 크게 분류한다.

구체적으로 인지적 영역은 기억력, 이해력, 적응력, 분석력, 종합력, 평가력과 같이 단순한 지식의 암기 및 재생 능력에서부터 고도의 창의적인 능력까지를 포함한다. 정의적 영역은 감수성, 반응, 가치화, 조직화, 인격화 등과 같이 인간의 흥미, 태도, 신념, 가치관 등을 포함하고, 운동기능적 영역은 근육이나 운동 기능을 나타내는 행동 특성을 포함한다.

'계획적 변화'라는 말은 인간행동이 자연적으로 변화해 가는 것에 관심을 두는 것이 아니라 그것을 의도적으로 변화시키는 데 관심을 둔다는 뜻이다. 변화시키고자 하는, 또는 변화시켜야만 하는 인간 행동에 관한 명확한 설정과 의식이 있고, 그것을 기를 수 있는 이론과 실증이 뒷받침된다는 것을 의미한다. 인간은 이러한 계획적인 변화의 과정을 통해 몰랐던 지식을 습득하게 되며, 미숙했던 사고력을 숙달하게 되고, 몰랐던 기술을 몸에 익히게 되며, 새로운 태도와 가치관을 갖게 된다.

이상의 교육의 정의에 대한 분석을 보면 교육적 측면에 중점을 두던지, 학자의 의견에 중점을 두던지 동일한 정의의 분류를 통하여 교육이 발전되고 있음을 볼 수 있다.

결국, 규범적 정의 즉, 목적적 정의는 교육이 누구나 동일하게 할 수 있는 일반적이며 바람직한 방향을 제시해야하는 초석과 같은 것을 기초로 하고 있다.

그 외에 기능적 · 조작적인 것은 그 시대, 환경, 현실성, 문화성 등의 특성에 따라 변화의 요소가 있음을 나타내고 있다.

교육의 역사

본장에서는 한국과 서양의 교육의 흐름을 살펴보고자 한다.

1) 한국의 학교교육의 역사

우리나라 최초의 학교는 삼국시대 고구려의 태학(372)이다. 태학은 유교 경전을 중심으로 가르쳤으며, 귀족계급의 관리 양성과 유학의 발달을 목적으로 하였다. 그 후 통일신라, 고려, 조선시대를 거치면서 전통적인 학교는 지배집단을 위한 소규모의 관학으로서 국가가 관리・운영하였으며, 서민과 여성들에게는 이러한 교육기회가 주어지지 않았다. 물론 서당이나 그 외 소수의 사학기관이 존재했으나 다수의 일반대중들에게는 학교교육을 받을 기회가 제공되지 않았다.

우리나라에 근대적 학제가 도입된 것은 19세기 말이라고 볼 수 있다. 1876년 강화도조약 체결 이후 서양의 산업문명에 접하게 되었고 이에 따라 신지식을 지닌 인재양성을 위한 근대적인 서양식 학교체제가 도입되었다. 우리나라 최초의 근대학교는 원산 주민들과 지방 유지들이 세운 원산 학사(1883)이며, 정부 차원에서는 통역관 양성을 위한 동문학(1883)과 신지식을 지닌 지도자양성을 위해 육영공원(1886)을 설립하였다. 그 외에 외국인 선교사에 의해 배재학당, 이화학당 등과 같은 근대학교가 설립됨으로써 기독교정신과 아울러 교육평등사상이 고취되었으며, 이를 통해 교육의 보편화와 함께 근대적 지식이 보급되었다. 그러나 제도적인 측면에서 신학제가 실시된 것은 1895년 갑오개혁 이후 고종이 발표한 '교육입국조서'를 통해서이다. 정부는 근대적 학문과 근대교육을 널리 보급할 것을 계획하고 근대적인 학교관제와 규칙을 제정 · 공포하였다. 일제식민시대로 접어들면서 일본은 식민정책의 수행을 위해 학교교육을 우민화정책과 동화정책 추진의 수단으로 이용하고자 하였다.

1945년 광복 이후 우리의 교육은 일제의 잔재를 청산하고 새로운 교육을 수립해야 하는 과제를 안고 있었다. 1949년 12월에 제정된 교육법의 '모든 국민은 능력에 따라 균등하게 교육받을 권리를 가진다'(헌법 31조)는 내용에 따라 교육의 보편화와 평등화가 법적으로 명시되었다. 1951년 3월 전시 중에 교육법 개정을 통해 6-3-3-4제가 한국 학교제도의 기틀로 확고히 자리 잡게 되었다.

1960년대 이후 학제개편에 대한 논쟁이 고조되었으나 학제의 구조적 개편보다는 부분적 보충에 그치고 기본학제의 틀이 계속 유지되어 왔다. 그러나 현행 학교제도 하에서의 획일적이고 경직된 교육운영은 교육 본래의 달성보다는 교육의 비인간화 현상을 초래하고 교육의 질적 수준 저하로 이어지는 등 여러 문제점을 안고 있어 최근에는 본격적인 학제개편론 내지 개혁안이 마련되어 진행되고 있다.

✚ 한국 학교교육의 역사

시대	교육기관/형태	특징	교육내용
삼국 (고구려)	• 태학(국가최고교육기관) • 경당 (우리나라 최초 사학)	• 중앙의 귀족자제를 대상으로 한 관리양성 • 지방 평민자제를 위한 초등교육 기관	• 문무 겸비 교육(유교 경전과 활쏘기)
삼국 (신라)	• 화랑도	• 귀족출신의 청소년을 대상으로 한 교육단체, 수양단체, 친목단체, 전사단	• 신체단련, 도덕적 품성 도야, 감성교육
통일 신라	• 국학(국가최고교육기관)	• 진골이나 6두품 이상의 귀족자제를 대상으로 유학연구와 관리 양성을 위한 고등교육기관	• 논어, 효경 등 • 기술교과(의학, 천문학 등)

고려	• 국자감, 동서학당(관학) • 십이도, 서당(사학)	• 인재양성과 관리등용을 위한 종합대학과 중등교육기관 • 사립고등교육기관, 사립초등교육기관	• 경전과 기술학
조선	• 성균관, 사부학당, 향교(관학) • 서원, 서당(사학)	• 국가최고교육기관, 중등교육기관, 지방중등교육기관 • 학문과 덕행을 연마하는 사설교육기관, 기초적인 내용을 학습하는 사설초등교육기관	• 유교경전과 제술 • 경학중심 /강독, 제술, 습자
근대	• 원산학사(1883) • 동문학, 육영공원 • 배재학당, 이화학당 등	• 교육입국조서(1895) 발표 근대국가 체제를 향한 교육개혁 방침 제시	• 외국어 교육, 실업교육, 교원양성
현대	• 6-3-3-4 기본학제 확립	• 해방 이후, '홍익인간'을 교육 이념으로 채택	• 교육의 기회균등, 사회화와 적응, 개성화와 인간능력의 계발

2) 서양의 학교교육의 역사

서양에서의 학교의 기원은 그리스시대까지 거슬러 올라간다. 고대 그리스시대에는 생업에 종사할 필요가 없는 한가한 귀족계급인 자유민이 지배계급의 지위와 신분을 유지하기 위해 그들의 자녀들에게 교양과 문화를 가르친 곳을 스콜라(Schola)라고 하였다. 스콜라의 어원적 의미는 '한가' 또는 '여가'로서 이것이 오늘날 학교인 School이다.

고대사회의 학교는 고대문명의 성립으로 발달한 문화를 체계적으로 전달하고 국가에 필요한 우수한 관료를 양성하기 위해 발달되었으며, 소수 지배계급을 위한 교육을 실시했으므로 일반 대중들과는 거리가 멀었다. 고대 그리스에서는 강인한 신체를 강조한 군사훈련식의 교육과 음악교육 및 문자교육이 실시되었으며, 점차 아테네의 도시국가에서는 조화로운 인간상의 발달을 추구하게 되었다. 초등교육기관인 팔레스트라(Palestra)와 중등교육기관인 김나지움(Gymnasium)은 모두 신체단련과 관련된다. 반면 로마의 초등교육기관인 루두스(Ludus)는 '놀이' 학교 성격이 강하였고, 중등교육기관으로는 그리스어 문법학교와 라틴어 문법학교가 있어 웅변가 양성 교육에 중심을 두었다.

중세 유럽사회는 기독교 중심 사회였기 때문에 소수의 성직자나 지도자를 양성하기 위한 교회부속의 사원학교가 대부분이었다. 그 외에는 극히 제한된 사람에게 기독교인 양성을 위한 기독교 교리와 읽기, 쓰기, 셈하기를 가르치는 정도였다.

이후 십자군원정으로 상공업이 발달하여 시민계급이 형성되고 도시가 발달하는 등 중세사회의 모습이 변화하면서 교육의 양상도 달라지게 되었다. 즉, 상공업이 발달하고 동방과의 교역이 활발해지면서 시민계급의 교육에 대한 요구가 확산된 것이다. 그들은 시민계급에게 적합한 상업상의 읽기, 쓰기, 셈하기 및 기술교육을 실시하고자 하였고 이러한 요구에 의해 시민학교가 발생하였다. 이와 함께 이탈리아의 볼로냐, 프랑스의 파리, 영국의 옥스퍼드 등에서도 대학이 발생하여 신학 이외에 법학, 의학 등의 학문연구가 확대되었다. 그러나 중세사회의 학교는 여전히 사회적 신분이나 경제적 지위, 성별 등에 의한 차별적인 것이었다.

대중교육의 중요성 및 필요성이 크게 대두된 것은 16세기에 들어서이다. 르네상스와 종교개혁 이후 인간 이성에 대한 신뢰와 자연과학의 진보, 그리고 인쇄술의 발달 등으로 저렴한 책의 보급이 가능해지면서 보편적 교육과 아동교육에 대한 주장들이 나오기 시작하였다. 루소(Rousseau)는 「에밀」이라는 책에서 어린이를 고유의 인권과 권리를 가진 존재로 보고, 어린이의 자유와 자발성을 존중하고 어린이의 성장과 발달에 맞는 단계별 교육을 주장하였다. 빈민자녀와 고아들을 위한 교육실천가인 페스탈로치(Pestalozzi)는 지 · 덕 · 체의 균형 잡힌 발달을 위해 학교교육에서 생활교육과 노작교육을 강조하였다. 프랑스의 콩도르세(Condorcet, 1743~1794, 프랑스 사상가 · 수학자)는 '교육받을 권리는 다른 인간적 권리를 실현하기 위한 가장 기초적인 권리'라 하며, 민중의 교육은 국가의 책임이라는 공교육제도의 원리를 제공하였다.

이러한 사상을 바탕으로 하여 고타공국은 1642년 어린이의 취학의무 등에 관한 법령인 고타교육령을 발표하였으며, 미국의 매사추세츠에서도 공교육제도와 의무교육에 관한 내용을 규정한 매사추세츠 교육령을 공포하였다.

그러나 당시 대중을 위한 공교육으로서의 학교교육은 여전히 가난한 대중에게 보편적으로 실시되지 못하였으며, 점차 종교단체나 산업자본가에 의해 교육이 주도되었다. 즉, 산업혁명의 진전에 따른 급격한 도시화로 인한 도덕성 퇴폐와 빈곤층 공장노동자 자녀들의 범죄 및 비행 증가를 우려하며 종교단체에서는 자선학교와 일요학교를 개설하였다. 또한 산업자본가들은 어린이의 보호 이외에도 생산성이 높은 양질의 노동력을 길러내기 위하여 산업체 학교를 세우기 시작하였다.

교육실천에서 공교육과 의무교육제도가 확립된 것은 19세기에 들어서면서부터이다. 18세기말 프랑스혁명을 중심으로 한 민주주의의 발달과 영국의 산업혁명을 계기로 자본주의적 경제체제가 발달하면서 대중교육의 필요성이 고조되었다.

19세기 학교교육은 국가의식 고취, 국가와 사회발전에 기여하는 것을 목적으로 각 국가에 의해 조직되었다. 이로써 공교육체제가 강화되었고 의무교육제도와 교육의 국가통제가 실시되었으며 교육의 기회균등의 원리에 따라 대중의 자제들에게도 교육받을 권리가 주어졌다. 이와 함께 학교교육은 특히 초등교육단계에서 크게 확대되었다.

20세기 들어서서 민주주의의 급속한 발달과 확대는 교육의 민주화 운동으로 전개되었고 이로써 교육의 기회균등 및 대중화가 폭넓게 실현되었다.

보편적으로 서양은 선진국가로서의 인식이 있다. 그러나 상기의 내용에서 살펴보면 소수층 · 특정층의 교육과 강인한 신체양성을 위한 신체훈련 중심의 군사훈련식 교육과 예능적 · 인문적 교육이 우선되었으며 16C에 들어서 일반인들과 나아가 어린이들에게 대중교육을 기독교적 신앙을 배경으로 하였다. 차츰 19C에 들어서서 어린이들의 공교육, 의무교육이 확립되어 교육의 체계를 갖추게 되었다. 또한, 국가의식 고취, 나아가 국가 및 사회발전을 목적으로 학교교육이 대중화 되었다면 20C에는 민주주의의 급속한 발달로 기회균등과 대중화를 갖춘 오늘날의 학교교육을 성립시켰다. 이 내용을 표로 보면 다음과 같다.

✚ 서양 교육의 흐름

시기	특징(사회 경제적 변화)	교육의 형태/기관	주요 사상가
원시 시대	• 생존과 직결된 교육	• 생활 그 자체가 교육	
고대	• 지배계급의 신분 유지 위한 교육	• 그리스: 음악학교, 체육학교 • 로마: 루두스, 문법학교, 수사학교	소크라테스, 플라톤, 아리스토텔레스(그리스), 키케로, 퀸틸리아누스(로마)
중세	• 기독교 사상을 바탕으로 한 종교적 교육제도 발달 • 중세 후기에 대학의 발달	• 문답학교, 수도원학교 • 시민학교	토마스 아퀴나스(이탈리아)
16세기	• 르네상스, 종교개혁	• 중등교육기관 (이탈리아 궁정학교, 프랑스 콜레즈와 피세, 독일 김나지움, 영국 라틴어 문법학교 등)	루터(독일), 에라스무스(네덜란드), 라블레(프랑스)
17세기	• 과학의 발달, 실학주의 교육 • 고타교육령, 메사추세츠 교육령 공포	• 유아학교, 국어학교, 라틴어 학교 등	코메니우스(체코), 로크(영국)
18세기	• 계몽사상, 합리주의, 산업혁명 • 공교육제도 발생 • 교육의 주체는 종교단체와 자선단체	• 일요학교, 유아학교, 조교학교, 자선학교	루소(프랑스), 바제도우(독일)
19세기	• 신인문주의, 낭만주의 • 국가주의 교육		페스탈로치(스위스), 헤르바르트(독일), 프뢰벨(독일)
20세기	• 신교육운동 • 교육제도의 민주화, 기회균등	• 전원학교, 노작학교, 실험학교	몬테소리(이탈리아), 엘렌케이(스웨덴), 듀이(미국)

04

교육의 목표

교육의 긍정적인 목표는 '인간다운 인간'의 육성에 있다. '인간다운 인간'을 육성하는 전인교육은 '사람으로서의 품격'을 지닌 사람을 의미하며, 이는 '인격자'를 뜻하는 말이 된다.

전인교육이란 인간성의 특정한 부분만이 아니라, 전면적인 교육을 뜻하는 것이다. 전면적인 교육이란 학생들의 지적 발달 · 사회적 발달 · 정서적 발달 · 신체적 발달 · 도덕적 발달 등을 망라한 것이다.

인간성의 전면적인 발달, 즉 인간의 지 · 정 · 의 뿐만 아니라 여러 가지 기능을 자유롭고도 자연스럽게 그리고 조화롭게 발달시킬 것을 의도하는 교육을 전인교육이라고 부른다. 이러한 것은 전 인류에 공통하고 있는 인간이 보편적인 본질과 본성인 인간성의 전면적인, 그리고 완전무결한 발달을 시도하는 것인 동시에 인류가 해결해야 할 가장 어렵고 영원한 숙제인 것이다.

동서고금을 막론하고 교육의 이상은 전인 교육이다. 교육의 목적은 백지와 같은 미완의 인재를 이상적인 인간으로 길러 내는 것인데, 이상적인 인간상은 시대와 나라에 따라 약간의 차이는 있으나 대체로 지와 덕과 건강과 체력을 고루 갖춘 사람이다. 따라서 전인교육은 인간의 어느 한 부분에 치우치지 않고 여러 가지 면이 고루 개발되고 발달하도록 이끌어 주는 것이다.

교육의 목표는 크게 두 가지 영역, 즉 인지적 목표와 정의적 목표로 분류된다.

인지적 목표는 학교교육에서 전통적으로 가장 관심을 두어온 지적 과정, 즉 인지하고 이해하며, 사고하고 지식을 습득하며, 파지하는 과정과 관련된 목표들이다. 정의적 영역은 인지적 영역보다 개인에게 훨씬 더 중요할 수도 있는 것으로 느끼고, 믿고, 좋아하고, 싫어하는 주관적인 정서적 과정과 많이 관련되어 있다. 학교는 학생의 태도, 가치, 선호, 감상 등을 다루지 않으면 안 되는 중요한 역할을 하는 것이다.

인격교육은 바로 정의적 영역의 목표와 동일한 개념으로, 물론 인격완성을 목표로 하고 있다. 인격이란 도덕성 발달의 최종단계이며, 인간주의 심리학자들은 인격을 '가치관의 산물'로 보며, 전인교육을 인지의 발달 → 행동의 변화 → 인격의 완성 과정으로 보아 인격과 가치관을 거의 동일시하고 있다. 따라서 인격이란 지적인 완성을 의미하기보다는 인간의 품성을 의미하며, 품성이 도덕적 행위의 실천으로 표면화되었을 때에 비로소 인격이 완성되었다고 본다. 현대 교육은 인간의 품성 개발을 주안으로 하는 인격교육에는 별로 관심을 가지지 않았다. 심지어 인격은 가르칠 수 없는 것이라고 교육의 대상 밖에 두자는 견해도 있다.

교육의 목표는 지 · 덕 · 체의 조화적인 인격형성을 위한 활동이라는 것이다.

최근의 교육적 현상

2015년 9월 23일 정부는 「2015 개정 교육과정」을 확정하여 발표하였다. 한국에서의 교육은 1997년 7차교육과정고시가 있은 후 부터는 2004년, 2005년, 2006년, 2007년, 2009년에 개정 교육과정을 발표하였으며, 이후 6년 만에 교육과정을 개정하게 되었다. 개정안의 무용 부분은 고등학교 교과목 구성 중 전문교과목으로 무용의 이해, 무용과 몸, 무용 기초 실기, 무용 전공 실기, 무용 음악 실습, 안무, 무용과 매체, 무용 감상과 비평이 있다. 이에 교육부에서 제공한 보도자료를 통하여 「2015 개정 교육과정」에 대해 살펴보려고 한다.

2015 개정 교육과정의 핵심내용

–"지식 위주의 암기식 교육"에서 "배움을 즐기는 행복교육"으로 전환 –

– 핵심 개념 · 원리 중심으로 학습내용 적정화, 학생 중심 교실수업 개선 –

– 통합사회 · 통합과학 등 공통 과목 신설을 통해 문 · 이과 통합교육 기반 마련 –

– 국가직무능력표준(NCS) 토대로 산업현장 직무중심의 직업교육체제 구축 –

□ 교육부는 '15. 9. 23.현 정부의 '6대 교육개혁 과제'의 하나인 '공교육 정상화'를 위한 핵심과제로서, 창의융합형 인재 양성을 목표로 하는 「2015 개정 교육과정」을 확정 · 발표하였다. 이번 교육과정은 학교교육 전 과정에서 학생들에게 중점적으로 길러주고자 하는 핵심역량을 설정하고, 통합사회 · 통합과학 등 문 · 이과 공통 과목 신설, 연극 · 소프트웨어 교육 등 인문 · 사회 · 과학기술에 대한 기초 소양 교육을

강화하며, 교과별 핵심 개념과 원리를 중심으로 학습내용을 적정화하고, 교실 수업을 교사 중심에서 학생 활동 중심으로 전환하기 위한 교수 · 학습 및 평가 방법을 제시한 점이 가장 큰 특징으로 볼 수 있다.

≪그간의 경과≫

이번 개정은 현행 문 · 이과 구분에 따른 지식편식 현상을 개선하고 융합형 인재 양성에 대한 사회적 요구에 부응하고자, 초 · 중등 교육과정과 대학수학능력시험 제도를 연계하여 개편할 계획임을 천명하면서 시작되었다(교육부 2017년 대입제도 발표, '13.10.25). 교육부는 '12년 「미래사회 대비 국가수준 교육과정 방향 탐색 연구」를 바탕으로, '13.10월 개정에 대한 구체적인 논의를 거쳐 총론 및 교과 교육과정 개발을 위한 정책연구를 추진하였으며, '14.9월 「2015 문 · 이과 통합형 교육과정 총론 주요사항」을 발표하였고, 이어 '창의융합형 인재 양성'이라는 총론의 기본 방향을 토대로 교과별 교육과정을 개발하였다.

*('13) 문 · 이과 통합형 교육과정 개발을 위한 기초 연구 ⇒ ('14) 문 · 이과 통합형 교육과정 시안 개발 연구 및 6개 교과교육과정 재구조화 연구 ⇒ ('14) 교과교육과정 및 총론 시안 개발 연구 ⇒ ('15)교과별 교수 · 학습 및 평가 방법 개발

특히, 이번 개정 과정에서는 교과별 내용 중복 해소, 교과 간의 이해관계 조정 등을 위해 각계 인사와 교육과정 전문가, 현장교원 등이 참여하는 '국가교육과정각론조정위원회'를 구성 · 운영('15.3~) 하였다.

※ 인문 · 사회, 과학기술, 체육 · 예술 등 3개 분과 22명으로 구성

또한 교육현장과 소통하는 교육과정 개발을 위해 연구진에 현장교원을 40% 이상 참여하도록 하였으며, 현장교원 및 학계 중심의 '교육과정 포럼'을 개최(14회)하고, 시 · 도전문직 · 핵심교원을 대상으로 지속적인 의견수렴을 추진('14년 1,200여명, '15년 1,200여명)하였다.

개정 교육과정 발표에 앞서 두 차례에 걸쳐 진행된 공청회(1차 '15.7.30.~8.12./2차 '15.8.31.~9.4.)에서는 2015 개정 교육과정이 추구하는 인간상인 창의융합형 인재 양성을 위한 교실수업 개선 등 이번 개정의 근본 취지에 대해 전반적으로 공감대가 형성되었으며, 그간의 여러 차례 의견수렴 결과를 토대로 2015 개정 교육과정의 기본방향에 대해 다시 한 번 점검하고 몇 가지 중점 개정사항에 대한 심층적인 의견 수렴과 토론이 이루어졌다.

≪총론 주요 개정 내용≫

□ 2015 개정 교육과정은 현행 교육과정(2009 개정 교육과정)이 추구하는 인간상을 기초로 지식정보 사회가 요구하는 핵심역량을 갖춘 '창의융합형 인재'상을 제시하였다.

■ 창의융합형 인재

인문학적 상상력, 과학기술 창조력을 갖추고 바른 인성을 겸비하여 새로운 지식을 창조하고 다양한 지식을 융합하여 새로운 가치를 창출할 수 있는 사람

이를 구체적으로 구현하기 위해 추구하는 인간상*과 창의융합형 인재가 갖추어야 할 핵심역량으로 자기관리 역량, 지식정보처리 역량, 창의적 사고 역량, 심미적 감성 역량, 의사소통 역량, 공동체 역량을 제시하였다.

* 자주적인 사람, 창의적인 사람, 교양 있는 사람, 더불어 사는 사람

□ 주요 개정 방향

첫째, 인문 · 사회 · 과학기술에 관한 기초 소양 교육을 강화한다. 이를 위해, 초 · 중등 교과 교육과정을 개편하여 인문학적 소양을 비롯한 기초 소양 함양 교육을 전반적으로 강화하고 특히, 고등학교에 기초 소양 함양을 위해 문 · 이과 구분 없이 모든 학생이 배우는 공통 과목*을 도입하고, 통합적 사고력을 키우는 '통합사회' 및 '통합과학' 과목을 신설하였다.

* 국어, 수학, 영어, 한국사, 통합사회, 통합과학, 과학탐구실험

둘째, 학생들의 "꿈과 끼"를 키울 수 있는 교육과정을 마련한다. 단위학교의 교육과정 편성 · 운영의 자율성을 확대하여 학생의 진로와 적성을 고려한 다양한 선택 과목 개설이 가능하도록 하고, 자유학기제 전면 실시('16년)에 대비하여, 중학교 한 학기를 '자유학기'로 운영할 수 있는 근거를 마련하였다.

셋째, 미래 사회가 요구하는 핵심역량의 함양이 가능한 교육과정을 마련한다. 교과별로 꼭 배워야 할 핵심 개념과 원리 중심으로 학습내용을 정선하여 감축하고, 교수 · 학습 및 평가 방법을 개선하여 학생들의 학습 부담을 줄이고 진정한 배움의 즐거움을 느낄 수 있도록 한다.

■ 교과교육에 관한 국제적 경향

싱가폴을 비롯한 선진국의 교과교육과정은 적은 양을 깊이 있게(less is more) 가르쳐 학습의 전이를 높이고 심층적인 학습이 이루어지도록 하여 학습의 질을 중시하고 있음

□ 학교 급별 주요 개정 사항

초등학교의 경우, 1~2학년(군)에 한글교육을 강조하는 등 유아 교육과정(누리과정)과 연계를 강화한다. 초등 1~2학년 수업시수를 주당 1시간 늘리되, 학생들의 추가적인 학습부담이 생기지 않도록 창의적 체험 활동 시간을 활용해 체험 중심의 '안전한 생활'을 편성 · 운영하도록 하였다.

* 안전한 생활은 생활안전/교통안전/신변안전/재난안전 4개 영역으로 설정하여 지식 보다는 체험 중심 학습으로 자연스럽게 안전한 생활습관과 의식을 습득하게 함

중학교는 한 학기를 '자유학기'로 운영할 수 있는 근거를 마련함으로써, 학생들이 중간 · 기말고사에 대한 부담에서 벗어나 체험 중심의 교과 활동과 함께 장래 진로에 대해 마음껏 탐색할 수 있도록 하였다. 또한, 학생들이 소프트웨어에 대한 기초 소양을 충실히 갖추어 나갈 수 있도록, 소프트웨어 교육 중심의 정보 교과를 필수 과목으로 지정하여 재미있고 흥미로운 교육과정을 개발하였다.

고등학교는 학생들이 '공통 과목'을 통해 기초소양을 함양한 후 학생 각자의 적성과 진

로에 따라 맞춤형으로 교육받을 수 있도록 '선택 과목'(일반 선택/진로 선택)을 개설하도록 하고, 학생의 진로에 따른 선택권을 확대하기 위해 진로 선택 과목을 3개 이상 이수하도록 하는 지침을 마련하였다. 아울러, 기초교과 영역(국어, 수학, 영어, 한국사) 이수단위를 교과 총 이수단위의 50%를 넘을 수 없도록 하여 균형학습을 유도하고, 특성화고 교육과정은 전문교과를 공통과목, 기초과목, 실무과목으로 개편하여 국가직무능력표준(NCS)과 연계를 강화하였다.

≪교과 교육과정 주요 개정 내용≫

현재의 교육 모습	▶	앞으로의 교육 모습
- 과다한 학습량으로 진도 맞추기 수업 - 어려운 시험 문제로 수포자 양산, 높은 학업 성취도에 비해 학습 흥미도 저하 - 지식 암기식 수업으로 추격형 모방 경제에 적합한 인간		- 핵심 개념 중심의 학습 내용 구성 - 진도에 급급하지 않고 학생 참여 중심 수업을 통한 학습 흥미도 제고 - 창의적 사고 과정을 통한 선도형 창조 경제를 이끌 창의융합형 인재 양성

□ 교과별 주요 개정 사항

- 국어의 경우, 초등 저학년(1~2학년)의 한글교육을 체계화 · 강화하여 학생들이 입학 후 최소 45차시 이상 꾸준히 배울 수 있도록 하고, 체험 중심의 연극수업 강화*, 1학기 1권 독서 후 듣기 · 말하기, 읽기, 쓰기가 통합된 수업 활동을 통해 인문학적 소양을 갖출 수 있도록 하였다. 이러한 의미 있는 독서경험은 학생들을 성인이 된 후에도 꾸준히 책을 읽는 평생 독자로 이끌 것으로 기대된다.

  *(초) 5 · 6학년군 국어 연극 대단원 개설 / (중) 국어 연극 소단원 신설

- 수학의 경우, 초등학교 1학년에서 고교 공통 과목까지는 모든 학생들이 수학에 흥미와 자신감을 잃지 않도록 학생 발달단계와 국제적 기준(Global Standards)을 고려하여 학습내용의 수준과 범위를 적정화*하였으며,

  * 성취기준 이수 시기 이동, 내용 삭제 · 추가 · 통합 등

【 성취기준의 재조정 원칙 】

- (이동) 학습자의 발달 수준에 적절하지 않은 학습내용을 선별하여, 상급학년 · 학교급으로 상향 조정하거나, 하급학년 · 학교급으로 하향 조정
  예) 정비례 · 반비례(초6→중1), 이차함수의 최대 · 최소(중3→고1), 피타고라스 정리(중3→중2)
- (삭제) 실생활에서 활용도가 현저하게 낮거나, 현 시대 상황에 적절하지 않은 내용, 학교에서 학습하지 않더라도 실생활에서 자연스럽게 경험하고 체득할 수 있는 내용 등은 삭제 예) 아르(a), 헥타르(ha) 단위(초5)
- (추가) 사회의 발달에 따라 새롭게 정립된 내용, 국가 · 사회적 요구에 따라 새롭게 반영될 필요가 있는 내용, 교과학습에서 보다 강조하여 다뤄져야 할 내용 등은 추가
  예) 산점도와 상관계수(중3), 사인법칙과 코사인법칙(수학 I)
- (통합) 교과 간, 교과 내 유사한 학습내용, 함께 학습해야 학습효과가 높은 내용 등은 통합하여 조정
  예) 곱셈공식(중2) → 인수분해(중3)와 통합

- 이후에는 학생의 진로와 적성에 따른 맞춤형 교육과 수월성 추구가 이루어질 수 있도록 '실용 수학', '경제 수학', '수학과제 탐구', '심화 수학 I ,II' 등을 신설함으로써 선택과목을 재구조화하였다. 아울러, 수학적인 논리적 사고력을 기르고 수학에 대한 흥미도를 높이기 위해 활동과 탐구 중심으로 교수 · 학습 방법을 제시하고, 수업 내용과 실제 평가와의 괴리가 발생하지 않도록 '평가 방법 및 유의 사항'을 신설하여, 교육과정을 벗어난 내용을 평가하지 않도록 안내함으로써 실질적인 학습부담 경감을 실현하고자 하였다.

※ 평가 방법 및 유의 사항 예시

- (초) 무게 단위 사이의 관계에 대해 평가할 때, 1g과 1t 사이의 단위 환산은 다루지 않는다.
- (중) 경우의 수는 두 경우의 수를 합하거나 곱하는 경우 정도로만 다룬다.
- (고) 집합의 개념이나 집합의 포함관계는 개념을 이해하는 수준에서 간단히 평가한다.

영어의 경우, 초 · 중학교에서는 '듣기'와 '말하기'에 중점을 두고 고등학교에서 '읽기', '쓰기' 학습을 강조하는 등, 언어발달 단계와 학생발달 수준을 고려하여 의사소통 중심 교육을 강화하였다.

◈ 언어발달 단계 및 학생발달 단계를 고려하여 성취기준 조정
- 듣기 비율: (초등) 31% → (중학교) 26% → (고등학교) 24% [점진적 감소]
- 말하기 비율: (초등) 31% → (중학교) 30% → (고등학교) 19% [점진적 감소]
- 읽기 비율: (초등) 20% → (중학교) 26% → (고등학교) 28.5% [점진적 증가]
- 쓰기 비율: (초등) 18% → (중학교) 18% → (고등학교) 28.5% [점진적 증가]

또한 국제경쟁력 차원에서 기본적으로 학습해야 할 어휘 수(3천개)는 유지하되, 어휘 목록과 언어형식을 학교 급별로 구분 제시함으로써 학생 발달수준에 따른 체계적인 교육이 가능하도록 하였다.

- 사회 교과는 지식의 단순 나열이 아니라 초-중-고의 계열성을 고려하여 사회과학적 핵심 개념과 일반화된 지식을 중심으로 교육과정의 내용구조를 체계화하였다.
  - 고등학교 문・이과 공통으로 신설되는 '통합사회'는 인간을 둘러싼 자연과 사회 현상에 대해 시간적, 공간적, 사회적, 윤리적 관점을 적용하여 사회 현상을 종합적으로 이해하는 과목으로 개발하였으며,
  - 특히, 협력학습, 프로젝트 수업 등 학생 활동 중심의 수업을 통해 문제해결력, 의사결정력 등 핵심역량을 함양할 수 있도록 학습량을 적정화하고, 탐구활동의 예시를 제시함으로써 하나의 정답을 찾기 보다는 '다양한 답이 가능한 수업'을 할 수 있도록 안내하였다.
- 과학의 경우 "모두를 위한 과학(Science for all) 교육"을 목표로, 초등 '슬기로운 생활', 초・중학교 '과학', 고1 '통합과학' 까지는 주위의 자연현상에 대한 궁금증을 과학적인 기초 개념과 연결시켜 이해함으로써 앎의 즐거움을 경험하도록 재미있고 쉽게 구성하고,
  - 고2학년 이후에는 자신의 진로를 고려하여 진로 선택 과목 및 심화 과목 이수가 가능하도록 유기적으로 과목을 구성하였다.
    ※ 진로에 따라 물리학Ⅱ, 화학Ⅱ, 생명과학Ⅱ, 지구과학Ⅱ를 선택이수 하고, 고급 물리학, 고급 화학 등 전문교과 과목을 통해 수월성 교육 실시
  - 초・중학교 '과학'에 물의 여행, 에너지와 생활, 과학과 나의 미래, 재해・재난과 안

전, 과학기술과 인류문명 등 통합단원을 신설하고, 고등학교 문 · 이과 공통 과목으로 '과학탐구실험'을 개설하는 등 탐구 활동과 체험 중심의 학습을 강화하였다.

- 고등학교 학생들이 자연 현상을 통합적으로 이해할 수 있도록 신설한 '통합과학'의 경우 이론적 지식들을 학습자의 선행 경험과 연계하여 친근한 상황 속에서 학습할 수 있도록 학교 밖 현장 체험, 실생활 학습 등을 통해 흥미롭고 재미있게 구성하였다.

초등 5~6학년 실과에 도입되는 소프트웨어 교육은 놀이 중심의 알고리즘(algorithem : 어떠한 문제를 해결하기 위한 여러 동작들의 모임으로 유한성을 가지며 언젠가는 끝나야하는 속성을 가짐) 체험과 교육용 도구를 활용한 프로그래밍 체험을 통해 쉽고 재미있게 배움으로써 학습 부담이 늘지 않도록 하고, 중 · 고등학교에서는 실생활의 문제들을 컴퓨터 과학의 원리를 활용하여 효율적으로 해결하는 능력을 함양하도록 구성하였다. 특히, 지식정보사회의 구성원으로서 학생들이 정보윤리의식을 함양할 수 있도록 소프트웨어 저작권에 대한 이해와 정보기술의 올바른 사용법을 실천할 수 있도록 하였다.

≪향후 계획≫

「2015 개정 교육과정」은 전국 초 · 중 · 고등학교에 '18년부터(국정: '17년) 연차적으로 적용되며, 내년부터 전면 도입되는 중학교 자유학기제 관련 지침은 '16년부터 모든 중학교에 일괄 적용하도록 별도 조항을 제시하였고, 급변하는 산업수요 특성에 맞게 개발한 'NCS 교육과정'은 여건이 조성된 학교에서는 '16년부터 실무 과목을 우선 적용할 수 있도록 하였다.

초등학교 한자교육은 관련 교과(군)와 창의적 체험활동 시간을 활용하여 체계적인 지도가 이루어 질 수 있도록 하되, 적정 한자 수 및 표기방법 등 구체적인 방안은 정책연구를 통해 '16년 말까지 대안을 마련할 예정이다.

교육과정 발표와 동시에 새 교육과정 취지에 맞는 수능 개편안 마련을 위한 연구를 시작하여, 개정 교육과정이 처음 적용되는 '21학년도 수능을 응시하는 학생들이 고등학교에 입학하기 이전인 '17년에 수능 개편안을 확정 · 발표하고, 고등학교 보통교과 성취평가제 반영 방안을 '17년에 종합적으로 발표할 계획이다.

현행 교육과정 대비 신구 대조표

<table>
<tr><th colspan="3" rowspan="2">구분</th><th colspan="2">주요 내용</th></tr>
<tr><th>2009 개정</th><th>2015 개정</th></tr>
<tr><td colspan="3">교육과정 개정 방향</td><td>o 창의적인 인재 양성
o 전인적 성장을 위한 창의적 체험활동 강화
o 국민공통교육과정 조정 및 학교교육과정 편성 · 운영의 자율성 강화
o 교육과정 개편을 통한 대학수능시험 제도 개혁 유도</td><td>o 창의융합형 인재 양성
o 모든 학생이 인문 · 사회 · 과학기술에 대한 기초 소양 함양
o 학습량 적정화, 교수 · 학습 및 평가 방법 개선을 통한 핵심역량 함양 교육
o 교육과정과 수능 · 대입제도 연계, 교원 연수 등 교육 전반 개선</td></tr>
<tr><td rowspan="6">총론</td><td rowspan="6">공통사항</td><td>핵심역량 반영</td><td>o 명시적인 규정 없이 일부 교육과정 개발에서 고려</td><td>o 총론 '추구하는 인간상' 부문에 6개 핵심역량 제시
o 교과별 교과 역량을 제시하고 역량 함양을 위한 성취기준 개발</td></tr>
<tr><td>인문학적 소양함양</td><td>o 예술고 심화선택 '연극' 개설</td><td>o 연극교육 활성화
- (초 · 중) 국어 연극 단원 신설
- (고) '연극'과목 일반선택으로 개설
o 독서교육 활성화</td></tr>
<tr><td>소프트웨어교육강화</td><td>o (초) 교과(실과)에 ICT 활용 교육 단원 포함
o (중) 선택교과 '정보'
o (고) 심화선택 '정보'</td><td>o (초) 교과(실과) 내용을 SW 기초 소양교육으로 개편
o (중) 과학/기술 · 가정/정보 교과 신설
o (고) '정보' 과목을 심화선택에서 일반선택 전환, SW 중심 개편</td></tr>
<tr><td>안전교육 강화</td><td>o 교과 및 창체에 안전 내용 포함</td><td>o 안전 교과 또는 단원 신설
- (초 1~2)「안전한 생활」신설 (64시간)
- (초 3~고3) 관련 교과에 단원 신설</td></tr>
<tr><td>범교과학습주제개선</td><td>o 39개의 범교과 학습 주제제시</td><td>o 10개 내외 범교과학습 주제로 재구조화</td></tr>
<tr><td>NCS 직업 교육과정연계</td><td>〈신설〉</td><td>o 교육과정 구성의 중점 등에 반영</td></tr>
</table>

구분			주요 내용	
			2009 개정	2015 개정
총론	고등학교	공통과목 신설 및 이수단위	ㅇ 공통과목 없이 전 학년 선택과목으로 구성	ㅇ 공통과목 및 선택과목으로 구성 ㅇ 선택과목은 일반선택과 진로선택으로 구분 - 진로선택 및 전문교과를 통한 맞춤형 교육, 수월성 교육 실시
		특목고 과목	ㅇ 보통교과 심화과목으로 편성	ㅇ 보통교과에서 분리하여 전문교과로 제시
		국 · 수 · 영 비중 적정화	ㅇ 교과 총 이수단위의 50%를 초과할 수 없음	ㅇ 기초 교과(국 · 수 · 영 · 한국사) 이수단위 제한 규정(50%) 유지 (국 · 수 · 영90단위→84단위)
		특성화고 교육과정	ㅇ 특성화고 전문 교과로 제시	ㅇ 총론(보통교과)과 NCS 교과의 연계
	중학교	자유학기제 편제 방안	〈신설〉	ㅇ 중학교 '교육과정 편성 · 운영의 중점'에 자유학기제 교육과정 운영 지침 제시
	초등학교	초1,2 수업시수 증배	〈개선〉	ㅇ 주당 1시간 증배, '안전한 생활' 신설 - 창의적 체험활동에서 체험중심 교육으로 실시
		누리과정 연계강화	〈신설〉	ㅇ 초등학교 교육과정과 누리과정의 연계 강화(한글교육 강화)
교과교육과정 개정 방향			〈개선〉	ㅇ 총론과 교과교육과정의 유기적 연계 강화
			〈개선〉	ㅇ 교과교육과정 개정 기본방향 제시 - 핵심개념 중심의 학습량 적정화 - 핵심역량을 반영 - 학생참여중심 교수 · 학습방법 개선 - 과정중심 평가 확대

<table>
<tr><th colspan="2" rowspan="2">구분</th><th colspan="2">주요 내용</th></tr>
<tr><th>2009 개정</th><th>2015 개정</th></tr>
<tr><td rowspan="2">지원체제</td><td>교과서</td><td>〈개선〉</td><td>o 흥미롭고 재미있는 질 높은 교과서 개발</td></tr>
<tr><td>대입 제도 및 교원</td><td>〈개선〉</td><td>o 교육과정에 부합하는 수능 및 대입 제도 도입 검토
– 수능 3년 예고제에 따라 '17년까지 '21학년도 수능 제도 확정
o 교원양성기관 질 제고, 연수 확대</td></tr>
</table>

초 · 중 · 고등학교 시간 배당 기준 – 예 · 체능 중심

□ 초등학교

<table>
<tr><th colspan="2">구 분</th><th>1~2학년</th><th>3~4학년</th><th>5~6학년</th></tr>
<tr><td rowspan="2">교과(군)</td><td>체육</td><td rowspan="2">즐거운 생활 384</td><td>204</td><td>204</td></tr>
<tr><td>예술(음악/미술)</td><td>272</td><td>272</td></tr>
<tr><td colspan="2">창의적 체험활동</td><td>336
안전한 생활 (64)</td><td>204</td><td>204</td></tr>
<tr><td colspan="2">학년군별
총 수업시간 수</td><td>1,744</td><td>1,972</td><td>2,176</td></tr>
</table>

□ 중학교

<table>
<tr><th colspan="2">구 분</th><th>1~3학년</th></tr>
<tr><td rowspan="2">교과(군)</td><td>체육</td><td>272</td></tr>
<tr><td>예술(음악/미술)</td><td>272</td></tr>
<tr><td colspan="2">창의적 체험활동</td><td>306</td></tr>
<tr><td colspan="2">총 수업시간 수</td><td>3,366</td></tr>
</table>

□ 고등학교

교과(군)	교과 영역	교과(군)	공통 과목(단위)	필수이수 단위	자율편성단위
	체육 · 예술	체육		10	학생의 적성과 진로를 고려하여 편성
		예술		10	
창의적 체험활동					24(408시간)
총 이수단위					204

※ 공통 과목은 2단위 범위 내에서 감하여 편성 · 운영할 수 있다. 단, 한국사는 6단위 이상 이수하되 2개 학기 이상 편성하도록 한다.

※ 과학탐구실험은 이수 단위 증감 없이 편성 · 운영하는 것을 원칙으로 하되, 과학 계열, 체육 계열, 예술 계열 고등학교의 경우 학교 실정에 따라 탄력적으로 운영할 수 있다.

※ 필수 이수 단위의 단위 수는 해당 교과(군)의 '최소 이수 단위'로 공통 과목 단위수를 포함한다. 특수 목적 고등학교와 자율형 사립 고등학교의 경우 예술 교과(군)은 5단위 이상, 생활 · 교양 영역은 12단위 이상 이수할 것을 권장한다.

※ 기초 교과 영역 이수단위 총합은 교과 총 이수단위의 50%를 초과하지 않도록 한다.

고등학교 교과목 구성 – 예체능 중심

□ 보통 교과

교과 영역	교과(군)	공통 과목	선택 과목	
			일반 선택	진로 선택
체육 · 예술	체육		체육, 운동과 건강	스포츠 생활, 체육 탐구
	예술		음악, 미술, 연극	음악 연주, 음악 감상과 비평 미술 창작, 미술 감상과 비평

□ 전문 교과

가) 전문 교과 Ⅰ

교과(군)	과목			
체육 계열	스포츠 개론	체육과 진로 탐구	체육 지도법	육상 운동
	체조 운동	수상 운동	개인 · 대인 운동	단체 운동
	체육 전공 실기 기초	체육 전공 실기 심화	체육 전공 실기 응용	
	스포츠 경기 체력	스포츠 경기 실습	스포츠 경기 분석	
예술 계열	음악이론	음악사	시창 · 청음	음악 전공 실기
	합창	합주	공연실습	
	미술 이론	미술사	드로잉	평면 조형
	입체 조형	매체 미술	미술 전공 실기	
	무용의 이해	무용과 몸	무용 기초 실기	무용 전공 실기
	무용 음악 실습	안무	무용과 매체	무용 감상과 비평
	문예 창작 입문	문학 개론	문장론	문학과 매체
	고전문학 감상	현대문학 감상	시 창작	소설 창작
	극 창작			
	연극의 이해	연기	무대기술	연극 제작 실습
	연극 감상과 비평	영화의 이해	영화기술	시나리오
	영화 제작 실습	영화 감상과 비평		
	사진의 이해	기초 촬영	암실 실기	중급 촬영
	사진 표현 기법	영상 제작의 이해	사진 영상 편집	사진 감상과 비평

교과별 주요 변화 내용 – 신설내용 중심

≪통합사회(신설)≫

- 학생들이 삶 속에서 중요하게 다루어야 하는 9개의 주제*를 선정하고, 각각의 주제에 대해 시간적, 공간적, 사회적, 윤리적 측면에서 다각도로 사고할 수 있도록 개발

* 행복, 자연환경, 생활공간, 인권, 시장, 정의, 문화, 세계화, 지속가능한 삶

• 통합사회 구성 체계(안)

<table>
<tr><th>학교급</th><th>영역</th><th>핵심개념</th><th>대단원명</th><th>비고</th></tr>
<tr><td rowspan="9">고등학교</td><td rowspan="3">삶의 이해와 환경</td><td>행복</td><td>인간, 사회, 환경과 행복</td><td rowspan="3">– 인간 · 사회 · 세계를 바라보는 시각 및 자연환경 · 생활공간과 삶의 연관성 탐색</td></tr>
<tr><td>자연환경</td><td>자연환경과 인간</td></tr>
<tr><td>생활공간</td><td>생활공간과 사회</td></tr>
<tr><td rowspan="3">인간과 공동체</td><td>인권</td><td>인권보장과 헌법</td><td rowspan="3">– 인간의 삶에 영향을 주는 공동체 문제 해결 방안 모색</td></tr>
<tr><td>시장</td><td>시장경제와 금융</td></tr>
<tr><td>정의</td><td>정의와 사회 불평등</td></tr>
<tr><td rowspan="3">사회 변화와 공존</td><td>문화</td><td>문화와 다양성</td><td rowspan="3">– 인간과 삶에 영향을 주는 글로벌 요인과 그로 인한 문제점과 해결 방안 탐구</td></tr>
<tr><td>세계화</td><td>세계화와 평화</td></tr>
<tr><td>지속가능한 삶</td><td>미래와 지속가능한 삶</td></tr>
</table>

II

무용의 일반적인 이해

무용의 정의

무용은 긴 시간의 흐름 속에 인간과 긴밀한 관계를 이루며 발전하여 왔다. 무용이 무엇인지에 대해 알아보기 위해서 일반적으로는 모방론, 표현론, 형식론에 입각하여 무용이 어떻게 발생하였는지에 대해 설명한다. 그러나 본 장에서는 시간의 흐름에 따른 창조론, 본능론, 유희론, 모방론, 표현론, 형식론을 살펴보고자 한다. 나아가 현대의 새로운 관점에서의 무용의 정의를 살펴보기 위하여 무용과의 관계성에 따라 음악과 관련된 정의, 동작표현과 미적조화의 관계로서의 정의, 영적인 것과 관계된 무용의 정의를 함께 살펴보도록 하겠다.

무용의 역사가 인간의 삶과 함께 시작되었고 긴 시간 외부의 영향을 받아오면서, 각 시대마다 무용에 대한 가치가 변화되었으며 사회에서의 역할이 달라지기도 하였다. 또한 각 시대의 무용가들이 무용을 표현함에 있어 중점을 두는 부분도 달랐으며 당시의 지식인들과 철학자들에 의해 무용이 정립될 때에도 주관적 경험의 무용을 객관적인 이론으로 표현하기에는 다소 어려움이 따랐다. 이러한 상황에서도 오늘날 순수예술로서의 무용을 성립하기에 이르렀다. 이러한 무용의 정의를 시간의 흐름에 따라 분류하면 다음과 같다.

1) 창조론

창조론은 '태초에 하나님이 천지를 창조하시니라'라는 창세기 1장 1절의 말씀에 근거하여 하나님께서 인간을 창조하셨고, 창세기 2장 7절 '여호와 하나님이 흙으로 사람을 지으시고 생기를 그 코에 불어 넣으시니 사람이 생령이 된지라'라는 말씀을 통하여 인간에게 생기가 들어와 생명이 역동하기 시작한 시점에서부터라는 관점이다. 성서에서 많이 표현된 단어 중 하나인 찬양은 45가지의 뜻을 가지는데 이중 '춤추다', '경배하다', '즐거워하다', '기뻐하다'등의 의미도 함께 내재되어 있다. 대표적인 성경구절로는 "할렐루야 그 성소에서 하나님을 찬양하며, 그 권능의 궁창에서 그를 찬양할지어다 그의 능하신 행동을 인하여 찬양하며 그의 지극히 광대하심을 찬양할 지어다. 나팔소리로 찬양하며, 현악과 퉁소로 찬양할지어다 큰 소리나는 제금으로 찬양하며 높은 소리 나는 제금으로 찬양할지어다 할렐루야"라는 시편 150편의 말씀을 들 수 있다.

창세기 1장 28절에 '하나님이 그들에게 복을 주시며 그들에게 이르시되 생육하고 번성하여 땅에 충만하라 땅을 정복하라 바다의 고기와 공중의 새와 땅에 움직이는 모든 생물을 다스리라 하시니라'는 말씀을 통하여 창조자이신 하나님이 피조물인 인간에게 주신 명령을 무용은 움직임을 통하여 실현해야 함을 밝히고 있다. 더불어 움직임의 행위에 대한 기준은 창세기 1장 31절 상반절에 '하나님께서 그 지으신 모든 것을 보시니 보시기에 심히 좋았더라'고 기록되어 있으며 보시기에 좋았더라는 믿음의 기준을 가지고 무용을 실현해야 할 것이다.

2) 본능론

본능론은 인간은 누구나 움직임을 가지고 태어난다는 것을 기반으로 한다. 인간의 움직임은 삶을 위한 것이며, 감정을 나타내기도 하고, 느끼는 감정이 움직임으로 나타나기도 한다. 본능론은 인간의 언어가 출현하기 이전에 인간과 인간의 소통을 위하여 필수적이었기에 인간의 삶 속에서의 움직임은 본능에 따라 소통을 위해 발달하였다고 볼 수 있다.

3) 유희론

인간은 본능적으로 자신의 감정을 움직임을 통하여 표현하는 것이라고 하였다. 이러한 감정의 움직임은 인간의 몸을 부담감 없이 자연스럽게 움직이게 하는데 이 때 어떠한 쾌감을 느끼게 되는 것이다. 유희론은 이러한 쾌감을 느끼기 위하여 신체를 움직인다는 것에서 무용이 시작되었다는 관점이다.

유희라고 한다면 율동을 먼저 생각할 수 있겠으나 차츰 일생생활에서도 이러한 율동이 있다는 것을 발견하게 되었고, 일을 능률적으로 하기 위해서 또는 즐기기 위한 유희로써 무용은 발전을 해 온 것이다. 유희론에서는 단순한 유희나 육체적 오락을 목적으로 하는 무용 뿐 아니라 예술적 본능에 따라 예술성 있고, 작품성 있는 미적 작품의 세계를 추구해 오기도 하였다.

4) 모방론

모방론 관점에서 본 무용은 시학(Poetics)에서 밝힌 아리스토텔레스의 '예술은 모방이다'라는 모방론에 근거한다. 아리스토텔레스는 인간의 성격이나 감정 혹은 행동을 리드미컬한 움직임으로 모방하는 것이 무용이라고 하였으며, 플라톤은 예술가를 모방자로 간주하고 예술을 현실보다는 열등하고 현실의 외관만을 모방하는 저급한 활동이라 하였다. 아리스토텔레스에 의해 모방론이 유익하고 생산적인 가치라는 해석을 하게 되면서 보편적인 예술의 원리 안에서 무용가의 내면적 가치를 표출하는 수단인 모방이라는 예술표현이 이루어졌다.

18세기의 노베르(Jean-Georges Noverre, 1727~1810, 프랑스 안무가 · 발레개혁가)는 무용이 아름다운 자연(Beautiful nature)을 모방해야 한다고 하면서, 자연을 충분히 반영하여 신체를 통해 표현하는 것이 무용이며 사람들의 매너, 습관, 그리고 그들의 감정의 표현에 이르기까지 시각적으로 나타나는 제스처들을 정확하게 관찰하여 무용에 중심이 되는 제스처를 선택하고 패턴화함으로 무용이 삶의 모습을 제시할 수 있다고 보았다.

과거 아리스토텔레스는 본질적인 외형의 모방이 이루어졌다면, 18세기 노베르에 이르러서는 자연과 더불어 인간의 삶과 현실에서의 모방 역시 중요하게 여겼다. 따라서 인간의 삶과 현실을 모방하여 이루어진 무용이 인간의 삶에 영향을 끼칠 수 있을 것이라 생각하였다.

5) 표현론

'무용이란 인간의 사상과 감정을 신체적 운동으로서 표현하는 것이다(방정미, 邦正美)'. '인간의 신체 활동을 통하여 혼을 표현하는 예술이다(마리 뷔그만, Mary Wigman, 1886~1959, 독일 현대무용가)'. '무용은 신체의 움직임으로 표현하는 언어이다(컬링우드, Rovin George Collingwood, 1889~1943, 영국 철학자)'. 이상의 정의들은 무용을 표현론적 관점에서 정의한 것이다. 이처럼 표현론은 예술을 예술가의 체험 · 사상 · 감정의 표현물로 보는 것으로 '예술가를 위한 예술'이라는 낭만주의적 예술 사상에서부터 나타났다고 볼 수 있으며 예술을 작가의 영감 혹은 천재성이 창작이라는 활동으로 표출된 것이라 여기는 것에서 비롯되었다. 이성과 지성 혹은 그 이상의 영역을 신체를 통해 감정을 경험하는 표현론적 무용으로 나타났으며, 표현론적 무용은 인간의 신체를 통하여 인간의 이성, 지성, 감성, 영성 등을 표현하는 것이 그 핵심인 것이다.

6) 형식론

형식론적 무용은 작품의 내면적 가치와 의미보다는 형태를 창조하는 것에 의미를 더 크게 부여하는 것으로 외부의 어떠한 세계와 사상에 의해서가 아니라 오로지 그 자체에 기준을 두어 창작한다는 의미를 가진다. 이에 대해 앙드레 레빈슨(Andre Levinson, 1887~1933, 프랑스 무용평론가)은 무용을 모방이나 표현이 아닌 아름다운 움직임이며 움직임 그 자체에 쓸데없는 표현을 가미하지 않는 것으로, 쓸데없는 표현이 가미되면 무용의 순수함을 떨어뜨린다고 하였다. 조지 발란신(George Balanchine, 1904~1983, 발레루스의 마지막 안무가) 역시, 무용은 이전의 발레극과는 달리 내용이 아닌 형식요소 자체의 아름다움에 주목하고 인간에 관한 현실적 묘사와 혁신적이며 실험적인 움직임들을 개발하여 추상적인 작품성향을 보이는 형식론 위주의 현대적 발레를 구축해야 함을 강조하였다.

20세기 초 대표적으로 대두된 형식론은 인간의 외형적 움직임 자체에 의미를 두었으며, 의미를 가하지 않는 움직임, 동작 그 자체에 의미를 두는 것이라 할 수 있다.

7) 무용예술적 측면에서의 무용의 정의

일반적 무용의 정의를 종합적으로 기술하자면 상 · 하지체의 육신적인 몸과 혼, 영으로 우리의 사상과 감정, 또는 표현 가능한 세계에 대한 미적 접근을 통한 창작이며, 그것이 타인에게 전달되어 공감대를 이룰 수 있는 신체 움직임의 언어이다. 한편, 무용의 정의가 '정신이 음악을 듣고 느끼며 기쁨을 나타내는 아름다운 동작이다.', '무용이란 감정을 신체적으로 표현하는 예술형식이다.', '무용은 영과 육이 결합된 표현이다.' 라고 하지만, 무용은 영성과 음악과 미적 체험이 결합된 통합예술이라고 본다. 인간은 만물의 영장이고 동식물과는 달리 생각하고 판단하고 생명의 존엄성을 가지고 행위하기에 본 정의에서는 그간의 정의가 어떤 면으로 집중되어 있는지를 살펴보고자 한다. 이를 바탕으로 무수히 많은 사람들에 의해 무용은 음악과 관련된 정의, 동작표현과 미적조화의 관계를 통한 정의, 영적인 것과 관계된 정의 등으로 변화해 왔다. 그 내용은 다음과 같다.

(1) 음악과 관련된 정의

무용에 있어서 음악은 불가분의 관계이며 음악을 통해서 무용의 표현의 범위는 더욱 더 넓어질 수 있다. 물론 음악이 없이도 무용은 표현될 수 있으나 음악을 통해서 섬세한 감정과 강렬한 움직임 등도 더욱 정확하게 표현할 수 있다. 왜냐하면, 음악은 운동을 일으키는 충동의 한 조건이면서, 음악을 들음으로써 리듬에 맞추어 움직여지는 것이 무용의 동기도 될 수 있기 때문이다. 이에 음악과 관련된 무용의 정의를 표로 정리하면 다음과 같다.

No	정 의
1	무용은 정신이 음악을 듣고 느끼는 기쁨을 나타내는 아름다운 동작이다.
2	무용은 음악에 맞추어 스텝들을 우아하게, 정확하게, 솜씨 있게 구성하는 예술이다.
3	신체의 질서 있는 동작, 악기나 음성의 반주에 맞추어 높이 뛰고 일정한 스텝을 밟는 것이다.
4	정해진 박자에 맞추어 몸을 움직이는 동작이며, 동작에 주어진 표현을 나타내는 것이다.
5	일정한 리듬과 의식적인 기교가 일치하며 미리 정해진 공간에서 움직이는 몸의 연속적인 동작이다.
6	리드미컬한 자연운동이다.
7	무용이란 음악에 따라서 신체의 표현 운동이 예술적으로 되었을 때 생기는 것이다.
8	무용이란 음악을 동결시킨 형식의 예술이다.
9	무용은 음악의 리듬에 맞추어서 자기의 감정을 표현하는 예술이다.
10	무용이란 음악을 수반하는 형식의 예술이다.
11	무용이란 음악에 맞추어서 규칙적으로 움직이는 율동적 동작이다.
12	무용은 팔다리를 이리저리 움직여 온몸을 율동적으로 우쭐거리며 뛰노는 예술적인 동작으로 흔히 노래나 곡조에 맞추어 동작한다.
13	무용이란 악기나 음성의 박자 혹은 가락에 의한 기술로 조정되는 기분 좋은 움직임이다.
14	무용이란 음악의 리듬에 맞추어 자기의 감정을 표현하는 예술형식이다.

상기의 표를 통해서 음악이 귀로만 청취하는 소모적인 활동이 아니라 정신이 음악을 듣고 그 감정을 신체로 표현하는 내면적 활동에 의한 외면적 표현임을 알 수 있다. 또한 자기의 감정을 표현하는 예술로서 나를 표현하고, 내 안에 묵은 감정들을 털어버릴 수 있는 활동이다. 나아가 각자의 감정을 표현함으로 서로 소통하고, 공감할 수 있도록 하는 것이다. 따라서 무용에서의 음악은 감정을 이입할 수 있도록 하는 도움을 받을 수 있으며 군무의 경우 공동체가 하나의 생각이나 활동을 할 수 있는 기본 바탕을 만들어주는 것으로 표현에 더 큰 힘을 부여할 수 있다.

14가지의 정의 중 2번 '무용은 음악에 맞추어', 4번 '정해진 박자에 맞추어', 5번 '일정한 리듬', 9번, 14번의 '음악의 리듬에 맞추어' 등과 같은 문장을 통하여 무용예술이 음악에 대해 수동적이어 질 수 있는 부분들을 예측할 수 있다. 즉, 음악의 리듬을 통하여 움직임이 예측 가능해질 수도 있기 때문이다. 따라서 주의해야 할 것은 무용이 음악을 통하여 극대화 될 수도 있으나 음악에 치중하면 무용의 본질을 잃어버리고 음악을 표현하는 하나의 수단으로 혹은 주객이 전도되어 음악만이 향유자의 뇌리에 남게 될 수도 있다는 것이다.

무용은 음악에도 표현할 수 있고, 바람소리, 파도소리, 새소리에도 표현할 수 있으며, 나아가 아무 소리도 들리지 않는 무음의 상태에서도 충분히 그 의도와 감정을 표현할 수 있는 성격을 가진 예술 분야임을 상기할 필요가 있다. 더불어 무용의 주체는 음악이 아닌 무용가와 그 움직임이며 음악은 무용의 효과를 극대화시키기 위한 수단일 뿐이다.

(2) 동작표현과 미적조화의 관계로서의 무용의 정의

무용은 동작을 통해서 표현이 되는데 이때 연관되는 것이 미적조화이다. 일반적으로 사람들은 무용은 아름다운 것이라는 무의식적인 인식을 가질 수도 있다. 그러나 무용은 어떠한 움직임으로도 표현될 수 있으며, 표현을 통하여 무엇을 추구할 것인지에 대한 숙고가 필요하다. 이에 동작표현과 미적조화의 관계로서의 무용의 정의를 표로 보면 다음과 같다.

No	정 의
1	무용은 아름다운 자태와 몸의 우아한 자세들을 조화롭게 구성한 규칙적이고 우아한 동작이다
2	인간의 신체운동의 공간형성에 의해서 우리들의 사상이나 감정을 표현하고 미적가치판단을 나타내는 예술이다.
3	형(形)의 연결에 의한 표현이다.
4	자유로이 움직이는 단체 운동의 사상에 합치시키는 것이다.
5	인간의 육체를 사용한 표현이다.
6	미적 요소를 고려한다.
7	사상과 감정을 창조적으로 표현한다.
8	예술이다.

9	무용은 산 예술이다. 그것은 산 회화이고, 산 조각으로 원시적 감정을 직접적으로 가장 완전하게 표현하는 예술이다.
10	무용은 표현적 또는 무(無)표현적 신체의 율동적 운동이다.
11	무용이란 항상 흐르고 움직이고 그 움직임 속에 멈추고 그리고 또 그 흐름이 독특한 인간의 표현이다.
12	무용이란 감정을 신체적으로 표현하는 예술 형식이다.
13	무용이란 인간의 마음 속으로 부터 춤추지 않고는 견딜 수 없는 내적 운동으로 인해서 표출된 자연스런 몸짓이라 할 수 있다.
14	인간의 마음 속에서 부터 표출된 아름다운 움직임이다.
15	무용과 시란 음악이나 신체의 표면 운동이 예술적이 되었을 때 생겨나는 것이다.
16	무용은 운동의 예술이다.
17	무용은 인간의 신체가 이룩하는 예술이며, 정지 상태를 포함한 운동예술이다.
18	무용은 인간의 운동에 의한 공간을 형성하는 예술이다.
19	무용은 감정이나 감각이나 사상을 인간의 운동에 의한 공간 형식을 통하여 표현하는 예술이다.
20	무용은 신체를 통하여 인간의 사상과 감정을 표현하는 예술의 한 분야이다.
21	무용은 신체를 통하여 표현하는 예술이다.
22	무용은 자연운동이어야 하는 것이다.
23	무용은 예술로써 율주적 질서가 부여되어 있는 운동이 미학적 법칙에 따라 구성되어 사상과 감정을 표현하는 것이다
24	무용은 형의 연관이 속도감을 갖고 정리되고 거기에 질서와 의장이 생겨서 예술적 의미를 갖게 될 때 무용이 형성되는 것이다.
25	무용은 팔다리와 온 몸을 율동적으로 움직여 미를 나타내는 동작이다.
26	무용은 윗몸과 아랫 몸이 같이 어우러져 감정과 의지를 동작선으로 나타내는 예술이다.
27	무용은 바로 시이다.
28	무용은 운동이라는 매개를 통한 자연의 모방이요, 시인, 화가, 음악가 그리고 무언극 배우 사이에서 결합을 요구하는 모방이다.
29	무용은 공간에서 움직이는 몸의 연속적인 동작이다.
30	무용은 단순히 근육의 운동만이 아니라 정신 활동을 포함한 과정으로써 나타낼 수 있는 행동이다.
31	무용은 다이내믹한 동작에서 서로 작용하는 온갖 유형의 상징을 통한 이미지이다.
32	무용은 인간이 하는 자연운동으로써 자기의 사상 감정을 미학적 법칙에 의하여 표현하는 예술이다.

상기의 표와 같이 동작표현과 미적조화의 관계에 따른 무용은 동작표현에서는 규칙적이고 율동적인 신체의 운동으로 정의한 것을 알 수 있다. 1번의 '규칙적', 10번의 '율동적', 11번 '흐르고, 움직이고, 멈추고, 또 흐르고', 16번 '운동예술' 등을 비롯한 17번, 18번, 19번, 22번, 23번, 25번, 28번, 29번, 30번, 32번을 통하여 동작표현이 규칙적이면서도 불규칙한 운동의 법칙을 가지고 있음을 알 수 있다. 더불어 '신체표현'을 직 · 간접적으로 정의한 5번, 12번, 13번, 14번, 15번, 17번, 20번, 21번, 26번의 정의를 통하여 무용은 온전히 인간의 신체를 통해서만 이루어질 수 있는 인간 본연의 예술임을 나타내고 있다. 3번, 24번, 31번의 '형(形)에 의한 표현'을 통하여 의도하든 의도하지 않든, 인간의 사상이나 감정이 보이는 형상으로 표현되어지는 것임을 나타내고 있다.

동작표현을 통한 무용의 정의는 단순히 신체를 통한 동작에만 초점을 맞추어 정의를 내리는 것이 보편적이다. 또한 단순한 신체의 움직임을 운동으로 보는 견해도 있으나 무용 또한 운동을 통한 신체의 단련으로 이루어짐을 자각해야 할 것이다. 그러나 2번, 7번, 9번, 12번, 14번, 19번, 20번, 26번, 30번을 통하여 움직임은 '인간의 사상이나 감정'을 표현해 내는 도구임을 밝히고 있다. 32가지의 정의 중 9가지 정의에만 내적인 의미가 함께 포함이 되어 있으나 이는 무용이 의미 없는 동작의 나열로만 표현하는 것이 아닌 사상과 감정을 표현해 내는 신체 표현임을 나타내고 있는 것이다. 더불어 이러한 표현은 2번, 7번, 9번, 12번, 14번, 19번, 20번, 26번, 30번의 '미적으로 표현' 혹은 '미적가치판단'이라는 표현을 통하여 무용과 아름다움은 불가분의 관계라는 것을 알 수 있었다. 동작표현과 미적조화의 관계로서의 무용의 정의는 각각의 정의가 운동, 신체표현, 미적가치, 형상표현, 감정표현 등으로 나눌 수 있는데 하나의 의미만을 포함하는 정의도 있으나 1번, 2번, 7번, 9번, 10번, 12번, 14번 15번 16번, 19번, 20번, 23번, 24번, 25번, 26번, 29번, 30번, 32번의 정의는 두 가지 이상의 의미를 포함하고 있음을 알 수 있다. 즉, 신체표현과 미학, 신체표현과 공간형성, 신체표현과 감정표현 등의 2가지 이상의 의미가 혼합되어 있었다.

무용은 인간의 신체를 동작화하여 표현하는 것으로 육체를 통한 동작의 표현이 미적조화를 이루어야 함을 공통적으로 내포하고 있다. 나아가 그 움직임에는 사상과 감정이 포함되어 있으며, 움직이든 움직이지 않든 표현된다고 하였다. 인간의 외면적 활동에는 인간의 기본적인 의식으로 아름다움이라는 의미가 포함이 되어 있는 것처럼 모든 행위의 목적 또한 아름다움을 포함하고 있는 것이다. 더욱이 무용은 신체를 통한 표현을 통해 발현됨으로 인간은 기본적으로 아름다움을 추구하는 것을 유추할 수 있었다. 나아가 인간의 사상이나 감정, 감각, 정신활동 등을 미적조화로써의 신체의 움직임과 운동을 통하여 정신적인 의미를 전달한다는 공통점을 추구하고 있다.

(3) 영적인 것과 관계된 무용의 정의

오늘날 무용의 흐름은 신체적 표현에서 종합예술로서의 면모를 완성시키고 있다. 특히 최근에는 영성에 대한 부분에 주목하고 있다. 영성이란, 인간의 신체와 정신과는 구별되는 것으로 거룩한 생명을 통하여 깊은 성찰을 통한 통찰력을 가지고 삶을 추구해가는 신령한 성품, 영적인 성품이라 할 수 있다. 이에 영적인 것과 관계된 무용의 정의를 표로 보면 다음과 같다.

No	정 의
1	무용은 신체의 율동과 영혼의 매개체이다.
2	무용은 영과 육으로 결합된 표현이다.
3	무용은 영혼이 결합된 신체 운동으로 혼의 외침과 속삭임이며 영의 신체적 표현이다.
4	무용은 인간의 육체 운동을 통해서 영혼을 표현하는 예술이다.
5	무용은 인간의 사상과 감정을 미학적 법칙에 의하여 영혼이 결합된 신체의 자연 운동으로 표현하는 공 · 시간적 종합예술이자 부수적으로 음악과 미술 등 그 밖의 것들을 동원하여 공동의 협동 작업을 통해 보다 효과적인 표현을 하는 것이다.

상기의 표와 같이 1번의 '영혼의 매개체', 2번 '영과 육으로 결합된 표현', 3번 '영혼이 결합된', '혼의 외침과 속삭임', 4번 '영혼을 표현', 5번 '영혼이 결합된' 등의 표현을 통하여 무용이 1차원적인 신체의 표현을 넘어서서 인간의 영적인 표현임을 밝히고 있다.

성경적 관점에서 영은 하나님은 영이시라는 요한복음 4장 24절의 말씀과 이에 앞서 창세기 1장 27절의 '하나님의 형상대로 사람을 창조하시되'라는 기록을 통하여 하나님은 영이시기에 하나님의 형상대로 지음 받은 인간 역시 영적인 존재임을 나타내고 있다. 이에 영적인 면에서의 무용은 인간의 신체와 정신을 넘어선 것으로 동작의 표현이나, 힘, 에너지 등의 외면적으로 표현되는 것 이외에 내면적 표현의 관점에서 접근되었다. 최근 무용의 의사소통의 부재, 대중화의 보편화 작업의 미약함 등을 지적 받는 것은 인간은 마음을 통해 소통을 하는데, 무용에서는 작품이 난해하거나 피상적인 측면에 있어 의사소통의 어려움을 가지고 있다. 이는 무용가나 무용수가 작품을 만들고 공연하더라도 테크닉, 형식, 개인적 소견에 의한 무용을 추구하기 때문이다. 이러한 점에서 무용의 정의에 있어 영적인 면은 무용의 교육에서 심도 있게 다루어져야 할 부분이라고 하였다. 따라서 영적인 면에서의 정의는 실제로 자신의 모든 것(신체와 정신, 그것을 넘어선 최선)을 다하여 무용에 참여해야 함을 밝히고 있다.

무용의 필요성 및 목적

무용은 긴 시간 '무용은 어려운 것 또는 특수한 것'이라는 편견 속에서 전체가 아닌 일부의 향유계층과 무용가들을 통해서 발전해 왔다. 일반적으로 사람들은 무용을 신체를 아름답게 하고, 아름다운 신체를 통하여 표현하기 위해서 배우는 것이라 생각한다. 그렇다면 무용에 대한 통념이외에 역사의 흐름 속에서 무용의 필요성에 대하여 다음과 같이 살펴볼 수 있다.

첫째, 무용은 생활을 위하여 필요하였다. 무용은 언어가 발생하기 이전 인간의 의사소통의 기능이었다. 따라서 언어로 전달할 수 없는 많은 감정과 필요들을 무용을 통하여 전달하였기 때문에 무용은 인간의 생활 그 자체를 위해서 필요하였다.

둘째, 무용은 의료나 주술을 위하여 필요하였다. 원시시대의 무용은 인간의 두려움을 떨치기 위함, 아픔을 떨치기 위해 필요하였다. 또한 중세시대에서도 역시 죽음에 대한 두려움을 떨치고자 무용을 수단으로 마음을 치료하고자 하였다. 의료는 무용을 통하여 신체적인 단련을 할 수 있다는 것과, 마음의 안정을 추구하고자 하는 욕구를 모두 충족시킬 수 있었다. 또한 주술은 같은 동작의 반복을 통하여 엑스타시 혹은 카타르시스 현상을 초래하여 초자연적인 현상을 경험하고자 하는 행위로도 사용되었다. 즉, 무용을 통하여 생각을 떨쳐버리고 무의식을 통한 치료를 경험하고자 무용을 사용하였다.

셋째, 생식을 위해서 필요하였다. 동 · 서양을 막론하고 지구촌의 생명력 있는 것들은 지속적인 번성과 쇠퇴의 연속이었다. 그러므로 인간의 축복 가운데에 후손이 번창하는 것은 가문을 빛내는 것이며 종족보존을 하는 것이었다. 때로는 아들 선호사상이 강하였던 이유 중 하나는 나라를 지키며 농경, 수렵, 사냥 문화 등으로 노동력을 필요로 하였기 때문이다. 나아가 전쟁 등을 통해 국가를 안보하기도 하였다. 그러므로 여자들은 다산을 해야 하는 것이었다. 이를 위해 옛날에는 생식을 위한 무용이 존재한 것이다.

넷째, 신을 받아들이기 위해서 필요하였다. 과거 무용은 제사장들이 주관하여 하늘에 제사를 드렸다. 이는 하늘을 향한 인간의 기도로 천군이 무용을 통하여 하늘을 향해 제사를 드리고 신을 받아들임으로서 신을 대변한 것에서 볼 수 있다.

다섯 째, 즐기기 위해서 필요하였다. 무용은 상기에서 밝힌 바와 같이 하늘을 향한 수직적인 표현도 있었으나 인간과 인간을 하나로 연결할 수 있는 수평적인 연결의 도구로도 사용되었다. 무용은 포크댄스나 민속무용 등과 같이 많은 사람들이 함께 어우러져 공동체성을 도모하기 위해서도 사용되었는데 각 시대별로 무용은 삶에 대한 힘듦을 떨치고, 기쁨과 즐거움을 찾기 위하여 사용되었다.

여섯 째, 사교를 위해서 필요하였다. 특히 중세시대 궁중무용에서 이를 살펴볼 수 있는데 당시에는 남성과 여성이 사교무용을 통하여 자신들의 계급에만 공동체성을 발휘하였으며, 사교무용을 통하여 자신의 매력을 어필하기도 하였다. 긴 시간 남성과 여성의 구별을 두었기에 이 사교를 위하여 남성과 여성의 만남의 장이 마련되었으며, 훗날 예술무용을 발현시킬 수 있는 계기도 마련하였다.

일곱 째, 표현하기 위해서 필요하였다. 무용은 신체를 통하여 시각화함으로 춤추는 사람의 생각과 감정을 모두 표현한다. 무용은 표현하여 보이지 않으면 아무것도 전달할 수 없고 아무것도 느낄 수 없다. 따라서 무용은 외면적인 표현을 위해서 필요하였다.

여덟 째, 인간 형성을 위해서 필요하였다. 무용은 인간의 신체와 생각을 형성함에 그 기초를 제공할 수 있다. 올바른 신체의 형성과 능력을 발휘 할 수 있도록 무용을 통하여 건강한 신체와 정신을 제공하는 것이다. 실제로 움직임은 인간의 지능을 발달시키거나, 감성을 풍부하게 하는데 도움을 주는 것으로 오늘날 유리드믹스, 유아무용등의 각 연령층에서 올바른 인간성을 형성하고, 신체를 유지하기 위해 무용을 도구로 사용하고 있다.

이상 여덟가지의 필요성을 통하여 무용이 인간에게 왜 필요한지, 무용이 시작되고 오늘날까지의 무용이 인간에게 어떠한 필요를 채워주었는지에 대해 살펴보았다. 이를 토

대로 좀 더 구체적인 무용의 목적을 분류하면 다음과 같다.(20가지)

1. 역사를 바탕으로 발생, 발전한 무용의 종류를 보존 유지한다.
2. 무용이 시대에 끼친 선한 영향력을 파악하여 무용의 발전에 기여토록 한다.
3. 무용의 시대별 구성의 요인을 분석하여 무용의 발전에 적용한다.
4. 무용의 인재들을 발굴한다.(교육자, 안무가, 학자, 무용수, 연출가, 예술경영인 등)
5. 무용학을 정립한다.
6. 무용가들의 시대별 정신, 자세, 가치 등을 후진들에게 전수한다.
7. 무용의 대중화를 모색, 확장한다.
8. 무용전반의 발달을 위한 교육의 목표 및 방법을 연구, 보급한다.

이상의 구체적인 목적에 따라 무용은 직 · 간접적인 체험을 통하여 실제적인 목표를 제공하며, 무용을 통한 여러 교육 방법과 동기부여에 따라 질 · 양적인 면에서 무용을 발전시키고 있다.

무용의 종류

무용은 어느 국가, 지역에 한정되어 발전 된 것이 아닌 전 인류적으로 발전하였기에 무용의 종류를 나눌 때 그 기준을 몇 가지로 적용해 볼 수 있다. 이에 본 장에서는 신분별, 목적별, 시대별 분류를 통하여 무용의 종류를 살펴보겠다.

1) 일반적인 관념에서 분류

한국무용, 현대무용, 발레, 실용무용(뮤지컬댄스, 방송댄스 포함)

2) 신분별 분류

서민들의 무용, 귀족들의 무용

3) 목적별 분류

교육무용, 사교무용, 미용무용, 오락무용, 예술무용, 치료무용, 종교무용, 전쟁무용, 수렵무용, 결혼무용, 성적인 무용, 장례무용, 주술무용, 선교무용, 실용무용, 스포츠 무용

4) 시대별 분류

(1) 한국사

부족국가시대의 무용, 삼국시대의 무용, 고려시대의 무용, 조선시대의 무용, 근대시대의 무용, 현대시대의 무용

(2) 서양사

원시시대의 무용, 고대시대의 무용, 중세시대의 무용, 근대시대의 무용 현대시대의 무용

5) 시대별 목적에 분류

종교적인 무용, 연희적인 무용, 감상적인 무용, 교육적인 무용, 예술적인 무용 사명적인 무용

최근의 무용예술의 현상

본장에서는 최근 무용의 현상을 무용예술이라고 보는 측면이 대부분이다.

무용예술은 각 시대의 시대상, 사회상과 인간상을 작품을 통하여 표현한다. 이러한 무용의 표현성으로 인해 나타나는 현상은 현재 무용예술계의 현실을 연구하고 무용예술이 인간의 삶에 어떠한 영향력을 끼치고 있는지, 현대 무용예술에 필요한 것은 무엇인지에 대해 살펴보아야 한다.

무용의 최근 현상을 살펴봄에 우선해야 하는 것은 원칙에 의해서 무용의 본질에 대한 분석과 객관성을 강조함으로 무용이 사회에서 보편화되고 영향력을 발휘할 수 있는 문화의 한 부분으로 중추적인 역할을 할 수 있는 필요성과 가치 등에 대한 중요성을 대중에게 인식하게 하는 것이다. 2012년 춤 비평가 협회의 공동대표들(김채현, 이순열, 이병옥, 김태원 장광열)의 공동좌담에서 현재 무용계가 '춤 지성'의 공백이나 후퇴가 심각하다고 보았으며, 특히 이순열은 무용계가 전반적인 기량 면에서는 엄청난 비약을 이루었으나 정신적으로나 지성적으로는 답보 상태를 거듭하고 있다고 하였다. 이에 새로운 세기를 맞은 한국 춤계는 총제적으로 양보다 질적인 면에서의 변화가 절실히 요구된다고 보았다. 이에 공연에서부터 교육을 포함한 제반 여건의 변화, 한국 춤계의 위상을 높이는 작업, 무분별한 공연화보의 남발, 변화되지 않는 천편일률적인 기사 구성과 레이아웃, 빈약한 정보, 질 낮은 기사와 평문까지 무용계 전반에 대한 비판을 통하여 새로운 변화를 추구해야 한다고 보았다.

한편, 근래의 우리 무용계는 전통적인 대학에서의 무용과의 폐과 또는 타과와의 통합이 진행되었다. 이에 대해 김태원은 순수 예술 전공생들이 눈에 띄게 줄고 힙합, 방송댄스, 신체적 · 정신적 치유를 위한 무용을 비롯한 각종 생활에서의 무용인구가 증가하면서 취미로서의 무용으로 무용전공생의 이입이 시작되고 있다고 보았다.

몇 해 전, 필자가 본교의 취업지도 교수를 겸하였는데, 매해 무용과 졸업생들의 무용계 진출은 불과 20~30%에 불과한 것을 확인하게 되었다. 이는 무용 전공생들의 진로를 순수예술영역으로 국한시키기 보다는 인접분야와의 연계 및 경험을 통하여 다방면으로서의 진로영역을 개발해야 할 것이다. 또한 다문화 시대가 도래한 만큼 다양한 세계의 문화를 수용하고, 한국의 문화를 다양하게 전할 수 있도록 관심을 가져야 한다. 그러므로 최근 무용계에 나타난 현상은 다음과 같다.

1) 융 · 복합적 측면

융 · 복합이란, 2010년 이후 무용예술계에 나타난 새로운 형태로 여러 기술이나 성능이 하나로 융합되거나 합쳐지는 일을 말한다. 그러나 이미 15년 전 탈장르화라는 이름으로 융 · 복합은 무용계에서 시도되어왔으며 이제는 무용의 전 영역에서 확장되어 이루어지고 있다. 영역파괴라고도 할 수 있는 탈장르화 현상은, 순수예술과 대중예술의 만남, 전통과 현대, 동양과 서양의 조화를 추구하는 것으로 융합이란, 녹아서 하나가 되는 것이고, 복합은 2가지 이상이 거듭하여 합쳐지는 것을 의미한다. 무용가들에게 탈장르의 현상은 타 장르와의 혼합을 통한 새로운 표현의 수단을 모색하고 또 하나의 예술의 영역을 확장시키는 수단으로 사용되었다. 이에 20세기 후반에서 21세기 초반에 나타난 탈장르화 현상을 현재 무용계에서 활발히 이루어지는 융 · 복합의 시작점으로도 볼 수 있는 것이다.

탈장르가 무용이라는 영역 안에서 각각의 전공끼리 결합하는 것과 무용과 연계된 분야와의 결합을 그 시작으로 본다면, 현대의 융 · 복합은 무용과 과학, 무용과 미술, 무용과 문학 등과 같이 무용과 타 영역이 연합함으로 새로운 예술의 영역을 구축하는 것이라 할 수 있다. 나아가 탈장르에서 융 · 복합예술로 진행되면서 무용 역시 진화하기 시작하였고, 공연을 비롯한 교육의 영역까지 확장되어 대학무용교육에서는 융 · 복합교육의 도입과 이를 확립하기 위한 노력이 이어지고 있다.

무용과를 졸업하는 학생들은 매년 배출되는 것에 반해 무용예술계의 수요는 단편적이고 실업률도 높아지는 추세이다. 수명이 짧은 무용예술의 특성상 더 다양하고 세분화 된 융 · 복합 교육을 실시한다면 무용인들의 진로를 선택함에 있어 더 많은 기회를 제공 받을 수 있다. 무용공연의 기획이나 경영에서 역시 무용에 대한 이해가 있는 무용인들을 통해 이루어진다면 보다 양질의 무용공연을 창출 할 수 있을 것이다.

융 · 복합을 시도함에 있어 반드시 주의해야 할 점은, 주체의식을 잃어서는 안 된다. 탈장르화는 서로 다른 2가지의 장르가 교차하는 것이고, 융합, 복합은 결합이라는 의미로 2가지 이상의 성질이 연합하는 것이다. 만약 두 가지의 장르가 적절히 결합되지 못한 채, 기울어짐의 현상이 생겨 어느 한쪽이 다른 한 장르의 부속품이 된다면 융 · 복합을 시도한 의미가 없어지기 때문이다.

무용은 감성의 영역에서 보편적이고 상식적인 부분보다는 개별적이고 개인의 개성이 중요시 되는 분야로 사회적인 인식이나 타당성은 미약하였다. 그러나 감성의 영역의 무용예술이 인문 사회영역에서 이성적이고, 공동체적인 힘이 발휘 된다면 무용의 파급효과는 더욱 성장할 수 있다.

급변하는 사회의 흐름 속에서 그 속도에 맞추어 가야 한다는 조급함은 무용을 오히려 퇴보하게 할 수 있다. 따라서 현재에 나타나는 융 · 복합을 통해 취할 수 있는 장점에 대한 충분한 고려와 당위성을 바탕으로 무용의 발전을 도모해야 한다.

2) 무용학적 측면

1960년대 대학무용교육이 실시 된 이후 50여년이라는 길지 않은 시간동안 무용은 학문이라는 울타리 안에서 많은 연구물들을 배출하고 공연예술로서도 단시간에 양적인 성장을 이루었다. 기본적으로 무용학은 무용을 양과 질을 높이는데 다방면으로 기여하였지만 아직도 학문적 중요성에 대한 인식이 실기에 대한 인식보다는 미약한 실정이다.

1994년 처음 시작 된 임혜자의 무용학의 부재라는 연구에서부터 지금까지 끊임없이 제기되어 온 이 사안은 양적인 팽창만큼 무용학에 대한 수적 팽창은 이루어지지 못하고 있음을 밝히고 있다. 이러한 문제는 비평가 송종건에 의해 2005년에도 제기되었는데 현대의 무용교육은 부재한 상태이며 실기에 비하여 무용학에 대한 연구가 부족하다고 지적하였다. 또한 해외의 사례를 통하여, 선진국의 대학 이상의 교육기관에서는 실기에 대해서는 근본적으로 무용가에게 책임이 있기에 실기에 대한 준비는 무용가에게 맡긴다. 교육기관에서는 이들의 작품에 기초 토대를 탄탄하게 할 수 있는 철학, 사회학, 역사학, 정치학, 인류학, 예술 사상사 교육학 등에 대한 교육을 담당한다고 하였다. 즉, 무용학은 무용예술이라는 멋진 집을 짓기 위해 탄탄한 기초를 만들어주는 역할을 하는 것이다.

무용을 하는 사람들이라면 누구나 무용예술의 장점을 알고 있지만 이것을 대중들과 함께 공유하며 소모적인 일회성 예술로 치부되지 않게 하기 위해서는 끊임없는 연구가 필요하며, 무용을 더욱 전문적으로 만들어 주기 위하여 무용학은 꼭 필요한 요소이다.

무용이 지성의 공백상태라는 비평가 이순열의 우려는 겉은 화려하지만 속은 비어있고, 순간의 쾌락을 는 오락성 예술이 아니라 인간의 정신과 정서, 지성에까지 영향을 줄 수 있는 책임감을 가지지 못하였다는 것으로도 해석될 수 있다. 이처럼 무용학은 무용이 보다 전문적이고 대중적인 토대위에 세워지고, 보편적이지 못한 무용예술을 위해 이성과 지성을 바탕으로, 무용가의 움직임을 표현하는 신체와 그 표현의 깊이를 더욱 견고히 하기 위해서 필요한 것이 바로 무용학이다.

3) 대중적 측면

여자라면 어릴 적 누구나 한번쯤은 발레리나를 꿈꿀 만큼 무용은 선망의 대상이 되기도 한다. 그런데 점차 자라갈수록 무용은 인간의 삶에서 잊혀지고, 어렵고 힘든 것, 혹은 부의 상징쯤으로 여겨지며 대중의 삶과는 크게 연관이 없는 듯 인식된다. 현재까지 이어진 무용에 대한 일반적인 이야기를 통해 무용은 대중문화로서 우리사회에서 그 위치와 역할이 미비하고, 타 예술에 비해 인지도가 높지 않다. 이는 모호한 내용과 작품과 연관성이 없는 동작과 의상, 아름다움이라는 틀에 갇혀 정작 전달해야 할 메시지가 사라진 의미 없는 작품 활동이 지속되었기 때문이라 할 수 있다.

아래에 제시한 표와 같이 2000년부터 2014년까지 약 2년 간격으로 조사된 문화향수 실태조사를 살펴보면 무용공연 관람률은 지난 14년간 최대 2.4%를 넘기지 못했으며 연평균 관람 횟수는 1회가 채워지지 못하였다. 더욱이 문화예술의 관람률 중 무용예술은 늘 하위권에 머물렀다. 또한 대중들이 무용예술 공연을 향유함에 있어 공연내용의 어려움과 고가의 공연티켓은 조사 때 마다 빠지지 않고 등장하는 대답인 것을 알 수 있다. 즉, 직접 구매하여 자발적인 관객이 되는 경우는 매우 희박하다고 볼 수 있다.

〈 2000년~2014년 문화향수 실태조사 〉

년도	예술행사 관람률	무용공연 관람률	연평균횟수	관람자 대상 관람률
2000	54.8%	2.0%	0.03회	1.72%
2003	62.4%	1.1%	0.001회	1.24%
2006	65.8%	1.4%	0.01회	1.45%
2008	67.3%	0.7%	0.03회	2.70%
2010	67.2%	1.4%	0.04회	3.03%
2012	69.6%	2.0%	0.04회	1.97%
2014	71.3%	2.4%	0.05회	2.08%

2000년부터 현재에 이르기까지 예술행사에 대한 관람률이 꾸준히 증가하는 것은 격주근무, 탄력적 근무, 학생들의 주 5일 수업제 등과 더불어 개인의 삶의 질을 향상하고, 자기의 삶을 더 누리고자 하는 욕구가 상승하였기 때문이라 볼 수 있다. 이에 영화, 콘서트, 뮤지컬 등의 문화예술을 향유하고자 하는 인구는 꾸준히 증가하고 있으나, 무용만은 대중화에 대하여 문제제기를 한 것에 비해 괄목할 만한 성장은 이루지 못하고 있다.

무용이 대중화되지 못하는 것에 대해 대다수의 사람들은 의사소통의 부재를 꼽는다. 즉, 무용가의 의도와 예술성이 담긴 무용에 대해 관객의 이해가 잘 이루어지지 않고 있다는 것이다. 더불어 무용에 대한 인식을 높일 수 있는 작품이 아닌 아직도 추상적인 작품 활동이 많이 이루어지고 있기 때문이기도 한다. 따라서 이를 해소하기 위해 무용가는 대중들과 원활한 의사소통을 할 수 있는 다양한 시도를 해야 한다.

대중화 부재 현상에 대한 또 하나의 이유는 무용에 대한 사회적 인식이 부족하다는 것이다. 무용이 사회적으로 소통되기 위해서는 무용에 대한 정확한 이해가 필요하다. 이는 무용에 대한 사전지식을 교육을 통해 전달한다면 음악이나 미술처럼 지금보다는 좀 더 대중적으로 이해되어 질 수 있는 가능성이 높아질 수 있을 것이다. 나아가 무용을 관객에게 올바르게 전달하고 소통하기 위해서 그 역할을 담당해주는 경영과 기획 부분에서도 이익만을 추구하지 않고 올바른 대중화를 위한 작업이 필요하다.

최근 3~4년 사이 무용은 관객이 함께 즐기며, 참여하고 경험할 수 있도록 변화를 시도하였다. 특히 커뮤니티댄스를 통해 전공자들과 일반인들이 함께 참여함으로 참여자들은 자신의 내면을 발견하고, 공동체의식을 경험한다. 커뮤니티댄스를 할 때, 무용에 대한 테크닉이나 보여주기 식의 움직임은 중요하지 않다. 오로지 무용을 통해 자신의 의식 안으로 깊이 들어가 있는 그대로를 자신의 몸으로 표현하고 이를 참여자들과 공감함으로 무용을 경험하고 또한 마음의 치유를 얻기도 한다.

무용의 대중화는 일반인들에게 공연에 대한 정보를 쉽게 접하고 관람할 수 있는 접근성과, 티켓비의 부담을 줄이고 작품(또는 장르)을 받아들임에 있어 보편적인 인식이 확산될 때 이루어질 수 있다. 최근 댄싱9 과 같은 프로그램이 TV매체를 통해서 대중에게 노출됨으로 무용에 대한 사람들의 이해와 공감을 얻고 있다. 또한 무용수 개인에 대한 관심에서 무용에 대한 관심으로 발전할 수 있는 기회가 마련된 것이다. TV는 양방향 소통의 매체가 아니기 때문에 한번 송출하면 다시 되돌리기 어렵다. 짧은 시간에 방송을 통하여 무용에 대한 보편적인 시각을 전달하기 위해서는 무용인들 스스로의 내외면적인 균형이 반드시 필요하며, 사람들의 인식 속에서 또 다른 편견이 생기지 않도록 주의해야 한다.

무용평론가 문애령은 순수무용이 대중화되는 지름길은 작품이 정신적 현상으로 인정받아야 된다고 하였다. 무용을 정신적 현상으로 전달하기 위해서 무용가는 자기만족이나 자기우월에서 벗어나 무용예술의 활동을 전개해야 한다. 최근 순수무용을 하는 예술가들이 협동조합을 결성하고 예능프로그램이나 엔터테인먼트를 통하여 활동을 하는 모습을 볼 수 있다. 이러한 흐름 속에서 무용이 순수무용예술인들의 시선 안에서 이루어지는 대중화가 아닌 진짜 대중을 위해 기획되는 작품으로 대중에게 다가선다면 무용의 대중화가 이루어질 수 있으며 공연예술, 문화계에 새로운 바람을 일으킬 수 있을 것이다.

4) 신체 인식적 측면

인간의 생명은 몸에서 시작되고 몸으로 살며 표현한다. 몸이 없으면 생명도 없고 생명이 없으면 삶도 없는 것이다. 몸과 생명은 결코 떼어놓을 수 없다. 무용에 있어서 신체는 살아있음에 대한 표현의 수단이자 전부이며 내면의 생각을 그대로 표현해 낼 수 있는 가장 기본적이고, 가장 고차원적인 것이 바로 신체인 것이다.

외형적 아름다움에 대한 추구는 인간에게 주어진 자연적인 아름다움이 아닌 인위적인 아름다움을 추구하며, 인간의 본질이나 가치, 존엄성보다는 인위적 조작을 통하여 인간을 하나의 상품으로 치부하고 가치를 정하는 몸값의 시대가 도래 하였으며 이러한 사회적 영향은 무용에도 잘못된 영향력을 끼치게 되었다. 즉, 사회에서의 일반적인 신체의 아름다움에 대한 기대치가 높아지면서 무용가들에게는 그보다 더 높은 수위의 잣대가 드리워졌다.

현대는 신체의 기능보다 보여지는 신체에 대하여 더 인식한다. 아름다움에 반대하는 해체주의자들에 의해 혹은 자연주의자들에 의해 표현이라는 명분 속에서 학대를 받고 있다. 보여지는 이미지에 집중하게 되면서 미적표현의 객체로서의 신체에 집중하게 되었고, 무용을 통하여 표현하는 주체로서의 신체에 대한 이해나 배려는 부족하다.

무용수에게 가장 기본이 되는 것은 건강을 통한 체력과 그에 따른 정신력과의 조화, 균형 잡힌 신체조건이며 끊임없는 자기단련과 더불어 신체를 존귀한 것으로 인정해야 한다. 진정한 무용수의 신체에는 무용수가 걸어온 무용적 삶에 따른 정신력과의 조화와 균형이 남겨져 있다. 무용가는 스스로가 신체의 존귀함과 예술적 삶에 가장 큰 도구임을 인지하고, 더불어 예술을 즐기는 대중들도 사회의 부적절한 영향력을 통하여 무용수의 신체를 바라보는 것이 아니라 인간의 신체가 예술을 이루는 근원이자 배경임을 인지해야 할 것이다.

5) 무용가의 창의적 측면

현대의 사회는 인간에게 창조적인 정신을 요구하는 시대이며 무용예술계 역시 창조성을 겸비한 상상력과 창의성이 돋보이는 예술성을 요구하는 시대가 되었다. 그런데 현대의 무용은 급진적인 성향의 공연으로 인해 이것이 무용인지, 행위예술인지, 연극인지, 라이브 콘서트인지, 비디오 아트인지 등에 대한 주체성이 모호해지면서 혼란스러움과 난해함이 나타나곤 하였다. 또한, 2013년 국립현대무용단의 〈단〉이 외설시비와 함께 지리 킬리안의 〈벨라 피규라〉와 유사하다는 표절시비가 있었다. 검은 조명위에 빨간 치마를 입고 상체를 노출한 여성무용수들의 모습이 문제가 되었다. 무용가에게 창의성은 보편적인 상식 안에서 새로운 개별성을 첨가할 수 있는 능력으로 무용가들에게는 가장 으뜸이 되는 자질이다. 또한 무용예술을 통하여 창의성을 개발하고 정서를 함양하고자 하는 목적을 가진다. 그런데 무용예술을 대중에게 선보이는 자리에서 그 목적을 잃어버린 것이다.

21세기는 창조적 정신이 지배하는 시대이기에 무용이 먼저 앞장서기 위해서는 무용가들이 자신의 상상력을 마음껏 표출하며 창의적이며 창조적인 정신을 표출해야 한다.

〈 현대 무용예술의 현상과 문제점 〉

현 상	배 경	긍정적 측면	문제점
융 · 복합적 측면	하늘아래 새로운 것은 없다는 후기 자본주의 문화로 인하여 새로운 예술을 형성하고 개척하고자 하여 발생	타 장르와 결합을 통한 새로운 표현의 수단 모색	주체의식 결여
			전문성의 약화 낮은 완성도
		새로운 예술의 영역 구축 및 영역 확장	목적과 의미가 희석 정체성 결여

<table>
<tr><td rowspan="1">무용학적 측면</td><td>1960년대 대학무용교육 실시 이후 양적 성장과 질적 성장을 위해 발생</td><td>비과학적이라는 편견을 가지는 무용예술을 지성화, 과학화 함으로 학문적 기반을 마련 하고 체계적인 교육을 통하여 무용예술의 발전을 도모</td><td>실기와 이론의 균형적인 교육이 이루어지지 못함</td></tr>
<tr><td rowspan="3">대중적 측면</td><td rowspan="3">무용예술이 일부계층의 향유물이라는 편견 속에서 좀 더 많은 대중들에게 소개하기 위하여 발생</td><td rowspan="3">보다 많은 대중이 무용예술을 향유함으로 무용예술이 활성화 되어 무용예술의 발전 도모</td><td>의사소통 부재로 향유률이 높지 않음</td></tr>
<tr><td>사회적 인식의 부족</td></tr>
<tr><td>폭 넓은 관객층 확보 실패</td></tr>
<tr><td rowspan="3">신체 인식적 측면</td><td rowspan="3">무용예술의 단 하나뿐인 표현매체</td><td>인간의 내 · 외면적 아름다움을 표현하는 주체</td><td>성형, 다이어트로 인한 무용수의 자기 학대</td></tr>
<tr><td rowspan="2">신체의 기능 활성화</td><td>인간의 본질이나 가치, 존엄성 결여</td></tr>
<tr><td>표현의 도구로서의 신체 몰두</td></tr>
<tr><td rowspan="3">무용가의 창의적 측면</td><td rowspan="3">하이컨셉의 시대로 접어들면서 창의성이 요구되는 시대</td><td>창의적인 작품을 통한 다양한 관객개발</td><td rowspan="2">주체의식 결여로 인한 짜깁기식 편집,
똑같은 레파토리의 반복으로 인한 무용예술의 퇴보</td></tr>
<tr><td>창의성을 비롯한 독창성, 상상력을 향상함으로 정서개발</td></tr>
<tr><td>무용예술을 통한 영감(inspiration) 제공</td><td>표절시비, 외설시비</td></tr>
</table>

현대의 무용예술은 끊임없이 변화와 발전을 도모하기 위하여 위와 같이 다각적인 측면에서 노력을 기울여왔다. 그러나 현대의 무용예술은 주체의식 결여, 전문성 약화, 낮은 완성도, 실기와 이론 교육의 불균형, 사회적 인식 부족, 폭 넓은 관객층 확보 실패, 무용수의 자기 학대, 예술가의 창의성 부족이라는 문제점이 지적되고 있음을 알 수 있었다. 제기된 무용예술의 문제점을 통해 필자는 상업화, 산업화, 과학화 된 현대사회를 살아가는 인간의 본질과 가치, 존엄성 등의 내면적 아름다움은 결여되고 외면적 가치 표현에 집중하게 됨으로 결국 결핍 현상을 초래하게 되었음을 알 수 있었다.

[Dance Magazine MOMM 2015 03월 pp.14-20]

| 좌담 |

모든 국민은 무용교육을 받을 권리가 있다

무용교육혁신위원회

일시 | 2월26일(목) 오후3시

장소 | 본지 편집실

사회 | 임수진 본지 편집장

참석자 | 정승희 무용교육혁신위원회 공동위원장, 김화숙 무용교육혁신위원회 공동위원장 · 한국무용교육원이사장, 신은경 무용교육혁신위원회 부위원장 · 이화여대 무용과 교수

정리 | 손예운 본지 기자　　　사진 | 최인호

지난 2014년 9월, 무용교사자격증이 신설되었다. 무용교육혁신위원회는 2002년부터 무용교사자격증 및 무용교과 개설을 위해 달려온 주체다. 이제 자격증을 실용할 무용교과의 독립을 2차 과제로 마주하고 있는 이 위원회의 임원진과 함께 12년간의 여정을 듣고 한국무용교육의 현재와 미래를 점검해봤다.

임수진 : 무용교육혁신위원회의 오랜 노력 끝에 무용교사자격증이 드디어 신설되었습니다. 진심으로 축하드리고, 감사합니다. 2002년부터 시작한 노력의 결실입니다. 무용계의 반응 또한 매우 좋을 것 같습니다.

김화숙 : 이 문제는 단순히 무용교사자격증에 그치지 않고 교육제도 속에서 무용의 정체성을 갖게 되었다는 점에서 의의가 크다고 할 수 있습니다. 그동안 학교교육 내 무용은 '체육' 교과의 한 부분이라는 인식이 팽배했습니다. 50여 년이라는 오랜 시간 동안 초 · 중등 교육과정에서 무용은 체육교과 체제 안에 있었기 때문에 무용을 '예술'이라고 부르기 어려웠고 이로 인해 일반인의 인식은 물론 우리 무용인의 잘못된 고정 관념을 바꾸는게 힘들었습니다. 또한 정책 담당자들도 성장하면서 무용을 한 번도 경험해본 적이 없기 때문에 기본적인 이해가 없는 것이 당연했지요, 그래서 더 오랜 시간이 걸린 것 같습니다.

| 예술교육에 무용이 포함되어야 하는 이유 |

임수진 : 12년이라는 시간은 예상보다 훨씬 긴 시간이었는데요, 이렇게 오래 걸려야 했던 문제였다는 의

문도 듭니다. 그동안 수많은 관계자들을 만나셨고, 그만큼 다양한 걸림돌을 마주했을 듯합니다.

김화숙 : 저희가 주장하는 것은 체육에서 무용을 독립시켜달라는 것이 아닙니다. 예술교과에 무용을 포함시켜달라는 것이지요. 우리나라 학생들도 다양한 예술을 접할 수 있는 권리가 있으니까요. 특히 기초예술인 무용, 시각예술(현재 우리나라에서는 미술), 연극, 음악은 학교교육에서 예술교과에 기본적으로 포함되어야 하는데, 우리나라 교육과정에는 음악, 미술만 들어 있습니다. 그래도 2015년부터 연극이 고등학교 예술교과에 포함된다고 하니 우리에게도 청신호라고 생각합니다. 우리 학교교육의 국민공통과목은 총 10과목이었습니다. 다행스럽게도 이명박 정부에서 국민공통과목을 8과목으로 축소하면서 '예술' 교과를 만들었고 그 예술이라는 괄호 안에 음악, 미술이 들어가게 되었습니다. 그래서 저희가 주장하는 바는 바로 예술교과 안에 무용도 포함해달라는 것입니다. 이제 무용도 무용교사자격증이 생겼으니 연극처럼 정규교육과정에 포함될 수 있도록 노력해야 할 것입니다. 무조건적인 무용교과의 독립이 아니라 예술이라는 과목 안에 들어가는 타당성 있는 주장을 하고 있는 것이죠.

신은경 : 교육을 받은 사람만이 그 가치를 잘 알게 마련입니다. 일단 체육 안에 무용이 그 일부로 속해 있다는 사람들의 인식을 바꾸고 무용의 교육적 가치를 알려드리는 데에 많은 노력을 기울였어요. 각 지방을 다니며 세미나와 공청회 등을 열면서 문을 두드렸는데 이제야 열리는 것 같습니다. 무용의 필요성과 가치를 더욱 퍼뜨려야 하는 일이 남았지요. 사람들을 만나다 보니 오히려 무용하는 사람들이 소극적인 경우가 많더군요.

김화숙 : 무용인들 자체의 인식을 바꾸는 것이 필요하다는 생각이 듭니다. 아직도 무용과 졸업생이 체육교사 자격증을 받으면 체육도 가르치고, 무용도 가르칠 수 있다고 생각하는 분들이 많아 정말 놀라웠습니다. 이러한 생각 자체가 바로 무용이 독립적인 정체성을 갖는데 발목을 잡는 일입니다. 그런데 그러한 인식이 놀랄 만큼 무용인들의 의식 속에서 박혀 있더군요. 50여 년의 잘못된 교육체계가 무용인들의 의식까지 바꾸어놓은 셈이지요.

신은경 : 예술이 국가경쟁력 중 하나가 된 현 시대에 그동안 간과되었던 무용이 정체성을 찾는 것은 당연한 일입니다. 무용이 체육이 아니라 예술이라는 것은 우리 모두가 다 아는 사실입니다. 그런데도 시대가 변한 오늘날까지 무용이 체육 안에서 다루어져도 된다는 고정관념은 문제가 있는 것이죠. 그렇기 때문에 우리 무용인들은 무용의 가치를 바로 전하고 이를 위해 사회와 교육현장에서 더욱 노력해야 합니다. 우리나라의 43개 대학 무용(학)과에서 세부적인 무용 전공교과목을 가르치고 있는데도 교사가 되기 위해서 체육분야를 따로 배워야 한다는 것은 분명 잘못된 일이었는데, 이

제라도 제자리를 찾아갈 수 있어 정말 다행입니다.

김화숙 : 선진국의 핵심교육과정에 예술이 포함되어 있는 것은 물론이고, 무용은 예술 속에 반드시 포함되어 있습니다. 오늘날 수많은 사회적 문제들도 사실 초·중등교육에서 인성교육과 정서교육이 제대로 이루어진다면 문제들은 훨씬 줄어들 것입니다. 그런데 요즘 학교에서는 입시 위주의 교육만 강조되고 있을 뿐, 학생들의 감정교육이나 전인교육은 무시되고 있습니다. 무용은 신체적·지적·정서적·사회적 교육이 가능합니다. 이 중에서 정서교육, 즉 감성교육은 예술교과에서 이루어지기 때문에 21세기 들어서면서 예술교육은 더욱 강조되고 있는 것이지요. 전 개인적으로 최고의 교육수단은 바로 무용이라고 생각합니다. 무용교육은 상상력과 창의력 개발, 그리고 정서교육뿐만 아니라 몸 교육도 시킬 수 있기 때문이지요. 즉, 몸-마음-정신-영성교육까지도 가능한 교과가 바로 무용입니다.

| 교육제도의 문제 |

임수진 : 우리나라의 입시위주의 교육제도는 많은 부작용을 낳고 있죠. 한편으로는 고급인력에 대한 사회적인 낭비라고 볼 수도 있고요.

신은경 : 초창기에는 무용을 전공했어도 학위를 체육학으로 학·석·박사를 받았지만 오래전부터 무용학 학·석·박사학위를 수여해왔습니다. 이런 고급인력들을 배출하는 제도가 마련되어 있음에도 국가 교육과정에 무용을 예술이 아니라 체육에 두고 있는 현실은 모순이죠.

김화숙 : 언젠가 제가 정책담당자에게 왜 무용은 교육 안에서 제외되어야 하는가라는 질문을 한 적이 있었습니다. 그런데 부끄럽게도 "무용계의 주장이 정책입안자들을 설득시키지 못했기 때문 아니겠느냐, 당장 무용과목을 만들어주면 무용교수-학습지도안, 무용 교과서가 있느냐"는 말을 듣고 충격을 받았습니다. 따라서 무조건적인 것이 아니라 모든 준비가 된 상태에서 주장해야 된다는 교훈을 얻은 셈이지요. 지금은 초·중등 무용교수-학습과정안, 초등학교 학년별 교과서까지 발간된 상태(한국무용교육학회)에서 무용교육혁신위원회가 나서서 노력하고 있으니 이제 무용인 전체도 합심해야 합니다.

신은경 : 사실 제도가 시행될 때 정부차원에서도 현황 조사를 합니다. 사람들의 의견이나 사태를 보고 판단을 해야 하니까요. 이때 저희가 목소리를 강하게 내지 않은 것도 문제였어요. 일반인들이 무용에 대해 잘 모른다는 점과 무용계 사람들이 소극적이었기 때문에 제대로 진전되지 않고 12년이나

걸린 것이죠. 이제 모두들 거의 같은 생각을 가지게 되었으니 앞으로 진행이 빨라지리라 생각합니다. 기초교육으로서의 무용은 학교교육에 있어 꼭 필요할 뿐 아니라 모든 학생들에게 제공되어야 합니다. 요즘 학생들은 스마트폰으로 가벼운 클릭만을 통해 넘치는 정보와 매체를 접할 수 있습니다. 무용 역시 인터넷이나 미디어를 통해 보고 접하지만 경험해보지 않고는 제대로 이해와 공유를 할 수가 없죠. 기초교육이 정말 중요한 상황이에요.

김화숙 : 아직도 우리는 특수한 사람만이 예술을 한다는 인식이 있습니다. 미국의 경우 21세기가 되면서 '모든 국민은 예술교육을 받을 권리가 있다'는 캐치프레이즈를 내걸고 예술교육을 강조하기 시작했습니다. 예술교육은 단순히 지식교육의 한계를 넘어 국민들의 풍요로운 삶과 문화적 접근, 복지 등으로 유용하게 활용될 수 있습니다. 따라서 모든 사람들이 다양한 예술의 혜택을 받기 위해서는 예술교과목 중에 기초예술인 무용도 개설되어야 하는 것이 마땅합니다.

| 대중교육으로서의 무용의 필요성 |

임수진 : 저희는 왜 무용교육이 필요한지 너무나도 잘 알고 있습니다. 그런데 이를 설득하려면 무용교육의 필요성과 당위성을 잘 설명해야 할 텐데요. 전문교육이 아니라 대중교육으로서 무용이 왜 필요한지에 대해 이야기해주셨으면 합니다.

김화숙 : 학교교육을 대중교육이라고 말할 수는 없지요. 예를 들면, 학교 음악시간에 대중음악을 가르치지는 않잖아요. 학교 음악시간에는 음악의 기초지식을 가르치는 것이죠. 초·중등교육에서 무용은 무용 자체가 목적이 아니라 수단입니다. 따라서 무용수업도 창의적 인간을 궁극적인 목표로 삼고 상상력과 창의성 개발에 초점을 맞추어야 합니다. 여기서 중요한 것은 학교 무용교육의 내용과 방법론을 교육받은 질 높은 무용교육자가 절실히 필요하다는 사실입니다. 대학마다 배출하는 무용인력의 양상은 조금씩 다르지만 올바른 무용교육자를 육성하는 데 모든 대학이 함께 힘을 쏟아야 합니다.

신은경 : 무용교육혁신위원회가 앞장서 노력하고 있는 가운데, 많은 무용인(단체) 역시 공연을 통해 대중과 만나는 기회를 가지며 긍정적 인식의 변화를 꾀하고 있는 것은 바람직한 일입니다. 그러나 우선적으로 학교현장에 이런 예술을 감상할 수 있는 기초교육이 제공되어야 제대로 무용을 이해하고 감상할 안목이 생겨 예술을 향유하며 삶의 질을 높일 수 있게 된다고 봅니다. 예를 들어 음악의 기본음계를 알고 음악을 듣는 것은 모르는 채로 듣는 것과 큰 차이가 있듯이, 기본적인 움직임을 아는 상태에서 무용을 보는 것은 다를 수밖에 없습니다.

김화숙 : 국문법을 잘 모르는 어린 아이들도 나름대로 시를 쓸 줄 아는 것처럼, 무용도 어린 아이든, 나이 많은 어른이든 기본적으로 움직임을 통해 자신을 표현할 수 있어야 합니다. 현재 우리의 무용예술 수준이 굉장히 높은데도 불구하고 관객 개발이 안 되는 이유도 바로 학교교육에서 무용을 전혀 다루지 않기 때문이죠. 야구도 기본규칙을 알아야 관람할 때 재미가 있듯이 무용예술을 이해하는 사람들이 극소수이기 때문에 관객부족현상이 생기는 것이지요. 이 문제는 학교교육에서 모든 학생들이(남학생까지도)무용수업을 받을 수 있는 제도가 확충되어야 해결되리라 생각합니다. 또 2015년부터 고등학교 예술교과에 연극이 포함된다는 사실이 발표되자 음악과 미술계에서 반대시위를 하기 위해 세종시로 모인다는 이야기를 들으며 참으로 놀라웠습니다. 예술인 스스로가 자신의 영역 이외에는 인정을 하지 않는 태도는 아직도 우리 국민이 성숙하지 않았다는 증거지요. 외국어(불어, 독어, 중국어, 일본어, 러시아어 등)를 선택해 가르치듯이 예술교과도 기초예술과목을 모두 포함하여 학생들에게 선택의 폭을 넓혀주어야 마땅하지요.

임수진 : 우리나라 무용계는 대학을 중심으로 엘리트문화라는 틀 안에서 성장했습니다. 결과적으로 순수예술로서는 크게 성장했지만, 변화하는 사회 안에서의 소통은 잘 못한 점도 있습니다. 그렇기 때문에 타 순수예술에 비해 대중과의 거리가 더욱 멀어졌고요. 이러한 상황에서 우리나라 무용계의 기득권층인 교수님들이 모여 직접 변화의 목소리를 내주시니 더욱 뜻 깊고, 다행스러운 것 같습니다.

김화숙 : 정승희 공동위원장님께서는 정년퇴임을 하셨음에도 불구하고 무용교육혁신위원회에 적극적으로 참여해주시고 계십니다. 이화여대 무용과 1회 졸업생으로 막중한 사명감을 갖고 계시기 때문에 가능한 일이지요.

정승희 : 좌담장소를 잘 찾지 못해 조금 늦게 참여하게 됐네요. 미안합니다. 좌담이 어느 선까지 진행됐는지 모르겠지만 나의 학창시절 때만 해도 무용발표회도 하고, 무용시간은 여학생들 사이에서 참 인기가 많았었는데 언제 이렇게 변한 건지 모르겠습니다.

신은경 : 그러게 말입니다. 그동안 우리나라가 경제성과 발전에 집중해왔는데 이제는 예술문화로 국가 및 인적 경쟁력을 도모해야 한다고 봅니다.

김화숙 : 제가 1970년대 금란여고 교사로 재직할 때에도 시간표에 무용시간이 따로 있었습니다. 그런데 어느 사이 무용시간도 사라지고, 무용교사도 채용하지 않고 · · · 초 · 중등교육 현장에서 무용은 점점 축소되어가고 있습니다. 다행스럽게도 국가 자체가 '창의교육' 또는 '문화융성'과 같은 캐치프레이즈를 내걸면서 노력을 하고 있지만, 국민들의 의식을 전환하기 위해서는 기본적인 교육제

도가 바뀌지 않고서는 힘든 일이라고 생각합니다.

정승희 : 예술교육에 대한 열린 마음이라는 것은 대통령이 가지고 있다고 해서 되는 것도 아닙니다. 그동안 정책담당자들이 기존 테두리 안에 갇힌 채 변화를 두려워하기 때문에 교육제도가 바뀌지 못하고 있는 것이죠.

김화숙 : 그래도 정말 다행인 것은, 2005년부터 한국문화예술교육진흥원 예술강사지원사업이 실시되어 무용분야는 당시 100학교에 100명의 강사가 파견되었습니다. 그렇게 초등학교에서 시작해서 점차 중 · 고등학교로 확대되었고, 2014년에는 초 · 중 · 고 2000여 개의 학교(특수학교 포함)에서 무용수업이 실시되어 전국적으로 890명의 무용 강사가 활동했습니다. 이 강사풀 제도의 특징은 수요자 중심이기 때문에 무용강사들의 책임이 막중합니다. 수업의 결과가 바로 나타나기 때문이지요. 효과가 없으면 다른 과목을 선택해버리니까요. 사실 질 높은 강사 1000명만 정예부대처럼 활동해준다면 무용교과가 만들어지는 것은 시간문제라고 생각합니다. 강사 한 사람 한 사람이 사명감을 갖고 학생들에게 무용에 대한 인식을 바르게 심어주는 것이 중요합니다. 기능 위주의 무용수업이 아니라, 아이들 스스로 몸을 발견하고 자신을 발견할 수 있는 창의적인 수업이 되어야 합니다.

| 수용자중심의 강사풀제도 무용교과 독립의 기반이 되다 |

임수진 : 말씀하신대로 정규교과로서 무용이 채택되기 이전 강사풀제도가 가장 중요한 역할을 하지 않았나 생각합니다.

김화숙 : 예술강사지원사업은 무용교육계의 기반을 흔들어놓을 만큼 정말 큰 영향력이 있었죠. 초창기 1-3기 무용강사들이 정말 고생 많이 했습니다. 자신들 스스로를 무용전도사라고 했을 정도니까요.

신은경 : 그 10년 덕분에 무용교육에 대한 인식이 확산되고 변화하면서 강사도 늘어났습니다. 일반 학생들이 다양한 예술을 접하면 창의적 사고의 경험이 통합적 능력으로 발달되어 자신의 전공분야에서 활용할 수 있는 이점이 있게 되지요.

김화숙 : 학생들은 무용을 기능적으로 배우는 것이 아니라, 몸에 대한 자신감과 창의적인 사고를 키우는 등 졸업 후에도 학생 자신들의 전공에 긍정적인 영향을 미치리라 확신할 수 있습니다.

정승희 : 예로부터 우리나라는 예와 악에 기초해서 나라를 세운다고 했어요. 악은 오늘날의 음악만을 칭하는 것이 아니라, 가무악 일체를 말하고, 이 예악사상은 거의 20세기까지 전통예술의 주류를 이루어왔습니다. 그런데 예술교육 차원에서 보면 현재는 그 중 무용만 빠져 있는 상황이에요. 모든 문화예술을 다 포괄하는 것이 중요한데 · · · 무엇보다 우리는 무용교육의 필요성을 강조해야 합니다.

김화숙 : 무용교육의 장점으로는 감성교육, 창의교육, 문화교육, 그리고 두뇌활성화 교육이 가능하다는 점입니다. 많은 신경과학자들이 움직임은 두뇌발달에 도움이 되는 것이라고 말해요. 최근의 학자들은 자유로운 춤추기가 두뇌발달에 가장 좋다고 하고요. 무용은 좌뇌 우뇌를 다 사용하기 때문에 아이들이 상상하고 사고하는 데 큰 도움이 됩니다. 전인교육, 평생교육의 중요성을 생각했을 때에도 큰 이점이 있습니다. 인간을 인간답게 교육시키는 최고의 교육이라고 생각해요. 정신, 마음 그리고 몸까지 교육할 수 있으니까요.

임수진 : 이 사업이 지속되면서 교육기관측의 반응이나 관련 연구 사례에 대해 말씀해 주십시오.

김화숙 : 무용교육혁신위원회에서 발간한 「무용교육의 힘」이라는 책에 무용수업 현장사례가 실려 있습니다. 대표적으로 한 초등학교 담임선생님이 대학원 무용연극치료학과에서 즉흥무용을 배우고 그 경험을 학급 학생들에게 가르쳤을 때 아이들이 갖는 자신감을 다룬 사례가 있고요. 또 대원외국어고등학교의 사례도 인상적입니다. 처음 한 강사가 대원외고에 강사로 나갔을 때, 학교 측에서는 학생들이 유학을 가야 하니 댄스스포츠와 한국무용을 가르쳐달라고 하였다고 합니다. 그리고 수업이 진행되고, 나중에 학생들이 수업소감으로 써낸 종이에는 '무용은 나만의 휴식시간', '무용수업은 내 몸을 알아가기 수업', '무용 시간은 육체 뿐 아니라 정신도 맑아지는 느낌'과 같은 긍정적인 반응이 가득했다고 합니다. 특히 요즘처럼 입시교육에 지든 아이들이 무용수업을 통해 몸과 마음의 해방감을 누렸으면 좋겠어요.

신은경 : 요즘 회사에서도 사원들의 복지를 고려해 근무 도중 일의 생산성과 효율성을 높이는 여가시간을 갖도록 하기도 하는데, 그때 무용을 경험하게 하면 참 좋을 것 같아요. 공부도 예술을 경험하면서 해야 여유 있고 집중해서 공부할 수 있다고 합니다. 실제로 제가 본 논문에서는 같은 공부를 계속 앉아 있다가 하는 것보다 신체를 움직인 후에 시작하는 것이 훨씬 집중도와 성취도가 높다고 해요.

김화숙 : 인간이 느끼는 즐거움 중 최고는 움직임을 통한 즐거움이라고 합니다. 우리가 살아 있다는 것은 곧 활발하게 움직인다는 것이고, 죽는다는 것은 움직임이 멈추는 것입니다. '몸은 바로 자신의 역

사'라고 하듯이 말입니다. 또 많이 움직일 수 있다는 것은 곧 건강하다는 의미이고요. 춤은 그저 움직이는 것을 넘어 리듬에 맞추고, 자신의 감정을 표현하는 것이기 때문에 자기 자신에 대한 표출이기도 합니다.

정승희 : 움직여서 땀을 흘리고, 음악에 맞춰 움직여보고, 그 행복을 느껴본 사람들은 움직임의 가치를 알아요. 모든 움직임은 정말 값집니다. 거기에 무용의 리드미컬함이 더해지면 훨씬 좋은 거죠.

| 무용교과목 개설을 위한 노력, 어디까지 왔나 |

임수진 : 무용교사자격증이 만들어졌으니, 이제 교과목 개설을 위해 또 다시 힘을 내야겠습니다. 현재 어느 정도 진행이 된 상황인가요.

김화숙 : 지금 제도적으로 사립학교 교장선생님들이 무용을 가르치겠다는 생각만 있으면 충분히 무용수업이 가능합니다. 그런데 이미 체육교사가 많거나, 생각이 미치지 않으면 수업을 하지 않죠. 또 수업을 하더라도 기간제 교사를 쓰기 때문에 무용수업이 잠깐 있다가 사라지기도 하고요. 그렇기 때문에 그에 대한 대안은 무용교과가 정책적으로 포함되어야 하는 것입니다. 우리 무용교육혁신위원회에서는 전국 40여개 개 무용과와 학 · 협회, 무용관련 기관장 등에 공문을 발송하고 지지성명을 받고자 하는 활동을 진행 중입니다. 서명인 명단과 후원금 명단을 첨부해 담당부처에 3월 말까지는 제출하려고 합니다.

정승희 : 이제는 많은 사람들이 무용예술에 관심을 갖고 적극 지원하겠다고 하니 실질적으로 힘이 있는 주변인들도 끌어와 참여시켜야 하겠지요. 많은 정책담당자들도 무용교육의 필요성을 인지하고 있기 때문에 전망은 긍정적입니다. 무용가 루돌프 폰 라반의 표현법을 당시에는 성직자와 정치인들도 배우고 그 표현법을 익혀 종교나 정치에 활용했다고 하는데, 이처럼 무용이 여러 곳에 활용될 여지도 정말 많아요.

김화숙 : 무용교육혁신위원회에서는 국회의원들에게 무용에 대한 인식을 시키고자 국회에 직접 가서 공연까지 했습니다. 그들도 직접 무용을 보고 느껴야 필요성과 가치에 대한 인식이 생기니까요.

정승희 : 이제는 이 제도가 시행될 분위기가 무르익어간다고 말할 수 있어요. 「몸」지에서 무용교육혁신위원회 광도고 게재해주시고, 「춤」지에서는 무용교육혁신위원회 후원회 명단을 실어주었고요. 그 외 「춤웹진」, 「춤과 사람들」등 무용계의 여러 매체에서도 이 사안의 중요성을 인식하고 있다 것이

정말 기쁘고 반갑습니다. 무용계의 움직임도 달라지고 있는 모습이 보입니다.

김화숙 : 무용계의 분위기가 달라지고 있는 것은 확실히 느껴지죠. 무용교사자격증이 나왔고 교과목이 개설이 되어야 저희의 임무를 다했다고 할 수 있겠죠.

정승희 : 교과목이 개설되면 우리의 임무는 끝이라고 생각했었는데, 사실 그후의 일도 많지요. 무용교과서가 있어야 하고, 학생들을 지도할 교사들을 위한 강습회도 열어야 합니다. 우리는 12년간 이 운동을 지속하면서 무용교육학회와 연대해 중등무용교수안을 만들었기 때문에 누구보다 빨리 앞서 나갈 수 있다고 봅니다. 앞으로 무용인들의 공동목표가 달성되면 무용교육의 질적 수준이 높아지고, 무용예술이 꽃을 피워 제2의 무용르네상스가 펼쳐질 것입니다. 그러면 우리 후학들이 예술인이자 생활인으로 안정된 삶을 누릴 수 있을 것입니다.

김화숙 : 무용교육혁신위원회에서 12년간 여러 선생님들께서 전공 장르구분 없이 참여한 결과 공식회의가 50회, 비공식회의가 50회 정도 열렸습니다. 공동의 목표를 위해 한 마음으로 달려온 것이지요. 그 과정에서 정말 친해지기도 했거든요.

정승희 : 무용교육혁신위원회가 무용교육의 이익을 설파하는 것도 이 같은 조직력이 있기에 가능했죠.

신은경 : 무용교사자격증에 대한 공표 이후 많은 무용관계자들의 마음이 모이고 있습니다. 이 일에 언급도 안 하던 분들이 관심을 가지는 등 긍정적인 변화가 생겼죠. 이것은 하나의 시대적 트렌드이기 때문에 희망을 갖고 합심해 노력하면 금방 잘되지 않을까 싶어요.

정승희 : 서명운동과 후원금 모금 등 무용교육혁신위원회 자체에서만 이 일을 주도하는 것보다는, 무용인 전체의 참여가 중요합니다. 한 사람 한 사람이 무용교과목 개설에 대해 십시일반 하는 마음으로 이 운동을 시행시켜나가면 억지로가 아니라 자연스럽게 무용계가 결집되면서 열매를 맺어 무용예술이 꽃을 피우게 될 것입니다. 관객개발, 일자리창출, 예술교육, 문화국가 등 훨씬 많은 파급효과가 있지요.

임수진 : 오늘 세 분 자리해주셔서 감사합니다. 뜻 깊은 좌담을 마무리하는 말씀을 부탁드립니다.

정승희 : 무엇보다 무용계의 공동이익을 위해 하나가 되는 모습이 중요합니다. 각자의 예술적 성취도를 높이기 위한 일은 당연한 것이지만, 우리가 한 목소리를 내야 할 때는 개인적 관계를 떠나서 결집

이 이루어져야한다는 것을 다시 한 번 말씀드립니다.

김화숙 : 춤이 얼마나 인간을 행복하게 하는지, 움직임을 통해 얻는 즐거움이 얼마나 큰지 아는 사람이 알았으면 합니다. 모든 교육 중에서 무용교육이야말로 전인적인 교육을 하는 데 가장 좋은 도구라는 점을 꼭 전합니다.

신은경 : 국민의 기본공통교과목 중 '예술' 교과가 어떤 특정한 예술로만 편향되어 교육되거나 그와는 반대로 소외될 수는 없다고 봅니다. 이미 여러 선진국에서는 그 중요성을 깨달아 '무용'을 예술교과에 두고 모든 국민들로 하여금 자신과 사회, 그리고 세계를 알아가도록 교육하고 있지요. 우리나라도 조속히 예술교과에 '무용'을 넣어 국민이라면 모두가 다양한 예술을 배우며 체험할 수 있도록 교육당국이 이를 꼭 시행해주기를 부탁드립니다.

본 좌담의 주제처럼 모든 국민은 무용교육을 받을 권리가 있으며 출생이후부터 무용은 일반적인 인간행위이다. 오랜 시간 체육의 한 분야로 정체성을 갖고 있어서 독립적인 무용으로서의 정체성을 급속히 실현하기에는 힘들다. 그러나 무용의 가치관 정립, 인식의 변화, 고정관념의 탈피로서의 발전을 필요로 한다.

교육이 시작되고 끝날 때까지 무용, 즉 미적 움직임교육은 인성교육, 정서교육, 창의교육 등 감성교육에 지대한 역할을 한다. 대학입시 위주의 무용으로 인식되어 장기간 대학에서도 그 고리를 끊지 못하고 소극적 범주 안에 스스로 머물러 있었던 부분도 적지 않다.

결코 무용은 특수한 것이 아님에도 불구하고 일상적 교육에서 배제되는 경우가 많았다. 유, 초, 중등교육에 독립적 무용교과도, 교과서도 없음에도 대학에서는 다양한 서적을 통하여 무용학을 정립해 간다. 무용의 생명력은 삶속에서 여전히 숨 쉬고 있는 것이다.

정규과목으로서의 독립과 그 위치와 가치를 찾고 서기 위해 강사풀제도 및 문화예술교육사 양성, 무용교사 자격증제도, 청년무용가 안무전 등으로 국내에 청년 지도자들이 확산되어 가고 있다. 한편 미술, 음악이 순수예술로서의 자리매김과 일반적인 실용성과 대중성에 그 영역을 확대하여 가고 있으며 이는 무용에 비해 매우 안정적이다. 무용 역시 이러한 진지하고 발전적 좌담의 결실이 언젠가는 올 것을 기대한다.

III

무용학 강의

1. 인간과 무용의 관계
2. 「마음」과 「몸」의 복권(復權) 무용
3. 춤추는 것과 창작하는 것의 차이
4. 무용학 교과과정의 연구분석

인간과 무용의 관계

본 장은 현희정의 무용학강의 내용 중의 일부를 학생들과 강의하는 중 학생들의 무용에 대한 교육적 지식과 인지도 및 중요성 등을 각인 시켜주어서 무용계에 전문적 리더십을 발현하는데 도전할 수 있는 계기를 마련하는 기초적, 본질적 유익함을 제공해 줄 수 있다라는 확신을 갖고 다음의 내용을 살펴보고자 한다.

1) 「지금, 나와 무용」에서 출발해서 - 일반인들에 있어서 춤의 이미지로

"무용이란 무엇인가" 그리고 "사람은 왜 춤 추는가"라는 물음에 대하여서는 행하는 사람과 그 관계로 인해 비로소 "의미"가 나온다.

– 알아보자「ㅇㅇ사람들에게 들었습니다. – 당신의 입장에서 무용이란」

① 「나와 무용」– 당신은 무용에 대하여 어떤 이미지나 감정을 가집니까, 무용이라 하면 어떤 무용을 상상합니까, 당신에게 있어 무용이란 무엇입니까?

– 당신과 무용의 관계가 가까운지 먼지, 그 이유를 생각해 보자.

② 다음으로「당신의 동료 10사람에게 물었습니다.」– 가까운 동세대의 동료는 무용을 어떻게 생각하고 있는가, ①과 같은 질문을 해보자.

– 의외로 여러 가지 생각을 하고 있을 것이다. 그리고 공통된 문제가 떠오를지도 모른다.

③ 다음은「당신 주의에 있는 여러 세대의 10사람에게 물어보았습니다.」

– 각각 무용을 어떻게 느끼며, 어떤 무용을 상상하는가와 같은 질문을 해보자.

– 각각의 세대가 살아온 시대의 무용은 여러 가지라는 것을 알게 될 것이다.

④ 이번에는 약간 객관적으로, 지금의 사회, 시대 가운데서 춤을 어떻게 받아들이며, 어떤 현상이 있는지 생각나는 대로 들어보자.

– 춤의 붐, 에어로빅 댄스, 재즈댄스, CM춤 … 그 붐의 배경에 있는 것을 분석해 보자.

상기 표 안에 있는 질문은 강의수업 중 학생들에게 과제물로 내주어 무용전공자 및 무용전공생이 아닌 대중들에게 질문을 하고 그 답변을 문서로 작성하여 오라고 하였는데, 여러 많은 학생 중 상기의 질문에 대하여 성실하게 작성해온 한 학생의 보고서를 제시한다.

① 「나와 무용」 - 당신은 무용에 대하여 어떤 이미지나 감정을 가집니까, 무용이라 하면 어떤 무용을 상상합니까, 당신에게 있어 무용이란 무엇입니까?

- 당신과 무용의 관계가 가까운지 먼지, 그 이유를 생각해 보자.

내가 무용에 대해 가지고 있는 이미지는 매우 긍정적이다. 나는 무용에 대해 생명력이 넘치는 무한한 발전이 가능한 일종의 점과 같은 점의 이미지를 가지고 있다. 무용은 신체를 통하여 사상이나 감정을 표현하는 예술로 다른 예술 장르와는 달리 사람의 신체를 매개로 한다는 점에서부터 살아 숨 쉬는 생동감과 생명력이 있다. 또한 하나의 점은 그 자체만으로도 점으로 존재하며, 그 점이 모이면 선이 되고 그것이 모이면 면이 되듯 무용을 인간뿐만 아니라 사물, 타 장르 학문과의 소통 역시 가능하며 그럼으로써 더욱 발전 가능한 예술장르라고 생각한다.

그리고 무용이라고 하면 일단 나의 전공인 한국무용이 가장 먼저 떠오르고, 한 편의 연극처럼 스토리가 있는 클래식 발레가 떠오른다. 이것은 내가 어릴 때부터 발레를 좋아했고, 지금 현재도 그러하기 때문에 발레가 떠오르는 것이다. 한국무용이 가장 먼저 떠오르는 것은 아무래도 내 전공으로써 가장 친숙한 분야이고 가장 오랜 기간 접해 온 분야라는 점 역시 영향을 주었다.

나에게 있어서 이러한 무용은 내가 어떤 생각을 할 때 혹은 어떤 행동을 할 때 다른 무엇보다도 먼저 떠오르는 우선순위다. 나는 평소에 책을 읽거나 음악을 듣거나 할 때도 그것들을 무용에 연관시켜 보기도 하고 무용에 빗대어 생각해보려고 하는 편이다. "책에서는 어떠한 이야기를 하고 있는데 이 내용으로 무용의 경우를 생각하면 책에서처럼 혹은 책과 달리 이렇게 여겨질 수도 있겠구나.", "이 음악은 박자가 정확하고 뚜렷하며 리드미컬해서 무용음악으로 쓰기에도 좋겠구나."라는 생각을 하곤 한다. 그러므로 나에게 있어서 무용은 우선순위이자 떼려야 뗄 수 없는 불가분의 관계이다.

② 다음으로 「당신의 동료 10사람에게 물었습니다.」 - 가까운 동세대의 동료는 무용을 어떻게 생각하고 있는가, ①과 같은 질문을 해보자.

- 의외로 여러 가지 생각을 하고 있을 것이다. 그리고 공통된 문제가 떠오를지도 모른다.

현재 무용을 전공하고 있는 친구들(동 대학, 타 대학)에게 질문해 보았습니다.

- 무용이라 하면 단아하고 아름다움과 여성스러움을 상상한다. 무용이란 나에게 잡념을 없애고 집중하는 유일한 것으로 나는 무용에 대해 아름다운 이미지를 가지고 있으며, 슬프고 때로는 기쁜 감정을 표현하는 무용을 상상한다.
- 무용이라 하면 꽃이라는 단어가 연상된다. 피었다가 졌다가 하며 모든 것을 드러내지 않고도 자신의 아름다움을 표현하는 솔직한 무용이 떠오른다. 이러한 무용은 자신을 표현해 주는 가장 솔직한 수단인 동시에 자신을 가장 감추기도 하는 나를 표현하는 수단이다.
- 일반적으로 무용에 대한 이미지를 떠올리면 아름다움에 대한 생각을 가지겠지만 무용은 아름다움에서만 그치지 않고 어둡기도, 두렵기도 하다. 전공자의 입장에서 이러한 무용은 나의 인생이자 삶이다. 그리고 내가 상상하는 무용은 인간의 감정이나 사상, 내면의 아름다움과 외면의 아름다움을 신체를 통해 표현하는 것으로 상상한다.
- 나에게 있어 무용이란 나를 제일 행복하게 하는 것이며 살아가는 이유이다. 이러한 무용은 인간의 가장 감성적인 부분을 자극하면서 가장 본능적인 움직임이라는 이미지를 갖고 있으며, 신체를 통한 의사소통, 감정을 전달하는 표현으로서의 무용을 상상한다.
- 무용은 신체로 아름다움을 표현하는 것으로 나는 무용에 대해 아름다운 이미지를 가지고 있다. 신체를 통해 감정을 표현하고 아름다운 선을 표현하는 표현의 수단으로서의 무용을 상상한다. 이러한 무용은 평소의 나와 다른 나를 발견 할 수 있게 해주는 것이다.

- 내가 가지고 있는 무용의 이미지는 가장 솔직하고 자연과 가까운 모습으로, 무용이라고 하면 한국 민속무용을 상상한다. 나에게 있어서 무용은 하나의 언어이자 나 그리고 다른 사람(관객)과의 소통을 가능하게 해주는 매개체이다.
- 무용은 자신의 감정을 표출하는 창작적인 이미지로 자유롭게 내면의 감정을 표현하는 창작무용을 상상한다. 나에게 있어서 무용은 삶에 대한 대리 만족이다.
- 무용이라 하면 대체적으로 한국무용이 떠오르며 한을 품거나 민족의 얼을 담은 전통무용을 상상한다. 앞으로도 유지시켜 나가야 할 민족적 과제라 생각한다.
- 나는 무용에 대해 고통 속에서 피어나는 꽃의 이미지를 가지고 있다. 무용이라 하면 나만의 생각을 할 수 있어서 나만의 세상을 펼칠 수 있는 것이 떠오른다. 나에게 있어서 이러한 무용은 동화책과 같다. 동화책처럼 나의 이야기를 춤으로 표현할 수 있기 때문이다.
- 내가 갖고 있는 무용에 대한 이미지는 일종의 추상화 같은 이미지다. 자신의 사상과 감정 등을 자유롭게, 형식에 구애받지 않고 표현하기 때문이다. 그러므로 무용이라 하면 현대적인 창작무용이 떠오른다. 이러한 무용은 나에게 있어서 하나의 언어수단이라 할 수 있다.

③ 다음은 「당신 주의에 있는 여러 세대의 10사람에게 물어보았습니다.」

- 각각 무용을 어떻게 느끼며, 어떤 무용을 상상하는가와 같은 질문을 해보자.
- 각각의 세대가 살아온 시대의 무용은 여러 가지라는 것을 알게 될 것이다.

초등학생과 20대 초반의 또래 그리고 40~50대의 어른에게 질문해 보았다.

먼저, 초등학생의 경우 무용이라는 것이 예쁘고 인형 같은 것이라고 생각하고 있었다. 초등학생 두 명에게 물어보았는데 두 명 모두 무용은 예쁜 것, 그리고 발레를 떠올렸다.

20대 초반의 나와 비슷한 또래 6명(비전공자)에게 질문했는데 무용을 매우 우아한 것으로 생각하고 그에 따라 발레와 살풀이 같은 한국무용을 상상하였다. 두 번째 사람은 무용을 자유로운 것으로 생각하고 있었으며, 자유롭게 몸으로 표현하는 창작 무용을 상상하였다. 또 다른 두 명의 사람은 무용이라 하면 발레를 떠올렸고, 무용을 도도하고 아름다우며 화려하고 멋있다고 느끼고 있었다. 또한 무용을 매우 화려하게 느끼고 부채춤처럼 화려한 한국무용을 떠올리는 사람도 있었으며 무용을 몸으로 자신을 표현하는 점이 매우 멋지다고 느끼고 그러한 무용으로 재즈댄스가 생각이 난다고 대답한 사람도 있었다.

40~50대 어른 두 분께 질문해보았는데, 두 분은 모두 무용이라 하면 한국의 전통무용을 떠올리셨다. 그들은 대체적으로 무용을 우리 조상의 한이 서린, 민족적 정서가 담긴 것이라고 대답하셨다.

④ 이번에는 약간 객관적으로, 지금의 사회, 시대 가운데서 춤을 어떻게 받아들이며, 어떤 현상이 있는지 생각나는 대로 들어보자.

- 춤의 붐, 에어로빅 댄스, 재즈댄스, CM춤 … 그 붐의 배경에 있는 것을 분석해 보자.

지금의 사회에서는 춤을 예전에 비해 긍정적이고, 여가 시간에 즐길만한 오락적이면서도 요가처럼 심신을 단련할 수 있는 것으로 받아들이고 있다고 생각한다. 예전에 무용을 한다고 하면 '딴따라' 라고 하는 등 매우 부정적이고 편견어린 시선으로 바라봤었는데 요즘은 무용을 한다고 하면 오히려 긍정적이고 동경의 시선으로 바라보기도 한다. 이러한 이유는 아무래도 과거에 비해 사회 · 경제가 발전하면서 사람들의 문화적 수준이 향상되고 무용이라는 장르를 많이 접해봤으며, 무용과 비슷한 재즈댄스나 피겨 스케이팅, 벨리댄스 등의 붐으로 인해 그런 현상이 더욱 두드러지는 것 같다.

재즈댄스, 벨리댄스 등의 붐은 사람들이 여가를 즐기기 위해 스트레스를 해소하기 위해 그리고 건강해지기 위해(well-being) 배우면서 붐이 일었고, 그로인해 대중에게 가깝게 다가갈 수 있게 되었다. 피겨스케이팅의 경우는 김연아라는 스포츠 스타를 통해 각광받기 시작하였다.

무용의 경우도 사람들이 건강을 위해 스트레스를 해소하고 음악에 맞추어 움직이면서 땀을 흘리고 재미있게 즐기기 위해 배우는 경우가 많아지고 있다. 예를 들어서 무용학원에 성인 발레 수업을 따로 두어서 직장인들도 취미로 발레를 즐길 수 있고 발레라는 것이 그리 멀리 있지 않다고 느끼게 하기도 하며, 문화센터 같은 곳에서 취미 무용반을 개설하여 수업이 진행되기도 한다.

이러한 현상은 사람들의 지적 · 문화적 수준이 향상되어 여가를 즐기고 취미 활동을 하기 위해 즐기면서 배우기 시작한 데에서 비롯된 것이라 할 수 있다. 또한 대중매체에서 무용이라는 장르를 다루어 일반인에게 자주 소개되어 무용과 대중간의 거리가 좁혀진 것도 원인이기도 하다.

본 글에서는 시대는 확실히 진보적으로 꿈틀거리고 개성화, 다양화의 시대, 감성 · 표현의 시대, 신체성(身體性)으로 돌아가는 시대, …… 모든 것은 춤에 추적(追跡)의 바람이 불어오는 것 같이 보인다고 하고 있으나, 최근 대학교육 개편에 즈음하여 대학교 무용과 폐과 및 대중화 부족, 어려운 취업난 등에 부딪히며 무용의 그간에 생명력이 약화되고 있다. 그럼에도 불구하고 우리에겐 왜 무용 곧 춤을 오랜 시간부터 지금까지 추었을까? 라고 질문하게 된다.

2) 지금, 왜 춤인가-시대와 춤을 추는 핵심어-

현재, 사회를 둘러싼 춤의 현상을 보면, 어린아이부터 젊은이는 물론 중 · 장년층, 노년에 이르기까지 무용이 급속도록 보급되고 있다. 학원, 문화센터, 노인대학교, 평생교육원 등으로 발레, 한국무용, 재즈나 에어로빅, 요가, 힙합, 스포츠댄스, 커뮤니티댄스 등 과거 어느 때보다도 무용은 대중들에게 활발하게 생활화 되고 있다.

지금 사람들은 무엇을 향하여, 무엇을 추구하고 있으며 그 중 춤은 어떠한 접점을 가지고 어떠한 기능을 하고 있는가? 에 대해서 숙고하여 살펴봐야 한다.

• 소유에서부터 존재의 시대-새로운 풍부함을 추구하는 시대

사회의 급격한 변화와 함께 사람들은 「having-가지는 것」이 아니라 「being-어떻게 존재할 것인가」 대해 관심을 가지게 되었다. 특별히 다원화, 다문화 시대, IT 산업의 급속한 세계의 흐름이 개개인의 삶을 더욱더 분주하게 하며, 자신의 정체성에 대한 확신을 찾기조차 어려운 시대 속에 있다. 과거보다 풍요로운 삶을 실제로 살고 있다. 그러나 「자기답게」 사는 보람을 찾는 시대로 전이되어 각종 여가활동 가운데 무용도 사람들의 생활에 중요한 위치를 차지하고 있는 것이다.

• 해방, 자유, 개성화, 자기표현, 재미로움, 즐기는 마음의 추구

참 진리는 인간이 생명과 삶, 개성적 전문화를 보장받는 것이다. 그러나 근간에는 자유방임적 자유를 통하여 자기 소견의 옳은 대로 향하는 것을 진리로 보는 시대이다. 따라서 자신의 본연에 신체나 본성으로 돌아가 신체의 움직임과 자신이 서로 교류하며, 그 가운데 새로운 자신을 그리고 인과관계를 발견하게 되는 것이다.

최근에 형식적, 제한적, 장르적 문화양식이 무용에도 많은 유의의성에 의해 진정한 인간의 존엄성들이 인본주의적으로 형성되어 있는 제도 속에 구속되는 현상들이 나타난다. 무용역시 무용에서의 해방, 자유를 필요로 한다. 즉 원시인들이, 고대인들이 추었던 근원적 행위에 즐거움과 즐기는 마음, 그리고 재미있다는 마음들이 재현되어야 하는 시기라고도 볼 수 있다. 그래서 무용은 치료적인 의미를 실현하고 있는 시대이기도 하다.

즉, 인간은 인간답게 그리고 새로운 문화의 구조의 출발점으로 재형성을 시도한다. 자유를 추구하는 인간의 욕구는 인간의 평범한 삶과 삶의 행위에서 다시 춤의 원형을 찾는다. 이러한 가장 중요한 근원적인 관계가 클로즈업되고 있다.

우리들의 시대에 있어서 무용은 새로운 무용의 원시, 무용에의 회귀로서 큰 의미와 가능성을 가져올 것이다. 바꾸어 말하면, 무용이 인간에게 가장 오랜 문화이기에 새로운 것이 될 수 있다.

「마음」과 「몸」의 복권(復權)과 무용

1) 춤추는 행위-퍼포먼스(performance)의 의미

「춤추는 행위」를 「춤추다-창작하다-보다」라고 보며 또한 춤추는 행위에는 「커뮤니케이션」(전달, 공유, 공감), 「크리에이티브」(창조적, 자발적인 자유로운 행위), 「익스프레스」(표현적인 행위)의 의미가 포함되어 있다.

즉, 퍼포먼스는 「즉흥성」을 특징으로 하고, 작품창작의 기반이 되는 다양한 형식적 또는 개념상의 발상을 활성화하는 방법으로 생각한다.

퍼포밍 예술(Performing arts)의 의미를 각종 문화와 비교하면 회화, 조각, 문학 등의 작품이 작자의 신체에서 떨어져 객체화 하는 것으로써 일반적으로 퍼포먼스라고는 하지 않는다. 이런것에 비해 연극, 무용, 연주, 노래는 작품을 통해 연출하는 자의 신체 그 자체에 의하여 실현을 함으로 퍼포먼스라고 한다.

이러한 퍼포먼스는 즉흥표현의 큰 뜻을 가지며 즉흥은 초심자부터 숙련자까지 각각 다양한 조건에 의해 새로운 체험을 통해 자기를 표현하게 된다. 즉, 「지금, 여기서, 나와, 우리들이」다이내믹하게 교류한다고 하는 표현이 근원적이면서 광범위한 행위로 나타나는 것이다.

오늘날 신체표현의 의미를 아는 보통 사람들이 다양한 무용을 즐기고, 춤추며 퍼포먼스의 공간으로 뛰어든다. 이는 춤춘다고 하는 행위에 대해서 새로운 자신, 새로운 인간관계를 발견한다는 중요한 현상을 우리가 인지해야 한다.

2) 오늘날의 신체의 의미

오늘날 인간의 「신체」의 존재는 체육이나 무용, 의학과 같은 분야 뿐만이 아니라 철학, 문화인류학 등에서 주목되고 있다. 즉, 인문과학, 자연과학, 사회과학 등의 모든 분야에서 인간과 신체를 분리하지 않고 일원론에 입각하여 다양한 학문적 접근을 시도하고 있다. 최근에 로봇 문화를 보면, 만물의 영장이라 하는 인간의 기능성, 영적인 내면성, 창의성 등을 능가하는.... 마치 인간 위에 또 하나의 인간을 보듯 탁월한 기계과학이 본질적 인류의 영원성을 압도하는 현상이 일어나고 있다. 과연 인간의 신체, 신체를 통한 행위, 예술 등과 같은 것은 우리에게 어떤 의미로 다가오고 있는가?

결국 신체는 마음 또는 정신과 동떨어진 물질적인 신체가 아닌 인간의 존재로써의 신체, 심신이 하나로 된 일원론적인 신체임을 인간의 역사적 존엄성과 가치관 앞에 정체성을 유지, 보존, 계승해야 된다.

많은 무용가들이 무용에 대하여 말과 글이 없어도 웅변하는 표현적인 신체, 신체를 늘 갈고 닦아도 그 원형이 변하지 않는 매력적인 예술성을 위하여 노력하고 있다.

무용근대사에 독일에서는 물체무용을 만들었었다. 그러나 그것에는 인간만이 갖고 있는 마음, 정신, 영혼이라는 것이 없었기 때문에 그 무용행위는 실패로 끝났다.

어느 무대 평론가가 무용가를 향해서 신체로서 표현한다기보다 신체가 표현한다고 말하였다. 즉, 무용이 춤추는 신체 없이는 성립하지 않는다는 것이다. 관객 또한 무용수의 신체나 움직임을 보기보다 무엇을 표현하는지에 대해 보고 있다는 것이다.

그래서 인간은 각각 개성적인 특별한 존재이므로 남과 맞춘다든지, 어떻게 보여주어야 하는가를 지나치게 생각하여 형식적 꾸밈, 인위적 움직임 등을 벗어나 꾸밈없는 감각을 따라 자기 신체가 느끼는 대로 추었을 때 우열을 가리는 외면적 기준에서 해방될 것이다.

누구나 무용가가 될 수 있다. 잠재적인 평범한 무용인구, 아직 유명해지지 않은 무용가들 언젠가는 그들이 현현하게 인류의 삶속에 진정한 춤추는 사람으로 설 수 있을 것이다. 신체에 대한 관점은 무용뿐만 아니라 오늘날 고령화 시대의 100세 시대를 맞이하며 무용 및 체육, 각종 스포츠 등에 있어서 넓은 범위를 차지하게 될 것이다.

의학이 발달하여 좋은 약을 먹고, 유기농 건강 음식을 먹으며 장수와 건강을 위해 각종 정보를 습득하여 자신을 지키고 인생을 행복하게 하려는 모든 갈망은 인간 본연의 생명의 욕구인 것처럼 신체의 움직임, 그 가운데 무용도 인간이 지니고 있어야 될 근본적 생명의 욕구인 것이다.

3) 신체에 의한 커뮤니케이션

이제까지 무용의 커뮤니케이션은 주로 무용수 또는 창작자와 관객과의 사이에서 각종의 메시지로 전달되는 경우가 많았다. 그러나 신체를 통하여 표현하는 일반적인 행위 속에 우리는 완벽한 커뮤니케이션을 할 수 있음을 알 수 있다. 우리가 각국의 언어를 몰라도 몸짓으로 의사표시를 할 때 어느 나라를 가든지 기본적인 생활을 할 수 있다. 즉, 몸짓은 만국의 언어이며 무용 역시 만국의 언어인 것이다.

그럼에도 불구하고 오늘날 무용이 대중화 및 의사소통 부재 현상을 놓고 무용의 한계점과 문제점을 제시한다. 일반적으로 삶 속에서 다양한 감정, 다양한 내면의 심리적 표현을 말을 하기 전에 글을 쓰기 전에 눈짓, 발짓, 손짓 때로는 어깨짓, 손가락 하나로도 서로를 이해하고 소통한다. 그렇다면 무용을 지금 어느 위치에서 어떠한 춤을 추고 있는 것일까? 라는 질문에 우리가 자문자답 해볼 필요가 있다. 춤추는 나, 춤추는 신체를 언제 실감하였을까?

정말 내가 슬픈 일을 당했을 때 절규하였던 나, 내가 너무 기뻤을 때 주위 환경을 돌아보지 않고 마냥 즐거워했을 때, 내가 보고 싶던 어떤 사람들을 우연히 길가에서 만났을 때 등 그 때의 움직임들을 우리는 한번 상기해보자. 수십 번 연습했던 동작 이상으로 감동적이다.

현재 모든 인간은 일반적인 삶 속에서 무의식적으로 춤을 추고 있다. 그렇게 춤추고 있는 자신을 느끼면서 인간과 인간관계의, 인간과 사건과의 관계의, 인간과 무의식 속에 상상의 세계와 늘 우리는 새롭게 춤추고 있는 자신을 발견할 수 있을 것이다.

03

춤추는 것과 창작하는 것의 차이

요즘에는 스타킹, 댄싱9, K팝스타 등 다양한 무대에서 연령에 관계없는 춤 솜씨들을 발현한다. 이 가운데에는 선천적 재능을 갖고 있거나 후천적인 노력에 의해서 추어지는 것들도 있다. 그러나 우리가 주목하여 볼 것은 유아나 아동들이 즉흥으로 신나는 대로 마음이 이끄는 대로 추는 춤들을 통해 기쁨과 웃음, 즐거움 등을 한껏 받는다. 이러한 현상은 배움 없이도 춤을 출 수 있다라는 사실을 입증하는 것이다. 세계 곳곳에 결혼식이나 가정의 경사, 국가의 경축 행사 등에는 즉흥적, 집단적 가무들을 통해 신명나는 춤들을 보며 함께 기쁨에 빠진다.

이러한 신명은 이미 인간이 태어나기 전부터 춤을 출 수 있는 천부적 재능을 가지고 있다는 것을 알 수 있으며, 춤을 추지 않은 관중도 마음에 춤을 추며 소통하고 있음을 알 수 있다.

반면에 창작된 무용을 공연하고 전승하기 위해서는 고도의 난이도와 고도의 기교, 수없는 반복의 연습, 수정, 재현 등의 과정들을 거치는 노력을 해야 한다. 그럼에도 불구하고 앞서 밝혔듯이 무용공연을 보고 느낌이 없다라든지 무엇을 표현한 것인지 애매모호한 감정을 토로한다. 결국 훈련된 신체의 움직임 곧 테크닉에서 사람의 마음으로 감동을 줄 수 있는 그 감동을 표현하지 못하였다라는 것이다.

이러한 것이 무용창작에 있어서 과제이고 이러한 부분들을 해결하기 위하여 무용수들은 진정한 춤에 대한 적극적인 접근과 모색을 통해서 무용의 참 기능을 발현해야 할 것이다. 오랜 시간동안 교육기관 및 학원을 통해서 무용 지도를 받는다. 그 목적은 누구든지 좋은 무용수가 되고 좋은 춤을 추기를 원하며, 좋은 무용단도 들어가서 많은 관중들 앞에 춤을 추기 위함일 것이다.

기나긴 역사 속에 실용적이고, 종교적이고, 사회적이고, 인간적이었던 무용이 점차 개인과 집단의 관계가 분화되고, 생활에서의 일상적인 노동과 즐거운 오락들로 구별되기 시작하였다. 무용에서 심미적인 요소를 찾기 시작하는 시대로 이행하며 심오한 감상안을 갖고 감동을 받기 위한 노력을 하는 시대로 변천하였다.

무용과 관계되는 직업을 갖기 위한 전문가가 등장하고 새로운 패턴, 복잡한 패턴, 시대가 요구하고 사람이 요구하는 그런 춤을 추게 되는 환경에 처하며, 어떻게 추고 어떤 동작을 만들어야 되고 어떻게 구성해야 되는지 등에 고민하며 비교하고 경쟁하게 된 것이다. 서로가 전문 무용수의 무용을 감상하고 표절을 하며 모방하고 그 이상의 개성적인 것을 찾아내기 위하여 고민한다. 그러한 반복되는 과정을 통해서 우리 인간의 아름다운 정감들을 잃어버리고 인위적인 예술행위로써의 무용으로 그 영역을 확대하는 가운데 인간과의 소통은 점차 감소되고 무용 자체에 본질은 훼손되어 가고 있는 것이다.

오늘날까지 춤추는 사람, 장소, 목적, 용도에 따라서 다양한 형식을 낳았고, 인간과 공간, 인간과 시간 등의 유기적인 통합과정을 통해서 일상 속의 비 일상의 시공을 실현하는 그 아름다움을 우리는 다시 재현해야 된다. 그러한 과정을 거쳐서 시대를 넘어 그 시대의 문화를 이해하고 선인들과 그들의 삶, 그들의 역동적인 지혜를 공유하며, 늘 미래를 향한 도전을 멈추지 않아야 할 것이다.

현재 진행되는 인간의 역사가 또 다시 후손들에게 전승될 것이라는 중요한 시공간을 우리는 전달해야 될 것이다.

04

무용학 교과과정 연구분석

본 논문들은 최근의 대학무용교육 발전을 위하여 작성된 숙명여자대학교 학위논문을 분석 요약한 글이다.

신민혜의 「진로확대를 위한 역량중심의 무용학과 교과과정」 연구에서는 OECD의 DeSeCo 프로젝트에서 제시한 핵심역량 요인들의 분류에 의해서 무용학 교과과정을 분석하였다. 핵심역량의 하위요인으로는 자율・주체역량, 자기관리역량, 도전정신역량, 대인관계역량, 시민사회역량, 다문화역량, 기초학습 및 의사소통 역량, 창의역량, 정보처리역량, 문제해결역량, 문화감수성이며, 다음과 같은 결과를 도출하였다.

첫째, 전통적으로 지향해온 역량이라 할 수 있는 전공실기 역량이 가장 필요하고 우선적인 역량으로 계층분석을 통해 나타났다. 계층분석에 포함된 다수 연구 참여자들이 무용과 관련된 배경을 갖고 있기 때문이기도 하지만 무용이라는 정체성을 바탕에 두고 진로를 개척하고 확대하는 것이 바람직하기 때문으로 사료된다. 전공 정체성의 부정이나 포기는 진로 개척이나 확대에 도움이 되지 않기 때문이다.

둘째, 진로개발이라는 하위요소가 포함된 자기관리 역량의 함양을 위한 교과목의 개설은 시급해 보이며, 진로관련 교과목, 상담, 특강 등이 상시로 개설되어야 진로를 확대하는데 도움이 될 것이라는 것이다.

셋째, 무용학과 교과과정에 연계전공과 같은 트랙을 개설한다면 동시대적 사회 수요를 반영하여 무용학과 학생들의 진로가 확대될 수 있는 기틀을 마련할 수 있는 기대를 나타냈다.

넷째, 무용학과 교과과정에 전문 학습과 관련된 교과목의 수가 교양관련 교과목의 수를 압도하고 있다. 대학 당국에서 개설하는 것과 필수적으로 수강해야 하는 교양과목이 있지만 이들로만 '교양 및 전문 학습 역량'을 함양하기 위한 교양과목의 수는 부족해 보인다. 이를 위해 외국어, 글쓰기, 컴퓨터와 같은 형식과 내용이 포함된, 즉 융복합의 전문학습 교과목 개설이 바람직해 보인다고 하였다.

다섯째, 해당학교 및 무용관련 학과의 문화와 교수자의 교수법을 통해서도 이러한 역량의 함양은 이루어질 수 있다고 보았다.

여섯째, 학생들의 다양한 역량함양을 위해서는 교과과정 개편만이 총체적인 해결책이 될 수는 없지만 역량중심 교과과정으로의 개편, 융 · 복합 교과목 및 진로개발 교과과정의 개설 등을 통한 변화의 도입이 해당학교 및 해당학과 구성원의 변화로 이어질 수 있는 단초를 제공한다는 점에서 더 큰 의미를 찾을 수 있는 것이다.

일곱째, 진로확대를 위한 역량중심의 무용학과 교과과정 변화가 구성원의 바람직한 인식변화와 학교 및 학과문화의 체질개선으로 이어진다면 의도한 '학생들의 다양한 역량 함양'과 '진로의 확대'라는 두 가지의 목적을 달성 할 수 있다고 보았다.

이상을 통해 무용의 정체성을 바탕으로 진로개척을 해야 하고 진로개발을 위한 다양한 과목 개발이 있어야 하는 것이다. 또한 무용학과 연계과정 트랙을 확장하고 교양과목의 적극적 수강을 통하여 융 · 복합 전문인력을 배양해야 한다. 더 나아가 해당학교 · 학과의 관계자의 역량활용을 통해서 교과과정의 개선만이 아닌 관계인력 및 피지도자들의 일관적 소통 및 관계성을 통해 이분화의 교육 및 교과내용에서 벗어나 일원화의 교육환경개선으로 무용의 밝은 미래를 전망할 수 있는 것으로 본다.

장유빈의 「대학무용교육에서 융합교육의 필요성」 연구에서는 다양한 분야의 무용전문가 양성을 위한 대학무용교육의 융합교육의 필요성을 제시하고, 대학무용(학)과의 교육 방향성 및 발전방안으로 교육목표와 교과과정의 개선방안에 대해 다음과 같은 결과를 도출하였다.

첫째, 5개 대학(한양대학교, 세종대학교, 공주대학교, 조선대학교, 숙명여자대학교)은 이론, 실기를 겸비한 전문무용인재를 양성한다는 공통적인 교육목표아래 전문 무용예술인 또는 무용교육자를 양성하는 것으로, 이는 개념이 모호하고 포괄적이므로 구체적인 교육목표를 가져야 한다고 하였다.

둘째, 5개 대학의 교과과정은 무용실기위주의 교육으로 이루어져 전문 무용가 양성에만 치우쳐있음을 지적하였다. 무용가로 사회활동을 하는 수는 매우 적으며, 무용가이외의 직업군으로 확대시키기 위해서는 무용과 관련된 다양한 분야와의 융합교육이 이루어져야 한다고 하였다.

셋째, 무용과 영상, 음악, 조명, 건축, 연극을 통한 융합 공연이 활성화 되고 있는 시대의 흐름에 맞춰 다양한 인재의 양성이 요구된다고 하였다. 그러므로 대학무용(학)과는 실기 중심의 교육에서 벗어나 무용과 융합을 이룰 수 있는 분야의 경영, 행정, 분장, 의상, 치료, 조명과 같은 교과과정으로 개선되어야 한다고 하였다.

넷째, 국내 대학무용(학)과는 각각 대학만의 특수성 및 차별성을 가져야 한다. 국내외 대학무용교육에서 융합교육을 시행하고 있는 성신여자대학교는 같은 소속대학의 다른 학과 수업을 필수적으로 이수해야 하는 교육방식, 한국예술종합학교는 한국 최초 실기과, 창작과, 이론과로 전공을 나누는 방식, 순천향대학교는 연극과 무용의 융합학과인 연극무용학과를 개설하여 교육하는 방식, 영국의 라반센터는 무용 실기실 뿐만 아니라 음악, 의상, 조명 교육이 가능한 완벽한 시설지원, 미국 뉴욕대학교는 15개 이상의 공연실습과, 현장실습, 각 학생들이 학점을 개인적으로 설정하는 교육방식 등처럼 각 대학마다 특성화 및 차별성을 가지고 교육을 시행하여야 시대가 요구하는 창의적이고 융합지식을 갖춘 인재가 양성될 것이라고 보았다.

이상의 내용에서 대학의 교육목표의 구체화 실현 및 무용실기 중심의 교육을 통해서 취업 및 사회활동의 침체 등을 회복할 수 있는 현상을 밝혔다. 이를 위해 융·복합 대학교육의 실제를 소개하였으며 다양한 분야의 진로개척의 방향성을 제시하였다.

김수연의 「대학무용교육에서 비실기교과 현황 및 향후 이론전공생 배출의 필요성에 관한 연구」에서는 비실기교육과정의 현황 분석과 대학무용교육 목표와 교과과정의 현황 분석을 통해 대학무용교육현황을 분석하였다. 현재 실기위주의 교과과정과 3분법으로 나누어지는 무용전공의 진로선택은 전문 무용수, 안무가, 무용 지도자 외에 다른 직업을 찾지 못하는 현실에서 폭 넓은 진로선택을 위해 무용이론 교과과정의 전문화교육의 필요성을 밝히고 있다.

그 연구는 다음과 같은 결과를 도출하였다.

첫째, 33개의 무용학과 교육목표 분석결과 이론과 실기를 겸비한 전문예술인 양성이 가장 높은 비율로 나타났으며, 전문예술인 양성에 대한 구체적인 명시를 하기 위해서는 학교별로 개설되어 있는 특수한 이론교과의 전문교육이 필요하다고 하였다. 이는 향후 진로선택 방향이 다양해질 것이라는 것이다.

둘째, 각 대학별로 무용과의 특징적인 교과목 구성, 지역적 특색, 진로에 대한 제시와 자격증 취득 등 교육목표의 유사성이 있지만, 학교별로 개설 되어 있는 이론교과에 대한 전문교육의 차별성이 필요하다는 것이다. 현재 개설되어 있는 이론교과는 한 학기과정으로 전문적인 지식을 습득하기는 부족하므로 이론교과의 전문교육을 위해서는 세부 전공 선택으로 이론전공생이 필요하다고 하였다.

셋째, 사례분석(조선교육무용연구소와 위스컨신대학교)을 통해 대학무용 교과과정을 제안하면, 필수교과과정과 선택교과과정, 이론과 실기로 나누어 1,2학년의 전공개념의 수업으로 나누어진다. 3, 4학년의 전공은 이론전공과 실기전공으로 나누어지며, 두 전공 사이에 공통교과과정으로 이론과 실기가 있고, 이론전공생들의 필수 교과과정과 선택과정이 있으며 실기전공생들의 필수 교과과정과 선택과정이 있다. 연구자가 제안하는 교과과정을 통해서 실기전공자와 이론전공자의 세부전공 선택 전 기본공통교육의 이론교과 기본개념을 습득하여 개개인의 성향에 맞는 교과목을 3, 4학년 과정에서 교과연계과정을 통하여 전문적이고 심화된 교육을 받아야 한다고 하였다.

〈조선교육무용연구소 모집 요강〉

수업연한	본과-1년, 여중과-1년 이상, 아동과-1년 이상, 연구과-1년 이상.
입소자격	· 본과: 초 · 중등학교 남녀교사 및 보육교사, 각 대학교 남녀 재학생 및 졸업생, 중등학교 졸업자로서 이상과 동등한 실력이 있다고 인정되는 자 · 여중과 여중 재학생 · 아동과 초등학교 및 유치원아. · 연구과: 본과 졸업자, 본과 졸업 정도의 실력이 있다고 인정되는 자
이수과목	〈필수과목〉 신흥무용기본, 무용개론, 무용사, 무용미학, 극장론, 무용, 해부학, 무용창작법실지, 무용교수법, 무용교수요목연구, 조선고전무용기법, 서양고전무용기법, 각국 민속무용실지
	〈선택과목〉 예술학, 교육학, 음악개론, 무대조명론, 무대장치론, 무대, 화장법, 의상론, 미술개론, 국악감상, 기타 과외 특수강좌
학비	· 입소금: 1000원, · 수업료 본과: 700원, · 여중과: 500원, · 아동과: 500원, · 연구과 :500원

〈위스컨신대학교 교과과정〉

	· BFA 학위 프로그램: 미술학위학사 (무용 및 전문무용극장에 관심이 있는 학생) 전문 분야: 무용치료, 무용비평,무용연구	· BS학위 프로그램 과학 학위의 학사: 댄스 춤의 다양한 이론 및 실제 연구를 제공, 다른 분야의 전공을 추구하고자하는 학생들을 위한 전공
이론교과	기본 음악 개념, 음악기초, 춤 역사 1950년대 르네상스 예술 춤, 공연&시각예술 사운드 디자인 또는 공연&시각 예술 비디오 디자인, 춤 역사Ⅱ; 최근 컨템포러리춤의 방향, 춤 교육학, 고급토론식 수업, 신체의 이론&관례, 무용제작	음악 기초, 춤 역사 1950년대 르네상스 예술 춤, 공연 &시각예술 사운드 디자인 또는 공연&시각예술 비디오 디자인, 춤 역사Ⅱ;최근 컨템포러리 춤의 방향, 고급 토론식 수업 ,신체의 이론, 무용 제작, 움직임 분석, 공연과 시각예술의 움직임의 구성
실기교과	춤 레퍼토리 극장, 요가, 몸학 과 실습 워크샵, 필라테스 메트 Ⅰ,Ⅱ, 필라테스 도구사용Ⅰ,Ⅱ,Ⅲ, 움직임을 재료로 한 즉흥, 안무법Ⅱ,Ⅲ ,1학년 워크샵, 시니어프로젝트	춤 레퍼토리 극장, 움직임을 재료로 한 즉흥, 안무법Ⅱ, 1학년 워크샵, 무용제작연구, 시니어프로젝트

IV

교육무용의 이론적 배경

1. 교육무용의 정의 및 의의 / 2. 교육무용의 목표
3. 교육무용의 유형 / 4. 교육무용과 무용교육의 명명 및 규명
5. 교육무용의 리더십

교육무용의 정의 및 의의

1) 무용의 의미

인간의 탄생과 죽음에 이르기까지 움직임은 늘 함께 하며 움직임에 대한 본능적 욕구로부터 무용은 존재하기 시작하였다. 움직임을 통하여 인간의 생명이 유지되고 있음을 확인하는 것이라면 그 움직임이 곧 예술의 원형인 무용이다. 무용이 무엇인지 알기 위해서는 시각을 통하여 보는 것과, 청각을 통하여 듣는 것, 행위를 통하여 체험하는 것이 있는데 이 중 무용에 대해서 인간이 가장 많이 느낄 수 있는 것이 바로 체험을 통한 것이며, 태어나면서 인간은 모든 움직임을 이미 경험하며 살고 있지만, 이를 미처 인식하지 못하는 것이다. 그러나 인간은 내면적 욕구에 의하여 걷고, 뛰고, 달리고, 펴고, 굽히고, 흔들고, 밀고, 당기고, 비틀고, 뛰어넘기도 하며 자신의 생명을 토대로 다양한 리듬과 강약, 고저, 장단으로 예술적 속성을 나타내는 것이다. 앞서 밝힌바와 같이 무용은 인간의 삶과 불가분의 관계에 있으며 무용을 언어로 표현하기에는 무한하고 또한, 언어를 무용으로는 표현할 수 있기에 무용의 속성은 인간에게는 필연적인 요소임을 알 수 있는 것이다.

무용은 일부지역이나 일부의 인종을 위하여 발생하고 발달한 것이 아니라 전 인류가 무용의 시작과 발전을 함께 하였기에 전 인류에게 문화적 생활의 전체이자 일부분으로 존재하였다. 무용이 인간의 전부를 표현하는 한 방법이었으므로 원시시대에서부터 현재에 이르기까지 인간의 삶의 전 영역에 있어서 함께 발전하였으며 현대사회에서 역시 기뽐과 풍요로움, 고통과 두려움, 긴장감과 소외감, 현실과 이상에 대한 모든 것을 무용으로 나타내게 되었다. 더불어, 순수예술의 전통적 정형성과 예술성을 쫓아 개인적, 집단적 예술을 표출하는 무대예술로도 발전하게 되었다. 그러므로 무용은 단순히 신체의 움직임이라기보다 심미적이며, 인간적인 예술이라 할 수 있다. 이는 인간의 신체가 무용의 본질이며 도구이고, 표현의 매체가 되기 때문에 인간의 정신을 인간의 신체를 통하여 표현함으로 가장 인간적인 예술이라 할 수 있다. 표현의 도구로서 인간 자체 즉, 신체를 통하여 인간이 스스로 무용을 인정하고 자신이 느끼는 다양한 감정을 인정한다. 나아가 인간의 삶과 그 형식, 내용, 질은 변화하게 된다. 이로서 인간은 자신의 행위와 정신이 곧 하나임을 깨닫게 되며, 자아를 인정하고 타인을 수용하는 경지에 도달한다. 따라서 인간의 신체는 곧 움직임을 통한 그 순간마다 인간이 살아있음을 느끼게 하는 중요한 도구임을 깨닫게 된다.

그러므로 무용은 인간 생명의 약동임을 증거하는 에너지의 표현이자 생명표현의 한 방법이다. 이에 무용은 인간의 의식 즉, 사상과 감정 등을 통하여 외형적인 형상을 만들어 표현하고 이를 통하여 타인에게 메시지를 전달한다. 이에 표현하는 인간은 자신의 신체에 대해 바로 알고, 마음의 느낌과 삶의 느낌을 깨달아 앎으로, 상대방에게 이를 표현하고 전달한다. 이를 위해 무용은 다양한 요소 즉 움직임, 소리, 선, 형태, 형식, 공간, 모양, 리듬, 시간, 형상과 에너지를 통하여 움직임을 구조화시키고, 이로서 전달하고자 하는 의미를 포함시켜 조화로운 무용의 형식을 창출하는 것이다. 이렇듯 다양한 요소들을 통하여 무용은 한국무용, 발레, 현대무용, 교육무용, 실용무용, 민족무용, 민속무용 등 다양한 형식을 마련하게 되었다.

무용이 무엇인지에 대하여 무수히 많은 설명을 할지라도 한 번의 경험을 통해 이해하기는 어렵다. 무용이 무엇인가라는 설명은 그저 생각으로 그려지는 그림일 뿐, 행위로서 경험되어지는 구체적, 사실적 현실은 아니기 때문이다. 무용은 생명의 호흡이고 인격이며 위대한 능력의 총체적 발산이라고 말할 수 있다. 그러나 무엇보다도 무용은 앞서 밝힌바와 같이 인간에게는 필연적이고 유기적인 삶의 표현이라 할 수 있다.

2) 교육무용의 정의 및 의의

교육무용은 무용을 통하여 교육을 하는 것이자 무용교육을 통한 교육이라는 무용의 교육적 개념을 나타낸다. 일반적으로 교육무용은 이념과 목적, 방법론이 분명히 존재한다. 교육무용은 교육무용만의 형태와 형식을 가지지 않을 뿐만 아니라, 특수한 형태 혹은 형식을 만들어 집단화 내지는 일원화하지 않는다. 교육무용을 포함한 모든 무용은 무용의 교육적 이념과 같은 의미를 지녀야 한다. 교육무용이 추구하는 것은 '교육의 매체로서의 무용, 무용을 통한 전인교육'이라 할 수 있으며 이러한 교육무용의 일반적인 개념은 무용이 교육의 목적이 아닌 수단이라는 것이다. 그러나 긴 역사 속에서 무용 자체가 교육의 목적인 경우가 많았다. 이는 무용기술을 습득하고 이를 배우는데 목적을 두는 전수교육이었으며 예술무용을 중심으로 무용 그 자체를 교육하였던 것이다. 흔히 무용을 교육하는 가장 큰 목적이 무용의 전문교육이라고 판단한 경우이다.

오늘날의 무용은 배우고 지도하는 목적과 이유, 방법의 다양성을 통해 보여주며, 시대가 요구하는 특정하고 제한적인 목적만을 추구하거나(ex. 대학입시) 자신의 기쁨을 만족시키는 등의 무용으로 발전하기도 하였다. 그러나 교육무용은 무용이 교육의 목적이 아닌 수단이라는 점을 주지해야 하며 교육이 인간의 신체와 정신을 발전시키고, 사회적 존재로서의 의식을 심어주며, 인간의 의식을 변화시키는 전인격 형성에 목적을 두었기에 결과보다 과정 중심의 목적을 달성하기 위해서 다양한 교육철학이 수반되어야 한다.

교육무용은 성취된 하나의 무용의 결과물이 아니라 목적이 달성되기까지의 전 과정을 중요시하는 것을 뜻하며, 단순히 무용의 동작을 외우거나 모방을 하는 것이 아닌 신체발달과 인간성의 형성이라는 교육의 목적에 맞추어 실행되는 하나의 수단이다. 따라서 인간은 신체와 마음의 조화, 미적표현을 통한 예술적 능력을 통하여 잠재능력을 개발하고 자아와 타인을 위한, 나아가 사회의 위상에 맞는 인간형성에 목표를 두고 있음을 알 수 있다. 즉, 교육의 영역에서 무용은 아직 미완성의 단계인 인간의 신체와 정신, 사회성을 무용이라는 수단을 통하여 점차 완성된 인간상으로 변화시켜가는 전인교육의 수단이며 동시에 목적이라 할 수 있다.

교육무용의 목표

무용교육은 교육의 정의에서 밝혔듯이, 전인격형성을 위하여 필요로 하는 조건 중 하나이다. 무용을 통한 교육에서의 목적은 미완성인 인간을 완성된 인간으로 형성해가는 것이며, 이것이 무용을 통한 교육, 나아가 교육의 전 영역이 추구하는 목적이라 할 수있다. 즉, 한 인격체가 삶을 영위하기 위하여 필요로 하는 모든 조건은 영 · 유아, 초, 중, 고등학교의 의무교육을 통하여 이루어진다. 교육무용은 각 연령에 따라 각기 다른 특성을 나타내기 때문에 각각의 연령에 맞는 목표를 설정하여 목적을 달성함으로서 무용교육의 필요성을 충족시켜 나간다. 이러한 과정 가운데 무용은 그 내용이 율동, 춤, 무용 등의 용어로 사용되며 그에 따른 움직임과 이를 통한 교육과정 속에서 하나의 인격체가 완성될 수 있도록 하며 이를 통해 인간에게 유익함을 주는 것을 의미한다. 나아가 무용교육의 목표는 무용교육을 통해서만 성취할 수 있는 목적을 추구하고, 이를 확장시켜가야 하는 것이라 할 수 있다. 이러한 이론적 배경을 근거로 교육무용의 목표를 보면 다음과 같다.

1) 교육무용의 일반적 목표

교육무용의 일반적 목적은 전인교육의 수단으로 무용교육을 통하여 이상적인 인간상을 만들어가는 것인데 이는 관념적인 것이 아닌 신체적, 정신적, 지적, 사회적으로 미완성인 인간을 무용을 통하여 완성된 인간으로 변화시키는 것이다. 따라서 교육무용의 일반적 목표를 신체적, 정신적, 지적, 사회적 목표로 나누어 살펴보도록 하겠다.

(1) 신체적 목표

신체적 목표라 함은 흔히 사람의 몸을 단련하거나 건강을 위하여 몸을 움직이는 운동을 연상하게 된다. 이러한 의미에서 무용에서의 운동을 생각해보자면 무용을 통한 운동은 인간의 움직임이 그 기본이 되며, 모든 생활의 범위가 운동의 범위가 될 수 있다. 또한, 운동을 통하여 인간은 신체의 건강을 비롯하여 순발력, 지구력, 정서적 표현력 등 다양한 감각을 고루 발전시킬 수 있다.

신체를 발달시킨다는 것은 신체의 외형적인 미 보다는 신체의 기능에 중점을 두지만 최근에는 무용을 통한 신체의 외형적인 미를 추구하는 현상도 많이 나타나고 있다. 그러나 '건강한 신체에 건강한 정신이 깃든다'는 말과 같이 무용을 통한 우선적으로 추구되어야 하는 신체적 목표는 신체의 내외면의 기능 즉, 뼈와 근육, 내장기관을 비롯한 감각기관까지 신체를 건강하게 함으로서 체력을 길러주고 나아가 정신까지도 건강하게 하는 것이다.

무용은 신체 단련을 통하여 단계적으로 체력을 길러주고, 스포츠 활동 못지않게 운동기능을 향상시켜 준다. 나아가 무용은 이러한 활동에 창의성과 표현성을 함께 길러줌으로서 신체의 기능 그 자체에 대한 향상과 더불어 정신적 능력까지 향상시키는 것이다. 따라서 무용은 올바른 신체를 형성하고 더불어 운동적인 감각과 그 기능을 향상시킴으로서 건강하고 균형 잡힌 조화로운 무용적 신체를 추구하는 것이다.

(2) 사회적 목표

무용은 상호적인 협력을 필요로 하기 때문에 사회화와 집단의 움직임 속에서 개인이 필수 불가결한 수단이 되기도 한다. 즉, 집단의 움직임 속에서 개인이 존재하는 것이다. 오늘날의 교육은 개인의 역량을 충분히 발휘함으로 자아를 확립하고 타인과의 교류를 통하여서 우리를 형성하고, 나아가 사회라는 공동체의 한 존재로서의 자아를 자각하므로 그 가치를 깨닫게 하여 사회의 한 구성원으로서의 역량을 발휘할 수 있도록 한다. 무용은 긴 시간 협의적이고 편협적인 영역에 하나로 무용가 개인의 예술적 개성을 존중하고 발휘하는 것에 중점을 두었으나 사실상 무용은 군무라는 형식을 통하여 사회적 목표도 실현하고 있었다.

2015년 발표 된 개정 교육과정에서 추구하는 인간상 중에는 의사소통 역량과 공동체의 역량이 포함되어 있다. 무용은 이러한 역량을 향상시킬 수 있는 능력을 가진다. 즉, 무용을 통해서 각자의 개성을 표현하고 발휘함으로서 자아를 확립하고, 상대에게 전달하는데 이러한 활동을 통하여 개인의 사상과 감정을 공유하고 공감하며 사회와 소통하고 사회의 발전을 도모하는 것이다.

모든 사회적 소통은 인간의 표현을 통하여 이루어지고, 자기를 잘 전달할 수 있는 능력은 표현력에 의해서 발휘될 수 있다. 흔히 무용을 하는 사람들은 무용을 통해서 자신과 경험이 다른 타인을 이해하고, 상호간의 교류를 통하여 자신이 세계를 더욱 풍부하게 만들어간다. 즉, 내면적 욕구와 충동에 착실히 반응함으로 무용은 사회적인 차원에 이르게 하는 것이다.

무용은 일상적인 어떤 것, 개인의 사상과 감정 등을 신체를 통해 표현함으로서 즉흥과 적응, 공간의 형성과 시간에 적응, 순발력과 지구력 등을 통해 인간의 기초를 형성하고 사회에서의 안정 및 협력을 할 수 있도록 목표를 설정한다. 독무를 통하여 개인의 개성을 이해하였다면 군무를 통해서는 배려와 협력을 통한 통일성, 조화를 추구함으로서 건강한 신체와 정신을 통해 화합하고 조화로운 사회적 인간을 교육하는 것이다. 이렇게 형성된 인간의 사회적 인격 형성은 개인주의적 인간상이 아닌 타인과 함께 하는 인격으로서의 사회성을 갖춘 사회적 인간을 목표로 한다.

(3) 정서적 목표

무용은 자기표현을 통하여 정서적 안정을 도모한다. 정서는 인간의 정신적 가치로서 지식적인 측면이 아니기에 예술이 아닌 다른 교과에서는 목표가 되기 어려운 예술교과만의 특수성이라 할 수 있다. 정서적 목표는 인간의 미적인 욕구를 만족시킴으로서 심미적이고 정서적인 마음의 안정을 도모하며 내면의 불만이나 화, 기쁨과 행복 등을 표현함으로 정서적 목표를 추구하는 것이다. 이는 무용을 통하여 불안정한 정서를 표현함으로 나쁜 것을 떨쳐버리는 것 뿐 아니라, 기쁘고 즐거운 감정 등을 표현함으로 정서적 안정을 유지할 수 있도록 하는 것이다. 무용은 다른 예술들과는 달리 인간의 신체 그 자체가 표현의 수단이 됨으로 자신의 정서를 가감 없이 표현할 수 있으며, 또한 무용은 종합예술이기에 다른 어떤 분야와도 연계가 가능하여 풍부한 감수성 혹은 예민한 감수성이라도 함께 동화되어 자신을 표현할 수 있는 것이다.

정서는 인간의 미적인 욕구를 만족시켜주며, 이를 자기표현을 통해 충족시키고, 미적인 모습을 감정에까지 끌어올림으로서 자기 스스로 아름다운 것을 만들어보려는 능동적인 활동, 창작활동에 까지 영향력을 미칠 수 있는 것이다. 따라서 정신적인 무용을 미적으로 표현함으로서 정서적 목표를 지향하는 것이라 할 수 있다.

(4) 지적 목표

보편적으로 사람들은 무용이 감성적 혹은 정서적인 영역에만 영향을 끼칠 것이라고 생각하기 쉬우나, 종합예술로서의 무용 또한 지각으로서의 무용은 국어, 수학, 음악, 미술, 의상, 체육, 연극 등과 같은 다른 학문의 영역과 관계성을 맺고 있으며 문학적, 수학적, 예술적 능력을 모두 요구한다. 또한 무용을 실행하기 위한 암기력, 학습능력, 지각된 것을 정리하고 통일하여 새로운 인식을 낳게 하는 지적 능력이 교육무용을 통하여 추구될 수 있다. 왜냐하면 무용을 하는 사람은 무용의 순서를 익히고 자신의 특성을 탐색하며, 지속적인 자신의 생각과 신체에 대하여 조화롭게 훈련하며 학습하는 과정에 놓이게 된다. 이러한 과정에서 피교육자는 끊임없는 자기평가와 반성이라는 과정을 통해 학습하게 된다. 또한, 무용의 요소인 소리, 움직임, 선, 유형, 형식, 공간, 리듬, 박자, 시간, 에너지 등은 다른 교과목들의 기초가 되는 개념들로 공유하고 있기 때문이다. 모든 경험은 인간 스스로를 생각하게 하며 관찰, 분석을 통하여 판별력과 조화, 타당성 등에 대한 사고력을 높여주며, 작품의 인과관계, 음악의 연계성 등 종합적인 사고를 요구한다. 이렇게 형성된 지적 능력은 학습 뿐 아니라 인간의 삶의 전 영역과 일생의 시간동안 많은 도움을 주게 된다.

2) 교육무용의 구체적 목표

앞서 교육무용의 일반적 목표를 통하여 무용을 통한 교육이 인간의 삶 전 영역에서 그 영향력을 발휘함을 알 수 있었다. 이에 교육무용을 통한 구체적인 목표를 다음의 21가지로 정리해 볼 수 있다.

(1) 신체 및 움직임의 인지발달
(2) 자아의 발견
(3) 건강한 신체육성
(4) 우미한 신체형성
(5) 표현력 발달
(6) 즉흥력 발달
(7) 창의력 발달
(8) 리듬감 발달
(9) 상상력 발달
(10) 관찰력 발달
(11) 배려심 발달
(12) 협동심 발달
(13) 지도력 발달
(14) 공간형성 능력발달
(15) 문학성 발달
(16) 미술성 발달
(17) 심미성 발달
(18) 의사소통 능력 발달
(19) 자가치료능력 발달
(20) 심미성 발달
(21) 통합적 판단력 발달

최근에 국내 · 외에 학생들의 학습효과를 높이기 위하여 오전 중 체육 및 율동 등의 예능 수업을 재개하고 있다. 그간 신체와 움직임에 관계된 분야에 대하여 교육적 측면에서 소홀하였다. 오래 전 어느 기업가의 자서전을 읽은 적이 있다. 그는 그 기업을 관리하기 위하여 기본적으로 운동을 하였으며 그를 바탕으로 자신이 하는 모든 일들을 더 성실히 할 수 있었다고 하였다. 영토가 작은 국가, 많은 빌딩과 아파트, 상가 · 차량 등으로 여유가 부족한 환경 속에서 성장하는 피교육자들의 정서는 매우 긴장되어 있다. 국가정책으로 문화를 중요시하고 지역별 문화적 접근이 다양해지고 곳곳에서 지역 공원과 공연장이 마련되어 가고 있는 이 때, 교육과정의 개선이 필요하다고 본다.

교육무용의 이론과 실제라는 강의를 통해 최선을 다하여 교육하는 일에 소중함을 더욱 격려하고 일깨우기 위하여 제시하였던 글들을 후배들과 함께 나누도록 하였다.

〈움직임 교육 특강〉 – 김00

5월 7일과 14일, 두 번에 걸친 〈움직임 교육〉에 대한 특강은 무용교육에 대한 나의 사고에 많은 영향과 변화를 주었다.

나는 무용 전공자로서 무용 교육에 관심을 갖고 있으면서, 그리고 나중에 교육자가 되기를 원하면서도 무용이 교과목으로 채택되지 못한 이유에 대해 깊이 생각해본 적이 없는 것 같다. 그저 무용이 교과목으로 채택되지 못하고 체육교과에 편성되어 있는 현재의 상황에만 초점을 맞추어 생각했을 뿐, 그 근본에 대해서는 미처 생각하지 못했던 것이다.

그래서 이번 특강을 듣고 조금은 반성을 하게 되었으며, 어떻게 하면 무용이 교과목으로 인정받을 수 있는지, 무용이 학습자에게 어떠한 영향을 줄 수 있는지 또 그 영향은 긍정적인지 부정적인지 등에 대해 다시 한 번 생각해 보게 되었다.

무용은 학습자에게 창의력 발휘의 동기를 부여하기에 충분히 효과적인 예술 장르이다. 무용에서 창의력의 발휘란, 먼저 교수가 학습자에게 주제를 제시하면 각자 그 주제를 분석하고 브레인스토밍을 하여 최종적으로 자신의 몸으로 형식에 구애 받지 않은 자유로운 표현을 함으로써 나타나는 것이다. 여기에서 미술이나 음악처럼 캔버스, 악기 등의 일정한 사물을 매개로 표현하는 것이 아니라 학습자 자신의 "몸"으로 자유롭게 표현한다는 것이 중요하다. 몸을 어떻게 사용하느냐에 따라 표현과 주제에 대한 해석이 변화무쌍하며 같은 주제임에도 불구하고 개개인에 따라 그 표현이 서로 다르게 나타난다.

이처럼 무용은 과거 주입식 교육과 달리 창의력을 중요시 여기는 현재의 교육 형태와 마찬 가지로 창의력 발휘에 도움이 되고 그것을 개발시키는데 효과적이다. 그러므로 무용은 교과목으로 채택되기에 충분하다. 그러나 지금까지는 무용인들이 이러한 무용의 장점을 더욱 강화시킬 수 있는 방법에 대해 알지 못했었다.

특강을 듣고 내가 후에 교육자가 되면 단순히 학생들에게 실기만 가르치는 교육자가 되기보다는 무용을 통해 학생들의 창의력을 개발시키고, 창의적 생각의 기회를 제공해 줄 수 있는 교육자가 되겠다는 생각을 하였다. 또 학생들도 교육무용의 장점과 이념을 인지하여 교과목으로써 무용을 더욱 발전시킬 수 있도록 길을 안내하고 그 발판을 마련해 주는 교육자가 되고 싶다.

그리고 라바노테이션은 지금까지 무용을 하면서 한 번도 실제로 본 적이 없었고 그것을 활용한 수업 역시 본 적이 없었다. 이것은 나뿐만 아니라 대부분의 다른 무용 전공생들도 마찬가지일 것이다. 그러한 점은 매우 안타까울 수밖에 없다. 라바노테이션이 어떤 것인지, 어떻게 활용할 수 있는지에 대해 예전에 미리 알고 체험해 보았더라면 현재 유리드믹스가 성행하고 있는 것처럼 무용교육도 독자적으로 발전할 수 있었을 것 같다는 생각이 들었다. 하지만 지금도 그리 늦은 시기는 아니라고 생각한다. 그러므로 우리가 무용교육의 기반을 쌓고 그것을 연구한다면 무용도 유리드믹스 못지않게 효과적이고 효율적인 창의 개발 학습 과목이 될 수 있을 것이다.

13일에 들었던 실질적 적용 사례를 생각해보면 그것은 충분히 가능성이 있다. 일반 학교생활이나 사회에 적응하지 못한 속칭, 사회 부적응자에게 움직임교육에 대해 가르친 결과 뜻 밖에도 그들은 움직임을 통해 상처 입었던 자신의 마음을 치유하였고 마음의 문을 열기 시작하였다.

이런 결과를 보면 알 수 있듯 무용은 교과목으로 채택되기에 충분하다. 이번 특강을 통해 학습자에게 제공된 움직임 교육의 결과가 어떠한지에 대해 알게 되었다. 특강을 해주신 총 세 분의 선생님뿐만 아니라 다른 선생님들도 현재 움직임 교육에 대해 연구하고 계시지만, 우리도 그러한 결과를 이끌어 낼 수 있는 방법에 대해서 더 많이 연구하고 더 많이 적용해서 앞으로 보다 발전 가능한, 창의 개발에 효과적인 교육무용을 만들어 나가야 할 것이다.

〈움직임 교육 특강〉 - 박00

일단 움직임 특강을 듣고 느낀 점은 '놀라움'이다.

평소에 무용은 다른 교과목에 비해 책이 굉장히 부족하다고 생각했던 나다. 한편으로는 무용은 문서화하기 힘든 분야라서 이해를 하기도 했지만, 아쉬움이 남는 것은 사실이었다. 물론 마찬가지로 음악도 문서화하기 힘든 분야이지만, 악보와 음표로 음의 리듬, 길이, 쉼, 박자까지 모두 표현했지만, 무용은 인간의 머리에서 발끝까지의 움직임 뿐 만 아니라, 진행방향이나 시간, 공간 까지를 동시적으로 문서에 표현 해내기는 힘들 것이라고 예상은 했기 때문이다.

그런데 무용의 악보, 무보의 기호를 이용하여 간단하게 표현해낸 것이 너무나 놀라운 일이었다. 의문점이 된 것은 팔만 움직이는 것이 아니기 때문에 머리나 발 등을 동시에 표현할 수는 없을까 하는 의문점이 생겼으며, 음악과의 조화 길이에 대해서도 표현하는 방법을 추가적으로 삽입할 수 있는 방법을 고안해 낸다면 더 좋지 않을까 하는 생각이 들었다.

게다가 또 한 가지 주목할 점은 무용의 연구가 계속 이루어지고 있다는 점이다. 000 교수님을 통해 한 학회를 참석하게 되었는데 무용학회이기 때문에 무용전공자들이 대부분이었지만, 발표를 맡고 있는 한 팀은 국문학과였다. 이 분들은 한국무용에 관한 주제로 발표를 하고 질의를 받았는데, 논리적으로 질문하고 답하는 이 사람들에 비해 무용 전공자들은 감정적이거나, 핵심을 파악하지 못하고 질문의 겉에서 뱅뱅 돌고 있었던 것이 기억이 난다. 그때 속으로 참 창피하기도 하고, 우리나라 무용계가 앞으로 할 일이 많겠구나 하고 생각 했었다. 그런데 이렇게 체계적으로 지속적으로 게다가 전문적으로 이루어지고 있는 것이 정말로 자랑스러웠다.

또 하나 놀란 것은 이제는 정말 무용이 통합적 교육으로 이루어지고 있다는 점이다. 과학이나 미술에 관련하여 만든 무용 지도안을 보여주셨을 때 속으로 정말 놀랐다. 100번 읽는 것보다 1번 보는 것이 낫고, 100번 보는 것보다 1번 경험하는 것이 낫기 때문이다.

이런 기억이 났다. 초등학교 때 과학시간에 배운 공존과 자전, 글로 아무리 봐도 이해가 되지 않았는데, 몸으로 턴을 돌아 자전, 몸으로 원을 그리는 것이 공존, 턴을 돌면 원을 그리는 것이 지구의 운동이라고 알려주신 선생님이 기억난다. 이 선생님은 벌써 몸으로 하는 과학 공부를 실천하고 계셨던 것이다.

타 과목의 교육효과도 더욱 높일 수 있고, 몸의 움직임 공부도 할 수 있는 1석 2조의 움직임 교육이라고 할 수 있겠다. 앞으로의 무용 과목 교수안과 그 효과에 기대가 크다.

우물 안 속의 개구리 같았던 나에게, 깨우침을 준 특강인 것 같다.

열성으로 특강을 마련해주신 000 교수님을 비롯하여 세 분의 초청 강사님께 감사드린다.

「나는 대한민국의 교사다」 – 독후감 박00

책은 대한민국의 교육 현실을 진단하는 것에서 시작을 한다.

저자는 무엇이 대한민국 교육자들의 에너지를 고갈시키는지 탁월한 시각으로 분석하고 있다. 그리고 시대의 흐름을 읽고 이러한 트렌드에 부응하는 바람직한 변화의 방향을 제시하고 있다. 그 변화의 시작으로 먼저 가르치는 사람 스스로 변화해야 함을 강조하며, 그 변화를 위해 당장 행동개시에 들어가 긍정적으로 사고하고 새 시대를 익혀 앞서가는 교사가 될 것을 당부하고 있다. 마지막으로 사회 전체적으로 나아갈 방향 등을 제시하며 책을 마무리한다.

이 책은 보다 나은 교수법으로 현실적이면서 꽤 구체적으로 제시되어 있어 학교, 교사, 학생, 국가가 조화를 이루어 협력하고 노력한다면 보다 나은 교육현실이 만들어 지지 않을까 하는 생각이 들게 하는 책이다.

조벽 교수님이 주장하는 것은 이러하다.

교육자의 자세 교육자의 본래 모습을 찾는 것이 교육문제 해결이며, 즉 남 앞에 나서서 활개치지 않더라도 학생들의 장점을 찾아주고 그 장점을 최대한으로 개발하고, 자아성취 할 수 있도록 도와주고 인격적으로 대우하고 학생의 입장에서 생각하고 가르치라는 것이다. "자신의 장점을 최대한 살리고 자신의 특기와 특성을 마음껏 발휘하는 곳은 천국입니다. 우리는 학교와 강의실을 천국으로 만들어 주어야합니다. 지상 천국이 따로 있지 않습니다. 배고픔이 없고 안전함을 느끼고, 소속감을 느끼고, 자아성취 할 수 있는 곳이 천국인 것입니다. 품속에 꼭 안겨서 젖 냄새를 맡으며 무럭무럭 자라는 갓난아기의 천국은 엄마의 품속이듯이 학생들의 천국은 자신의 장점을 발견해주고 인정해 주고 격려해주는 선생님의 품속입니다. 229p"의 말씀이다.

교육이라는 것이 단시간 내에 결과가 보이는 것도 아니고 물질적 투자를 많이 한다고 그 효과가 바로 나타나지도 않는 특성이 있어서 더욱 어렵다.

교육자들 간에 있어서도 교육에 대한 좋은 글이 있으면 동료들과 나누어 보고, 좋은 정보 사이트가 있으면 동료들에게 알려주고 교육에 대한 좋은 세미나가 있으면 적극 권하여 함께 참석해야한다고 하셨다. 그 이유는 참다운 교육은 혼자 이루어지는 것이 아니고 모두 참여 하고, 모두 희망을 가질 때 혁신이 가능한 것이기 때문이다.

가르치는 사람 그 스스로 리더가 되어야 한다. 교사로서 가져야 할 교수법을 강조하고 있는 진실, 최선, 베풂에 대한 내용이 주를 이룬다.

오늘 난 무엇을 하고자 하는가? 그것을 어떻게 하고자 하는가? 그리고 왜 하고자 하는가?
에 대한 답들을 생각하게끔 한다.

학생에게 진실로써 최선을 다하여 베푸는 우리 교사들 모두가 교육자로써 진실 된 모습이 될 것이며, 백년대계를 위한 최선의 교수법이 될 것이다.

한국 교육의 '교실 붕괴'라는 상황에서 일어나는 문제들은 나쁘지만 교실 붕괴 자체는 필연적인 것이라고 저자는 말한다.

우리나라는 농업사회에서 단기간에 산업사회와 정보화 사회를 거쳐 왔다.

심지어 이 세 유형이 공존하는 모습을 보이기도 하였다.

산업사회에서는 기본적인 기술을 가지고 명령에 충실하고 성실하게 이행할 줄 아는 사람이 요구되었다. 그렇기 때문에 수업이나 학습방식도 주입식, 암기식이 적합하였다.

하지만 지식기반, 정보화 사회에서는 하루가 다르게 새로운 정보가 생겨난다.

이제 교육자는 강의로 지식을 주입하는 지식도매상이 아닌 새롭고 필요한 정보를 다룰 수 있는 능력을 길러줄 수 있는 사람이 되어야 한다.

산업사회에서 정보화 사회로 변화했기 때문에 교실에서의 수업 상황도 달라져야 하는데 시대 변화를 따르지 못한 채 예전 교육방식을 답습하고 있었기 때문에 교실붕괴가 오는 것은 어쩌면 당연할지도 모르겠다.

교실붕괴를 거치면서 지식 기반 사회에 부응하는 바람직한 교육을 이루려면 교육자들의 생각부터 달라져야하고 그들 스스로 먼저 리더가 되어야 한다고 저자는 주장한다.

대한민국에서 교사가 되고자 꿈꾸는 사람이라면 필독해야하는 책으로 추천하고 싶다.

아무리 교직이 안정적인 직업으로 선망의 대상이 되고 있다고 하나 밖에서 보는 것과 달리 안에 있는 현직 교사들은 스스로의 정체성에 대해 많은 고민과 혼란 속에 서 있다.

한 둘만 낳아서 귀하게 자라서 남의 말에 귀 기울이기보다 자신의 욕구에 충실한 아이들. 그러나 여전히 교사 1인당 학생 수가 선진국의 20여명에는 미치지 못하는, 한 반당 40명의 아이들을 돌보아야 하는 현실적 고충 속에서 교사는 자신의 설 자리가 어디인지 가늠하기조차 힘들어한다. 삼성의 이건희 사장이 '아내만 빼고 다 바꾸라.' 고 하였다는 일화가 떠오른다. 지금 우리 교직에도 그 말이 필요한 때라고 생각한다.

"19세기의 교실에서 20세기의 교사가 21세기의 아이들을 가르친다."

이제 교실에는 인터넷이 모두 연결되어 있고 프로젝션 TV와 OHP등 최신 시설이 갖추어져 있다. 그러나 환경의 개선만으로 교육의 질이 향상되는 것은 아니다. 교육의 질은 교사의 질을 넘어서지 못한다는 말을 나는 전적으로 동의한다. 유독 이 책의 제목이 '나는 교사다.'가 아니라 '나는 대한민국의 교사다.'가 된 이유를 여기에서 찾을 수 있지 않을까 싶다. 21세기의 시각과 삶의 태도를 가진 교사가 되어 21세기를 살아갈 아이들을 안내하라는 의미에서 말이다. 21세기의 교사가 되려면 다음의 세 가지를 지니기 위해 끊임없이 애써야 한다.

첫째, 교사 스스로 평생학습자가 되어 끊임없이 배우고 익혀 지식을 넓혀가야 하며 단순한 지식의 습득을 넘어서 공부의 즐거움과 무언가에 몰입하는 즐거움을 스스로 느껴서 아이들에게 그것을 본보기로 보여 주어야 한다.

가르치는 것은 지식을 주입하는 것이 아니라 아이들이 스스로 배우고 싶은 마음이 들게끔 하는 것이다.

둘째, 학생들을 배려해야 한다. 조벽 교수의 말에 따르면 강의실에 들어온 학생들은 교수에 대해 파악하는데 걸리는 시간이 단 10초라고 한다. 이 말은 교수가 가진 지식이나 강의 스타일을 파악한다기보다는 교수라는 사람 자체가 자신들을 존중하고 있는지 아닌지를 파악하는 것이라고 생각한다. 어린 유치원생에서 대학생에 이르기까지 교사가 자신을 한 객체로서 존중하는지 아닌지에 따라 학생들은 교사의 말을 귀담아 듣는 정도가 달라진다.

셋째, WIN-WIN적 사고를 가지고 쌍방향 Communication을 하는 사람이 되어야 한다. 학생과 학생사이의 일을 해결할 때나 교사와 학생 사이, 교사와 동료 교사, 교사와 관리자와의 관계를 해결함에 있어서 모든 인간관계를 WIN-WIN적 사고를 가지고 풀어 나가는 사람이 되어야 한다.

대한민국의 현실을 정확히 진단하고 긍정적인 마인드로 접근하는 저자의 시각이 인상적이었다. 많은 사람들이 대한민국의 교육에 대해서 부정적으로 생각한다. 그렇지만 저자는 긍정적인 시각으로 접근하고 바라보려는 노력을 하고 있으며, 그 결과 그동안 우리가 알지 못했던 좋은 점들을 발견하게 되었다.

'대한민국 교육의 단점과 미국 교육의 장점을 비교하면, 당연히 미국교육이 뛰어날 것이다. 그러나 대한민국 교육의 장점과 미국 교육의 단점을 비교해보라. 그럼 대한민국 교육이 우수할 것이다.' 라는 말이 참으로 인상적이었다.

우리는 미국교육은 장점만 보려고 하면서 한국교육은 왜 단점만 보는 것일까?

미국엔 한국에서 상상도 하지 못할 문제점들이 많다. 청소년들의 마약복용, 문란한 성생활 등…

(중략)

우리 모두 한국 교육의 장점과 희망을 보기를 바란다.

이 책을 읽으면서 몇 가지 아쉬웠던 점은 저자는 교육자가 가르치는 일에서 받는 스트레스를 줄이는 법을 강조하고, 그 해결방법을 모두 교육자의 마음가짐에서 있다고 말하고 있다. 책 내용처럼 한다면 정말 쉽게 스트레스를 제거 할 수 있을 것이다.

그러나 이 부분에선 단지 이론적인 내용이 아닌가 하는 의문이 생긴다. 교사가 교육현장에서 직면하는 문제는 여러 가지 원인을 갖고 있는데, 그 원인에 따른 체계적인 접근보다는 단순히 가르치는 자의 마음가짐 수준에서 해결책을 찾을 뿐, 사회 구조적 접근이 없는 점이 아쉬웠다. 또 교수법 중 거시적 교수법을 다루고 있다는 점과 대상이 대학생이라는 점은 읽으면서 약간 실망스러웠다.

하지만 이 책에서 다루고 있는 내용들이 여러 가지로 현실적이면서도 교사라면 또는 교사가 되고 싶은 사람이라면 누구나 공감할 수 있는 내용들이 많이 실려 있었다.

언론이나 학부모들처럼 우리 대한민국의 교육이 무조건 나쁘다고 생각하는 사람들은 이 책을 읽어 보는 것이 좋겠다.

이 책에서 저자는 우리 대한민국의 교육이 아주 절망적이지는 않다고 하였고, 나 또한 그렇게 생각한다. 시대가 변하듯 교육도 계속 변하고 있고, 교사들도 변하기 위해 끊임없이 노력을 하고 있으니 말이다.

이 책을 읽으면서 몇 가지 참 인상적인 구절.

122p "학생은 수업을 받는 것이 아니라 교사를 받아들인다. 새롭게 만난 아이들과 생활하다가 4개월 쯤 되어가며 어느새 내 말투와 행동을 따라하는 아이들을 볼 수 있다."

242p "손님에 맞게 국을 준비해 드렸으니 다른 손님 앞으로 옮기지 마라. 국밥집 아주머니가 손님의 체격과 얼굴을 보고 파, 마늘을 더 넣어주시기도 하고 국물을 넉넉히 주시기도 하고 밥을 더 넣어

주시기도 하면서 식성과 분량을 맞추어 주시는데 한의사와 같다고 하였다. 선생님들도 학생들을 척 보고 아이에게 필요한 개별적 관심을 가져주고 배려하는 것. 그것은 열악한 교육 환경 속에서 우리가 해야 할 일이다."

148p "가르침을 악수에 비유하기 좋아한다. 손을 항상 먼저 내민다는 뜻으로 보기 바란다. 그리고 상대의 손이 나올 때까지 끝까지 내밀어야합니다."

126p "성공한 사람들의 머릿속에는 긍정적인 인생 대본이 씌어있다고 한다. 나는 성공할 수 있어. 나는 괜찮은 사람이야. 나는 해낼 수 있어. 우리는 지금 학생들의 인생 대본을 바꿔줄 수 있다."

「자유와 교육이 만났다. 배움이 커졌다(아이들도 교사도 행복한 학교, 키노쿠니)」 독후감 김○○

내가 읽은 교육에 관련된 책은 「자유와 교육이 만났다, 배움이 커졌다 (아이들도 교사도 행복한 학교, 키노쿠니)」라는 책이다. 이 책에 나오는 키노쿠니 학교에는 학년도 시험도 성적표도, 심지어 '선생님'이라 불리는 어른조차도 없다. 어른들은 '~상(씨)'라고 부른다. 이처럼 이 책은 학교의 통념을 깨면서 새로운 교육 모델을 보여주는 키노쿠니 학교의 일상과 철학을 소개한 책이다.

키노쿠니 어린이 마을은 초등학교와 중학교가 하나씩 있는 작은 학교이다. 키노쿠니에서는 일반 중학교와 달리 흔히 말하는 입시지도나 진로지도를 하지 않는다. 물론 요청을 받으면 정보도 제공해 주고 상담도 해준다. 하지만 입시공부를 하라고 재촉하거나 위협하지는 않는다. 성적을 근거로 학생들에게 지망 학교를 권하지도 않는다. 그 이유는 학생들이 스스로 고민해서 진로를 결정하고 준비하게하기 위해서이다.

그렇다면 이 학교에 있는 것은 무엇일까?

이 책은 "학교는 즐겁지 않으면 안 된다, 즐겁지 않으면 학교가 아니다."라고 말하고 있다. 아이들은 학교에는 즐거운 일들이 잔뜩 있다고 말한다. 아이들의 말에서 알 수 있듯 키노쿠니에는 즐거움이 있다.

과연 우리나라 아이들에게 학교에 있는 것이 무엇이냐고 묻는다면 우리나라 아이들도 키노쿠니 아이들과 같은 대답을 할까?

키노쿠니 학교는 세계에서 가장 자유로운 학교로 불리는 서머힐학교에 영향을 받아 탄생하였다. 서머힐은 니힐(A.S Neill, 1883-1973, 영국 교육가)이 1921년 영국에 세운 자유학교로 '자기 자신의 삶을 살 수 있는 자유'를 추구하는 대담한 실천으로 전 세계에 널리 알려져 있다. 서머힐학교에서는 수업은 있지만 출석 여부는 학생이 스스로 결정하고, 학생들이 교사의 이름을 부르고, 공작이나 미술 등의 예술 활동을 교과학습보다 중요하게 여긴다. 이 책의 저자 호리 신이치로는 서머힐의 어른들은 아이들 편에 서있다는 사실을 발견하고 일본에도 그런 학교를 만들고 싶어 하였다. 그래서 키노쿠니 학교가 탄생한 것이다.

이제 창의력, 상상력을 키우는 키노쿠니 학교가 어떤 곳인지 자세히 알아보고 내가 생각하는 교육철학과 어떤 점이 부합하고 이 책을 읽으면서 무엇을 느꼈는지에 대해 이야기 하겠다.

이 책을 읽으면서 나는 혁신적인 교육 방법의 키노쿠니 학교에 대해 놀라지 않을 수 없었다. '월요일, 아이들에게 야단맞는 교장'이라는 제목의 책의 첫 시작부터 예사롭지 않았다. 아이들에게 야단맞는 교장이라니. 우리나라에서는 감히 상상할 수 없는 일이다. 아니, 그 누구 하나 애초에 이것을 상상해보려는 시도조차 하지 않았을 것이다. 어떻게 아이들이 교장 선생님에게 친구한테 말하듯 편하게 말할 수 있을까. 키노쿠니 아이들은 교장 호리 신이치로에게도 예외 없이 "호리 상"이라고 부른다. "호리 상, 언제 치울 거예요?, 정말 칠칠맞지 못하다니깐. 교장이 이래서야 남부끄러워서 원." 키노쿠니 아이들이 교장의 지저분한 책상을 보며 그에게 직접 말한 내용이다.

놀라운 일은 이것만이 아니다. 아이들은 그 고사리 같은 손으로 직접 박물관을 짓기도 하였다. 다다미 다섯 장 크기(약 8nf)에 불과하지만 못을 박는 것 하나서부터 열까지 아이들이 스스로 하고 있으며 그들은 이미 일본식 연못, 찻집도 스스로 만들었었다.

또, 어떤 문제를 해결하기 위해서 회의를 열어 스스로 해결책을 모색하고 방법을 제시하기도 한다.

이처럼 여기서는 모든 것을 아이들이 스스로 결정한다. 박물관을 지은 후. 명칭을 정하고 입장료에 대한 것들도 모두 회의를 통해서 아이들끼리 스스로 정하며, 진로도 마찬가지이다. 일반 학교에서는 통상적으로 교사가 성적을 기준으로 아이의 진로를 정한다. 그러나 키노쿠니는 "자기 일은 자기가, 자기들 일은 자기가 결정한다,"가 원칙이다. 원한다면 교사가 진로에 대한 정보를 제공해 주지만 최종적인 결론은 아이에게 달렸다. 진로야말로 자기 스스로 결정해야 하는 가장 중요한 일이기 때문이다. 그래서 키노쿠니에서는 어떤 것을 결정하기가 어렵더라도 아이들이 고민에 고민을 거쳐서 스스로 결정하기를 원한다.

호리 신이치로가 이 책에서 말하고 싶었던 것은 두 가지로 볼 수 있다. 하나는 "교육도 학교도 변해야만 하고 또 변할 수 있다."는 것이고 다른 한 가지는 "요즘 아이들의 마음 깊숙이 자리 잡고 있는 자기비하나 증오심을 떨쳐 내주고, 살아가는 즐거움을 한껏 맛보게 하는 학교를 만들어야한다."는 것이다.

오늘날 학교 교육은 여러 가지 문제를 안고 있다. 그 속에서도 하루하루를 성실하게 보내는 이들도 적지 않고, 이곳저곳에서 새로운 시스템을 모색하고 시도하기도 한다. 그런데도 등교거부나 왕따는 계속 늘어나고 있다. 그것은 학교의 기본 존재방식이 바뀌지 않은데다가 새로운 발상으로 만들어지는 학교도 거의 없기 때문이다. 이런 현실에서 키노쿠니의 설립은 넓디넓은 자갈밭에 작은 돌맹이를 하나 던져 놓는 격이었다. 그러나 그것은 새로운 형식의 학교를 만들거나 현재의 학교 교육을 변화시키려는 이들에게 도움을 줄 것이며 그들도 그것을 시도해보고 도전해보라는 의미를 내포하고 있다.

내가 생각하는 교육철학은 자유와 창의적 사고이다. 하지만 창의적 사고에 앞서 아이들이 배움에 호의적인 자세를 갖고 즐거움을 찾는 것이 더 중요하다고 생각한다. 무엇이든지 즐겁지 않으면 그것에 집중할 수 없고 지속적으로 유지할 수도 없다.

내가 초등학교 때 친구들 중 한 명은 매우 착실하고 공부도 열심히 하고 모범적인 아이가 있었다. 그 친구는 초등학교 때도 영어 학원뿐만 아니라 보습학원, 음악학원 등 약 7~8개의 학원을 다니고 있었다. 나는 어린 나이었지만 그 친구를 보면서 안쓰럽다는 생각을 했었다. 어릴 때부터 그렇게 많은 학원을 다니고 학원 숙제하느라 다른 것을 할 시간이 없고 새로운 것을 해 볼 생각조차 못하는 것처럼 보였기 때문이었다. 또 그렇게 어릴 때부터 강압적으로 공부하고 스트레스를 받다보면 나중에는, 우리 사회에서 중요하게 생각하는 대학 입시 때가 되면 공부에 대해 넌더리가 나고 지치고 힘들어서 끝내 포기해버릴 것 같았다. 이것은 내가 초등학교 때 일이니까 벌써 10년도 더 된 일이다. 하지만 지금 현재 초등학교 아이들도 같은 과정을 겪고 있다.

나는 가끔 어머니께서 운영하시는 학원에 들르는데, 그 때마다 초등학교 아이들을 만날 수 있었다. 그런데 그 아이들은 "아, 힘들다.", "집에 가면 또 숙제해야 되는데…."라는 말을 자주 하였다. 이제 겨우 10살 안팎인 아이들인데 학원 숙제가 너무 많다며, 또 집에 가면 엄마가 혹은 아빠가 매일 공부하라고 잔소리 하신다며 푸념하거나 피아노 의자에 앉아서 악보를 제대로 보기는 하는 것인지도 모르게 눈을 감고 거의 잠결에 피아노를 치는 아이들, 학원 숙제를 다 못하였다며 책상에 앉아 영어 프린트를 늘어놓고 숙제를 하는 아이들을 쉽게 볼 수 있었다. 얼마 전 KBS 2TV의 '미녀들의 수다'라는 프로그램에서 외국인들이 한국 아이들은 너무 어릴 때부터 공부를 한다는 지적을 한 것을 봤다. 어떤 부모는 3살짜리 아기한테 영어 과외를 해 줄 수 있는 외국인을 구하는 것도 봤다며 고개를 저었다.

공부를 일찍 시작한다는 것이 나쁘다는 것이 아니다. 3살이 됐든 10살이 됐든 무엇을 배운다는 것은 중요하다. 하지만 배움에 앞서 일단 아이들이 그것에 대해 흥미를 갖는 것이 더욱 중요하다고 생각한다. 누군가가 시켜서하기 싫은 것을 억지로 한다면 나중에는 그것에 대해 흥미를 완전히 잃게 될 것이고, 왜 그것을 해야 하는 것인지도 망각하게 될 것이다. 그러므로 나는 아이들에게 선택권을 주어 스스로가 원하는 것을 하게 하는 자유와 그것에 흥미를 가지고 배우면서 즐거움을 느낄 수 있도록 하는 것이 가장 중요하다고 생각한다.

키노쿠니 학교의 좋은 점이 바로 그것이다. 아이들이 학교생활에 즐거움을 느낀다는 것, 무엇이든 아이들 스스로 결정한다는 것 그리고 직접 체험을 통해 많은 것을 경험한다는 것. 책을 읽는 동안 이 세 가지가 가장 기억에 남으며 나의 교육 철학에 부합한다.

하지만 이러한 자유 교육이 목표가 부정확하다고 지적받을 수도 있을 것이다. 그것은 다시 말하면 교사가 아이들을 지도할 때 특정 목표를 향해서 지도해야 한다는 의미이다. 그러나 자유교육과 전통적인 교육의 차이는 교육의 목적을 분명히 내걸고 있는가, 아닌가의 문제는 아니라고 생각한다. 전통적인 교육은 특정 가치관을 전달하는 것이 목적인데 반해, 자유주의 교육은 아이 스스로 가치관을 창조하도록 돕는 것이 목적이다. 다시 말해 주체가 아이가 된다는 것이다. 그러므로 자유 교육의 목표는 학습자에게 '전달'하는 것이 아니라 학습자가 '자발적으로 행동하고 학습할 수 있는 환경과 조건을 마련해 주며, 기회를 제공해 주는 것'이다.

오늘날의 학교 교육의 주체는 아이들이라고 할 수는 없다. 한 명의 교사가 수십 명의 아이들에게 배울 내용을 전달하는 교육 방식이므로 주체는 교사가 될 것이다. 그렇기 때문에 아이들이 흥미를 가지고 스스로 배우기보다는 교사가 미리 준비해 놓은 내용을 모든 아이들이 똑같이 수업 받는다. 이러한 방식은 아이들의 창의력과 개성, 개인차를 무시하는 꼴이 된다. 영어 알파벳을 모르거나 다른 친구보다 수학 공식을 잘 모르는 친구는 공부를 못하는 아이가 되어버리기 때문에 아이들은 무작정 공식을 외우고 알파벳을 암기한다. 한창 뛰놀 나이에 학원 숙제, 학교 숙제, 영어 단어 암기 등의 '해야 할 일들' 때문에 많은 것을 접해보고 창의적인 생각을 할 여력이 없다. 그렇게 때문에 오늘날의 학교가 즐거움이 있는 곳이 아닌 것이다. 하루의 반 이상을 학교에서 보내는데 그 곳이 지루하고 강제적인 곳이라면 아이들은 그 곳에서 정작 중요한 것을 배울 수 없을 것이다.

그러므로 나는 학교 교육에 있어서 자유와 창의적 생각 그리고 배움에 대한 즐거움을 중요하게 생각하며 이 「자유와 교육이 만났다, 배움이 커졌다 (아이들도 교사도 행복한 학교, 키노쿠니)」라는 책에서도 나와 비슷한 교육 철학을 지닌 키노쿠니 학교에 대해 소개하고 자유교육에 대해 설명하였기 때문에 이 책을 선정하여 읽었다.

과제를 위해 찾은 책이었으나 이것을 읽고 내가 갖고 있던 교육철학이 조금 더 확실한 형태를 띨 수 있었다. 입시 위주의 주입식 교육의 오늘날 학교가 한 순간에 바뀔 수는 없겠지만 우리세대 사람들이 확고한 교육 철학을 가지고 조금씩 변화를 유도한다면 언젠가는 키노쿠니 아이들처럼 우리나라 아이들도 "학교에는 즐거움이 있다!"라고 당당히 말 할 수 있을 것이다. 그 날이 올 때를 학수고대하며 후에 교육자가 되어 있을 나의 모습을 상상해 본다.

교육무용의 유형

1) 창작무용

창작무용은 인간의 사상과 감정을 표현하는 무용예술이 일정한 형식에 의해서 표현되기도 하지만 형식이 없이 자유롭게 움직여지는 동작들을 통하여 표현하는 것을 말한다. 이에 대해서 톰프슨(Betty Lynd Thampson)은 모든 동작은 신체의 자연스러운 움직임과 보통 행할 수 있는 동작에 근거하며 학생들은 동작들에 대하여 쉽게 할 수 있는 완전한 밸런스와 협응능력을 가지고 움직일 수 있을 때까지 연구되고 연습해야 한다고 하였다. 이처럼 창작무용은 어떠한 형식보다는 무용을 하는 사람의 사상과 감정을 통해 자유롭게 표현할 수 있는 것이며 어느 시대, 어느 지역, 어느 계층, 어느 연령대에서나 이루어질 수 있는 교육무용의 대표적인 유형이라 할 수 있다. 또한 창작무용을 통하여 피교육자의 창의성, 표현성, 개인의 성향 등을 파악하고 이를 향상시킬 수 있다.

2) 놀이무용

놀이무용은 주로 유아들에게 자신의 생각과 느낌을 자유롭게, 창의적으로 표현할 수 있는 경험을 제공하기 위한 수단으로 유아의 흥미와 특성을 고려한 놀이 중심의 무용이다. 놀이무용은 집중력이 비교적 짧은 유아들을 위하여 흥미를 통하여 움직이는 신체의 운동을 발생시키고, 심미적인 정서를 함께 제공한다. 놀이무용은 도구를 사용하거나 사회성을 함양하는 내용의 무용이 많으며, 전래놀이, 극놀이 등을 통하여 경험적이고, 통합적이며 신체적 발달과 정서적 발달을 함께 도모하는 교육무용의 유형이라 할 수 있다.

3) 생활무용

생활무용은 일상생활에서의 무용으로 예술성을 추구한다기보다는 일상생활에서의 기분전환, 신체교정, 치매예방과 등과 같은 치료적 차원에서, 취미활동으로서의 무용을 의미한다. 오늘날 사회의 발전은 인간의 움직임을 최소화하게 하였으며 이로인해 신체적, 정신적 결핍을 느끼게 된다. 이러한 때에 생활무용을 통하여서 여가를 선용하고, 신체를 단련하며 정서적 안정을 추구하는 교육무용의 유형이라 할 수 있다.

4) 미적무용

미적무용은 최근 들어 대중들에게도 각광받는 유형으로서 신체의 미를 추구한다. 미적무용은 20세기 초에 교육 되었다. 표현력이 강한 예술적인 형태의 하나로 델사르트(Francois Delsarte, 1811~1871, 프랑스 무용가)의 미적체조에서 시작되었다. 1980년대에 유행한 미적무용은 동작의 자유와 조화를 강조하며 긴장과 이완에 중점을 둔 것이다. 그러나 남성들과 소년들이 이 형식의 무용을 거부함으로서 남성적인 짐네스틱 댄스를 만들게 되었다.

5) 체조무용

체조무용은 미적무용보다는 남성적인 것으로 체조의 영역에서 율동과 자연미가 고려되고 표현미가 가미되면서 새롭게 형성된 무용이다. 1900년대 초 · 중등학교의 체육에서 남성을 위한 체조무용과 여성을 위한 미적무용 모두가 교육되었으며 이를 통해 좀 더 구체적으로 체조무용이 확립되었다.

6) 학교무용

학교무용은 1930년대에 공교육의 입장에서 확립되었으며 민속무용과 민족무용을 통하여 중등학교와 대학에서 실시되었다. 학교무용은 학교에서 가르친 교육적 무용을 모두 포함하는 것으로 창작무용, 탭댄스, 포크댄스 등 학교의 교육과정을 통해서 교육되었지만 한국에서는 교과과정에 무용이 포함되지 않으면서 많이 퇴조하기도 하였다.

학교에서의 무용 학습은 인간형성이 그 목적이며, 전문적 교육을 위해서 시행되지는 않는다. 또한, 기본적 교양을 위한 교육임으로 누구에게나 배움의 기회가 제공되는 균등한 교육을 의미하기도 한다.

7) 민속무용

민속무용은 포크댄스(Folk Dance)로서 국민, 민족, 민중이란 뜻의 Folk와 춤이 혼합한 용어이다. 민속무용은 각 나라와 그 백성들의 춤으로서 공통적으로 민속무용을 통하여 즐거움을 추구하는 무용이라 할 수 있다. 특정한 지역에서 발생한 민속무용은 그 나라의 사회적, 지리적 성격 등에 맞추어 발달하였으며, 의도적으로 형식에 맞추어 고안된 것이 아니므로 그 기록이 자세히 남아있는 것은 많지 않으나, 사람과 사람을 통하여 추어지고, 전수되기 시작하였음을 알 수 있다. 따라서 민속무용의 오락적 기능은 민속무용의 큰 목적이라 할 수 있다.

8) 민족무용

민족무용은 1900년대 초 미국의 중등학교와 대학의 체육시간, 지역사회의 레크리에이션 종목에서 넓게 사용되었다. 민족무용은 개인의 만족을 위한 춤이 아니라 공공을 위한 무용으로서 관중을 교화시키기 위해 이루어지는 공연예술 무용이라 할 수 있다. 민속무용은 특정한 민족의 국민 고유의 무용으로서 국민의 문화를 반영하거나 사회적 관습이나 산물인 무용은 포함하지 않는다. 한국무용, 플라멩코(스페인), 차르다시(헝가리), 마주르카 · 폴로네즈(폴란드)등이 민족무용이라 할 수 있다.

9) 예술무용

예술무용은 다른 교육무용의 유형보다는 좀 더 전문성을 가지며, 작품성과 완성도에 더욱 중점을 둔다. 또한 예술무용은 무대에서 공연되어지는 무용을 의미하며 순수한 미, 곧 아름다움을 추구하는 예술성을 우선으로 두는 무용을 의미한다.

교육무용과 무용교육의 명명 및 규명

교육무용은 전인격 형성을 위해 하나의 요소로서 중요하게 작용한다. 무용이라는 움직임의 결과적 목적보다 한 인격이 잘 성장하여 자신을 사랑하고 존중하며 나아가 자신의 개성을 발견, 사회와 국가의 발전에 기여하며, 영향력을 끼치기 위한 요인으로 무용은 필요하다. 그러므로 교육무용을 지도하거나 배울 때, 지도자와 피지도자간의 무용의 우수함으로 평가하거나 인식하는 것이 아닌 그 인격, 생명체를 마치 자라나는 나무에 적당한 물, 바람, 햇볕을 사랑으로 공급하듯, 잘 보호하고 관리하며 지속적인 사랑으로 교육해야 한다. 더불어 자발성과 창의성 중심으로 교육해야하는 것이 중점적 특성이다.

그러나 무용교육은 '무용' 자체의 목적을 달성하기 위한 교육이라고 할 수 있다. 무용은 '미(美)'의 탐구, 즉 순수한 아름다움의 목적을 달성하는 것이다. 무용의 기술적 완성도, 예술적 승화 등, 경쟁, 비교, 냉정한 지도자적 지도와 피지도자의 무용학습의 적극적 자세 및 열정, 참여도가 서로 협응되어야만 한다. 이 또한 목적의 본질이 다르지만 인격체를 무용의 목적으로 만나기 때문에 비교육적인 면이 우선되어서는 안 된다는 것이다. 무용의 현실적 목적을 이루기 위해, 콩쿨을 참가하기 위해, 예술 중 · 고등학교 입학을 위해, 대학입시를 위해 무용수로서 무용단 입단을 위해, 생활전선에서 무용으로 삶의 중추적 역할을 안무가, 무용수, 교육가, 행정 등 다양하게 하게 될지라도 역시 교육적이어야 한다.

교육무용의 리더십

본 장은 1996년 이후 무용지도자 리더십에 관한 논문을 중심으로 교육적 무용을 지도할 리더십에 대하여 살펴보았다.

일반적으로 무용계 교육 실상을 점검한 결과, 전인격 형성을 중심으로 무용을 교육하는 경우도 있으나 열정이 상실되고 자신의 가르침에 대하여 열성적으로 연구하지 않는 비체계적인 지도를 하는 지도자, 학생의 작은 실수에 대해 정신병자와 같은 지나친 욕설과 막말을 하는 지도자, 무용교육이 점차 입시에 치중됨에 따라 테크닉 위주로 교육이 변질되어 전인격적인 교육이 아닌 스파르타식의 강압적인 교육, 학생의 실기실수에 대해 격려하기보다 조급하게 큰 소리로 지도를 하고 훈계하는 지도자, 많이 혼냄으로 인하여 학생을 자괴감에 빠뜨리게 하는 지도자, 이러한 욕설과 소리 지름은 학생을 긴장시키기 위한 교육 방법이라는 지도자, 학생들을 고루 사랑하기 보다는 편애하는 지도자, 지도자와의 권위적인 관계와 선배의 체벌로 인한 학업 중단 등의 올바르지 못한 지도자 리더십의 실상들이 점검되었다.

또한 전인격 형성을 위한 여러 요소 중 포함된 무용교육은 무용을 전수하며, 무용교육의 과정보다 결과를 중심으로, 교육자의 눈높이로 실기만을 치중하는 경우가 일반적인 현상이다. 나아가 장애자나 부진아 등은 배제되고 아름다운 신체와 실력의 우열을 가지고 외모지향성 교육 성향 또한 무시할 수 없다.

이러한 현상을 인지한 무용계에서는 무용지도자 리더십 양성을 위한 많은 연구들이 진행 되었다. 무용지도자 리더십 양성에 있어 1999년에 발표된 서용석(경희대학교 석사

논문)의 연구에서는 무용지도자의 중요한 지침이 되고자 무용실기 학습성취도를 높이기 위한 지도자의 리더십을 분석하였다. 지도자의 실기지도 자질에 관한 질문과 그 응답을 분석한 결과, 전반적으로 긍정적인 의견을 나타내었다. 하지만 연구자는 부정적 답변에 관한 응답도 간과해서는 안 될 것이라는 의견을 제시하면서 구조형과 배려형의 복합지도의 필요성을 언급하였다. 실기지도자 자질에 있어 학생들이 가장 부정적으로 응답한 질문 내용으로는 "철저한 계획으로 지도하여 주는가?"이었고, 다른 내용으로는 "칭찬을 아끼지 않는다"이었다. 이는 학생들을 배려하는 리더십을 가짐으로써 체계적인 계획을 가지고 실기지도를 해야 하는 필요성과, 칭찬할 것에는 칭찬을 아끼지 않는 매너가 요구됨을 알 수 있다.

2012년도에 발표된 구교선(동국대학교 석사논문)의 연구에서는 무용지도자 리더십의 유형별 지도 신뢰성 및 무용활동 몰입에 미치는 영향을 분석하였다. 그 결과, 서번트 리더십의 경청요인과 카리스마 리더십의 모범적 행동, 비전제시 행동, 집단 정체성 강조 순으로 지도 신뢰성의 능력 요인에 큰 영향이 있다고 밝혔다. 그리고 서번트 리더십의 공감요인이 무용활동 몰입의 행위몰입에 큰 영향을 미치는 것으로, 카리스마 리더십의 비전제시 행동이 무용활동 몰입에 큰 영향을 주었다. 그리하여 '경청', '공감'의 서번트 리더십과 '모범적 행동', '비전제시 행동'의 카리스마 리더십이 어느 한쪽에만 치우친 지도를 하는 것이 아닌 적절히 조화시킨 새로운 리더십을 강구하여 지도 신뢰성을 높이고 무용활동 몰입을 극대화해야 한다고 밝혔다.

또한 동일한 해에 발표된 박혜은(단국대학교 박사논문)의 연구에서는 무용전공 대학생이 인식하는 좋은 지도자의 유형과 특성에 대해 분석한 결과, 제1유형 구조주도 지도자는 '학생의 장점들을 파악하여 그에 적합한 칭찬과 격려를 해야 하며, 자신의 가르침에 대해 연구를 하고 발전시키는 것'이었다. 제2유형 교육자형 지도자는 '학생들을 가르치는 데 올바른 인성과 열정을 가지고, 무용을 잘하는 것보다 설명을 잘 할 줄 아는 것', 제3유형 예술가형 지도자는 '실기 능력이 우수해야 하며 열정적으로 올바른 인성을 가지고 있는 것', 제4유형 사회적지지 지도자는 '학생들의 성향을 빨리 파악하고, 개인적인 감정을 수업시간에 개입시키지 않는 성숙한 지도자'로 가장 중요하게 인식됨을 알 수 있었다.

이는 지도자가 내 · 외면의 균형성을 가지고 내면의 올바른 인성과 외면의 열정적인 가르침으로 무용지도자의 리더십을 발휘해야 하는 중요성과 개인적인 감정을 수업시간에 개입시키지 않는 성숙함을 학생들이 선호한다는 것을 밝히고 있는 것이다.

2013년도에 발표된 김혜정, 김보라(한국무용기록학회지)의 연구에서는 무용지도자와 학생의 상호작용은 무용성취동기와 미래포부에 영향을 미친다는 결과를 도출하였다. 그리고 학생의 무용성취 동기를 높이기 위해서는 지도자와 학생의 지적, 정서적 상호작용을 바탕으로 한 커뮤니케이션이 중요하고, 지도자와 학생 간의 관계성을 증가시킴으로써 미래포부에 긍정적인 영향을 줄 것이라고 보았다.

2014년에 발표된 강미리(숙명여자대학교 석사논문)의 연구에서는 무용지도자와 학생 간의 상호작용이 이루어지는 관계 내에서 무용지도자 리더십이 학생에게 영향을 미치는 것을 전제로 무용지도자의 리더십 역량 강화를 위해 무용계의 교육 실상을 파악해야 하는 연구의 필요성을 가지고 연구하였다. 그리고 그 교육 실상에 비추어 부족한 부분을 보완하기 위해 지도자의 인성을 강조하고, 모든 사람을 완전한 인격체로 대하는 것을 중요시 하며, 지극히 하찮은 사람이라도 무시하지 않고 사랑으로 보살피는 기독교적 리더십 적용을 통한 올바른 후학 양성을 위한 목적으로 연구되었다.

이와 같이 지도자에게 영향을 받는 학생의 인격에 상처를 주지 않고, 전인격적으로 교육하기 위해 다음과 같은 기독교적 리더십을 무용지도자에게 제시하고 있다.

첫째로, 하나님의 사랑으로 옷 입어 자비를 베풀고 사람의 눈으로 판단하기에 약한 자, 소외된 자를 무시하지 않고 돌아보며 도움이 필요한 학생에게 손길을 뻗을 때 섬김의 기독교적 리더십을 발휘함으로 무용지도자는 약자의 편에 서는 리더십을 배우게 될 것이다.

둘째로, 어떠한 상황에 상관없이 항상 똑같이 친절하고 품위 있게 행동하는 성품으로 학생의 실수와 연약함에 대해 더 이상은 자괴감에 빠뜨리는 큰 소리와 지나친 막말과 지도자로서 옳지 않은 욕설을 하는 것이 아니라 사랑, 용서, 인내, 자기절제, 격려, 부드러움 등의 기독교적 리더십을 발휘할 때 그 효과로는 큰 긍정적인 요소를 학생에게 가져다 줄 것이다.

셋째로, 기독교적 리더십은 겉모양으로 사람을 판단치 아니하고 내면의 아름다움을 볼 수 있는 영적인 통찰력이 발휘되기 때문에 학생을 편애하는 무용계의 교육 실상이 변화되고, 편애가 아닌 사랑의 교육이 담긴 기독교적 리더십은 무용지도자 리더십 양성에 큰 효과가 있을 것이라고 하였다.

또한 최근 2015년에 발표한 조선의(숙명여자대학교 석사논문)의 연구는 일반적 무용이 아닌 선교사역에서 기독교 무용의 특성에 따른 기독교 무용지도자가 가져야 할 리더십에 대하여 분석하였다. 기독교 무용지도자에게 필요한 리더십으로 성경에 바탕을 둔 지도력과 하나님의 말씀을 경외함으로 영적 통찰력 발휘하는 큰 믿음의 영성 리더십, 섬김의 리더십, 협력을 통한 동반자 리더십, 그리고 순종과 인내, 기쁨의 성품들을 성숙하게 하는 성품 리더십을 제시하였다.

이상의 내용으로 교육무용의 리더십은 철저한 계획으로 지도해야 하며, 칭찬을 아끼지 않아야 한다. 그리고 서번트 리더십이 무용활동 몰입에 큰 영향력을 주기 때문에 카리스마 리더십에만 치우치지 않는 적절한 리더십이 필요하다. 또한 리더의 개인의 감정을 수업 시 표출하지 말 것, 내면과 외면의 균형성을 갖출 것, 지도자와 학생간의 커뮤니케이션을 중요시 할 것, 학생의 인격에 상처주지 않고 전인격적으로 교육할 것, 약하고 소외된 학생을 무시하지 않고 사랑으로 보살필 것, 친절하고 품위 있게 행동하는 리더십을 발휘할 것, 외면의 아름다움뿐만 아니라 내면의 아름다움을 발견하는 안목을 가짐으로 편애하지 말 것, 영적인 통찰력을 발휘할 것, 학생을 인내하는 지도력을 펼칠 것, 성경에 바탕을 둔 지도력을 발휘하는 리더십으로 교육을 위한 무용을 지도해야 한다.

V

교육무용을 위한 기초 동작의 이해

1. 교육무용 지도 시 유의사항

2. 기초 동작의 이해

교육무용 지도 시 유의사항

첫째, 교육무용 지도자는 교육무용의 목적이 피교육자의 전인격 형성을 위한 수단임을 상기하여 지도자적 인성을 함양하여 리더십을 발휘해야 한다.

둘째, 교육무용은 지도자가 피교육자의 신체적, 정서적, 사회적, 개별적, 시대적 특성을 먼저 파악하고 교육에 임해야 한다.

셋째, 지도자는 지도하는 곳의 환경적 요인(계절, 날씨, 온도)이나 연습실의 제반조건을 파악하고 고려해야 한다.

넷째, 지도자는 매시간 무용용품(연습복, 슈즈, 소품 등)에 대한 적합한 안내와 착용하고 사용하는 방법에 대하여 정확하게 안내해야 한다.

다섯째, 교육무용 지도 시 세태적인 언어 사용을 금하며 바른 말, 고운 말 등을 사용하고 우열을 가리거나 경쟁심 및 비교의식 등 편견적인 면을 삼가야 한다.

여섯째, 교육무용 지도자는 교육의 창의력, 개별성을 인정하고 자아존중을 고양시키는 가운데 공동체적 질서 및 움직임에 대한 신체적, 기능적 요인을 살펴서 정상적인 움직임을 완성시키도록 도우며 부상을 미연에 방지하여야 한다.

일곱째, 교육무용은 무용의 순서만을 알려주고 높은 차원의 테크닉을 요구하는 것이 아니므로 피교육자에 대한 지속적인 관심과 내면에서 나오는 따듯한 마음을 가져야 하며, 지도가 끝나면 정확하면서도 사랑과 관용 및 희망을 가질 수 있는 피드백을 하도록 한다.

여덟째, 교육무용 지도자는 교육자의 개인의 개별성과 단체의 보편성을 먼저 파악함으로서 공적인 것과 사적인 것을 구별하는 사회성을 함양해야 한다.

아홉째, 교육무용을 지도함에 있어 지도자는 횟수, 방향, 박자, 시간 등을 정확하게 제시하여 안정된 수업을 진행하여야 한다.

기초 동작의 이해

1) 용어

(1) 대형(Formation)

* 원형(Circle Formation)

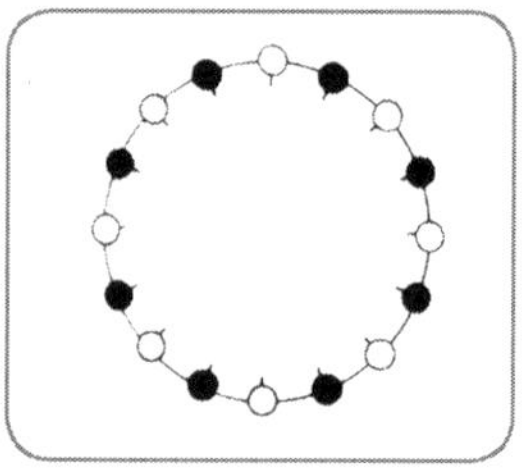

- 싱글 써클, 페싱 인(Single circle, facing in)

1열 원형으로 서서 원의 안쪽을 본다.

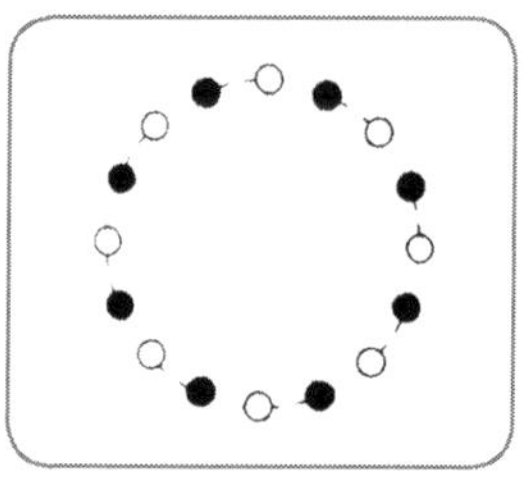

- 싱글 써클, 파트너 페싱(Single circle, partners facing)

1열 원형으로 서서 원형으로 서서 짝끼리 마주 본다.

- 크로우즈드 써클(Clossed circle)

서로 손을 잡고 원심을 향하여 춤춘다. 커플이 되어 추는 것과 파트너를 필요로 하지 않는 것으로 나눈다.

- 더블 써클, 파트너 페싱(Double circle, partners facing)

2열 원형으로 서서 짝끼리 마주본다.

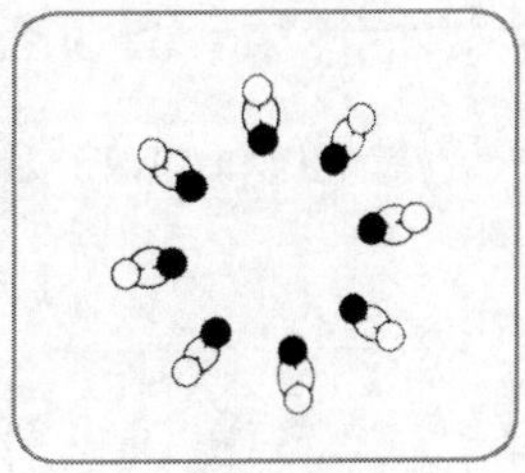

- 더블 써클, 페싱 CCW(Double circle, facing CCW)

2열 원형으로 서서 시계바늘이 도는 반대 방향으로 본다.

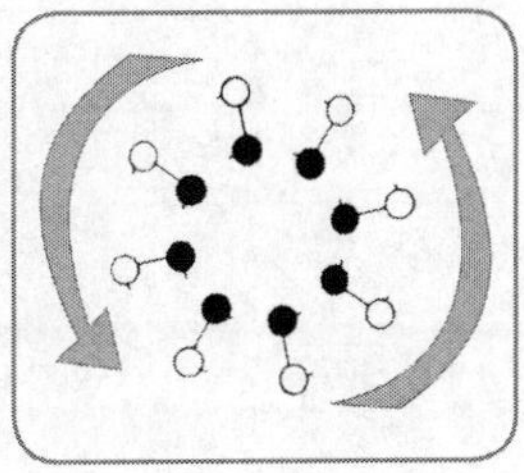

- 더블 써클 마이너 세트(Double circle, Minor set)

2열 원형으로 서서 2조씩 마주본다.

- 트리플써클 페싱 커운터 클락 와이즈(Triple circle facing counter clock wise)

3열 원형 남자 중앙, 여자 양옆, 반시계 방향으로 선다.

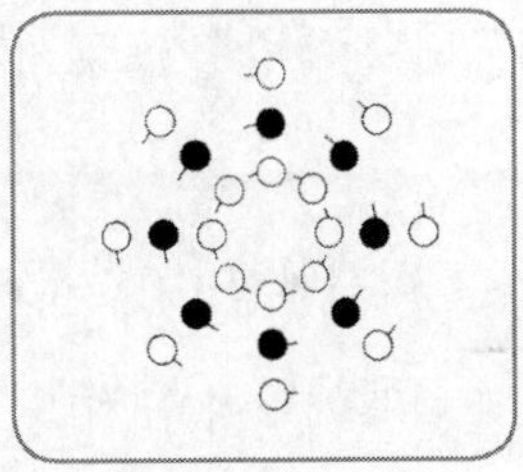

- 프로그래시브 트리플 써클(Progressive Triple circle)

3열 원형 2조 6인 마주 보고 선다.

* 스퀘어형(Square Formation)

4쌍이 정사각형으로 마주 보고 선다.

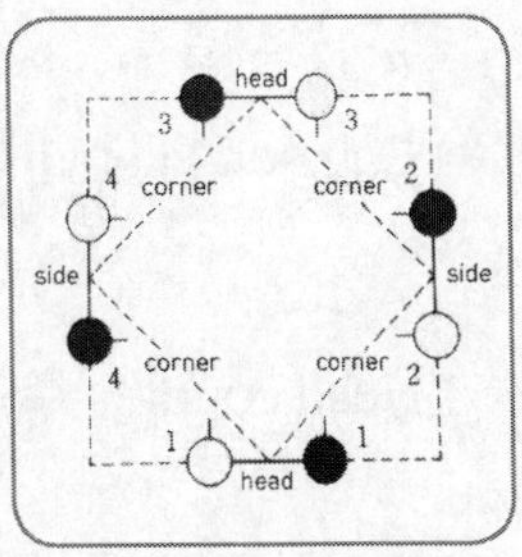

* 자유형(Free Formation)

커플이(Couple)이 자유롭게 선다.

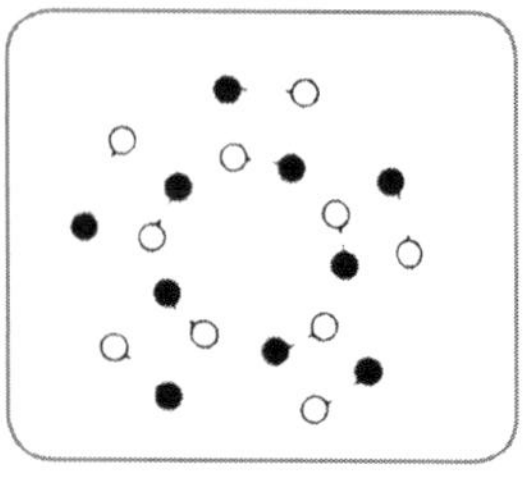

* 대진행형(大進行形)

두 사람 짝이 서로 마주보고 서서 전원이 원형으로 선 대형을 말한다. A조는 시계 방향으로 B조는 시계 반대반향으로 선 자세를 말한다.

(2) 방향

* LOD(Line of Dance : Line of Direction)

춤추는 진행 방향을 가리키며 시계바늘이 움직이는 반대 방향이다.

* 반LOD

반 진행방향으로 시계바늘이 움직이는 방향이다.

* 회전방향 CCW(Counter Clock Wise)

시계바늘이 움직이는 반대방향이다.

* 회전방향 CW(Clock Wise)

시계바늘이 움직이는 방향이다.

(3) 기본배열

* Couple : 남녀 한 쌍이다.

* Head couple : 주역을 하는 커플이다.

* Partner : 남녀 짝을 말한다.

* Corner : 짝이 아닌 사람이다.

(4) 스텝

* 스텝 (Step)

한쪽 발을 어느 방향이든지 내고, 그 발에 체중을 옮긴다.

* 워킹(Walking step)

보통 걸음이다. 즉, 한발 체중을 교대로 옮겨 딛는다는 뜻이다.

* 러닝 스텝(Running step)

워킹 스텝보다 빠르게 달리기. Walking의 변형으로 빨리 뛰어 가기를 말한다.

* 포인트(Point)

한쪽 발끝 또는 뒤꿈치로 어느 지점을 찍는다. 보통 체중을 옮기지 않는다.

* 크로스(Cross)

오른(왼)발을 반대쪽 발 앞이나 뒤로 엮는다. 또는 한 팔을 반대 팔에 엮는다.

* 크로즈(Closed)

어썸블레(불어:Ballet 용어)라고도 하고 체중이 들어 있지 않는 발을 체중이 들어 있는 발에 끌어 모으는 동작이다.

* 탭(Tap)

한쪽 발로 땅바닥을 가볍게 두드린다.

* 스윙(Swing)

오른(왼) 발을 편 채로 흔들어 올린다.

* 호핑(Hopping)

왼(오른)발을 들고 오른(왼) 발로 가볍게 뛴다.

* 스키핑 스텝(Skipping step)

한번에 스텝과 홉을 계속해서 한다.

* 겔로핑 스텝(Galloping step)

한쪽 발을 옆으로 슬라이드로 또는 스텝하고 반대발로 부딪친다.

* 락킹스텝(Rocking step)

오른(왼) 발을 왼(오른) 발 앞뒤로 엇걸어 번갈아 가며 가볍게 선다.

* 삐루에 턴(Pirouette turn)

오른(왼) 발을 옆으로 스텝하고 왼(오른) 발을 굽히고 뒤로 올려 오른(왼) 발로 돈다.

* 킥(Kick)

오른(왼) 발에 체중을 옮기며, 왼(오른)발을 앞이나 뒤로 차례로 땅바닥에서 반드시 편다. 한발로 강하게 차올리는 동작이다.

* 글라이딩 스텝(Gliding Step)

발바닥 볼로 항상 땅바닥을 미끄러지듯 발을 이동시킨다. 발이 항상 땅바닥에 붙어 있기 때문에 상하의 움직임은 워킹 스텝보다 약하다.

* 스트레치(Stretch)

무릎을 굽혀, 허벅다리를 들어, 서서히 앞으로 무릎을 쭉 뻗어서 편다.

* 홉(Hop)

왼(오른)발을 들고 오른(왼)발로 가볍게 뛴다.

* 힐 엔 토(Heel and toe)

한쪽 발에 몸무게를 두고 다음 한 발로 발꿈치를 대고(Heel) 다시 뒤로 발끝을 땅에 대는 것(toe). 이상을 번갈아 가며 하는 것이다.

* 점프(Jump)

두발이 동시에 공중에 올라 갔다가 동시에 마루에 떨어지는 동작이다.

* 립(Leap)

한발이 공중에 먼저 올라 갔다가 먼저 마루에 떨어지는 동작이다.

* 터치(Touch)

뒷꿈치를 발끝과 같은 요령으로 Point하는 것을 말한다.

* 다운(Down)

한 발에 체중을 두고 다른 한 발을 위로 들었다 가만히 놓는 동작이다.

* 브러쉬(Brush)

발바닥으로 마루를 문지르는 동작이다.

* 스탬프(Stamp)

마루를 구르는 동작이다.

* 글라이드(Glide)

스텝하는 발을 미끌러져 나가는 동작이다.

* 라운드(Round)

둥그렇게 원을 그려서 스텝하는 동작이다.

* 스프링(Spring)

한발로 가볍게 마루를 굴러 딛고 상체를 공중으로 날리는 동작이다.

* 피봇(Pivot)

한발을 꽂이로 해서 상체를 회전하는 동작이다. 발끝으로 할 때 토 피봇(ToePivot)이라고 하고 뒷꿈치로 할 때는 힐 피봇(Heel Pivot)이라고 한다.

* 왈츠 스텝 (Waltz step)

Waltz 3박자의 음악으로 춤추며 Tempo가 빠른 것부터 느린 것까지 종류가 많다. Waltz를 대별하면 다음 3종류이다.

ㄱ. 쓰리스텝 왈츠(Three Step Waltz) : 1박자 1보로 된 Waltz

ㄴ. 투스텝 왈츠(Two Step Waltz) : 2소절에 3보 딛는 방법
처음 1소절에 2보 다음 1소절에 1보 딛는 것

ㄷ. 헤지테이션 왈츠(Hesitation Waltz) : 이것은 One Step Waltz라고도 하고
1박자에 Step하고 제2, 제3박자를 Hesitation하는 것이다.
Step - Step - Closed

* 투 스텝 (Two Step)

오른발을 앞으로 스텝하고 동시에 왼발을 오른발 뒤꿈치에 끌어 붙이고, 오른발을 앞으로 스텝 한다. 이것은 모든 춤에 가장 많이 쓰이는 Figure로 임의의 방향으로 이루어진다.

Step - Closed - Step

* 샷티쉬 스텝(Schottische step)

오른발을 앞 또는 옆으로 스텝, 왼발을 오른발에 클로우즈, 오른발을 옆(앞)으로 스텝, 왼발을 앞으로 올리는 동시에 오른발로 홉한다.

(4박자) Step - Closed - Step - Hop

* 폴카스텝(Polka step)

오른발을 앞으로 스텝, 왼발을 오른발 뒤꿈치에 끌어당기고, 오른발을 앞으로 스텝하는 동시에 왼쪽 무릎을 굽혀서 앞으로 돌면서 홉한다.

(2박자) Hop - Step - Closed - Step

* 스텝홉(step hop)

스텝홉은 스텝과 홉을 같은 발로 행한다.

* 슬라이딩 스텝(Sliding step)

오른발을 끌면서 무릎을 굽히고 앞으로 내며 체중을 옮긴다.

* 밸랜스 스텝(Balance step)

오른 발을 옆으로 스텝하고, 왼발을 뒤꿈치 뒤에 끌어 붙이고 체중을 옮긴다.

이 동작을 앞뒤 옆으로 계속한다.

* 마주르카 스텝 (Mazurkastep step)

(박자) Glide- Cut- Hop 이 Step은 삽으로 흙을 쓸어 올리는 느낌으로 한다.

따라서 1의 Glide에서는 전진하는 Step 쪽의 어깨를 숙이고 발끝 Ball에서 발 바닥 까지를 Brush해서 내딛고 2의 Cut에서는 상체를 일으키고 3으로 Hop했을 경우 앞 다리의 무릎을 굽혀서 공중에 띄운다.

Mazurka Step은 항상 같은 발로 시작되는 것에 주의한다.

* 샷티쉬 스텝(Schottische step)

전,후,좌,우 비껴, 제자리 등 모든 방면으로 출 수 있다. 전진의 경우 왼발을 앞으로 스텝, 오른발을 크로즈, 왼발을 앞으로 스텝, 그 발로 hop하여 오른발을 스윙한다.

* 러닝 샷티쉬(Running Schottische)

(4박자 또는 2박자) Step - Step - Step - Hop Schottische의 변형으로 2보째 발을 딛는 것이 특징이다.

* 겔롭(Gallop)

(2박자) Leap - Stop

* 힐 엔 토 폴카(Heel and Toe Polka)

Heel and Toe Touch하고 Basic Polka로 구성된 것으로 전진과 횡행 등에 사용된다.

* 러시안 폴카(Russian Polka)

Check Polka라고도 하고 보통 Polka보다 Step의 보폭이 길고 처음의 Hop이 없고 Step - Closed - Step으로 맨 끝 Step은 그대로 1박자 쉰다.

(5) 회전

* 피봇 터언(pivot turn)

피봇은 체중의 이동을 하지 않고, 한쪽 발로 하는 스핀이다. 오른발로 스텝, 왼발을 바닥에서 떼어, 오른발만으로 뱅그르르 1회전한다. 이것이 끝나면 왼발을 내린다. 왼발로 스텝 할 때는 왼발로 돈다.

* 쓰리 스텝 턴(three step turn)

도는 쪽의 발부터 3회 스텝 하여 완전히 1회전하는 것이다. 돌 때 오른발은 오른쪽으로 스텝 (1) 왼발을 스텝하면서 몸을 오른쪽으로 반회전하고 뒤로 향한다. (2) 오른발을 스텝 하면서 뒤로 회전하여 제방향으로 돌아온다. 왼발을 붙인다. 왼쪽으로 돌 때는 왼발부터 똑같이 행한다.

* 왈츠 턴(Walt turn)

여러 가지가 있으나, 다음 것이 가장 많이 응용된다. 남자는 왼발을 왼쪽 비껴 앞으로 하고 여자는 오른발을 남자의 두발 사이에 스텝, 발에 피봇으로 반회전하고, 남자는 오른발, 여자는 왼발을 옆으로 스텝, 남자는 왼발, 여자는 오른발을 다른 발에 클로우즈 한다.

* 투우 스텝 턴(two step turn)

이것은 Rotary Chasse라고도 하고 Tow Step하면서 회전하는 것이다. 또 이 Step은 Couple Dance의 기초가 된 것으로 모든 Folk Dance에 사용된다.

남자 안쪽 여자 바깥쪽에서 Closed Position으로 남자는 벽 쪽을 보고 시작해서 LOD로 향해서 동작한다.

* 폴카 턴(polka turn)

이것은 Basic Polka Step으로 계속해서 오른쪽 (C.W)으로 돌면서 LOD에 뛰어 나가는 것이다. 볼로 밟고 또한 피봇하지 않는다. 그리고 항상 오른쪽 발로 홉하고, 회전은 원 안쪽 사람이 주가 되어, 홉하는 순간에 다른 발의 무릎을 원동력으로 이용한다. 따라서 두 사람의 홉의 순간이 일치되어야 한다. 모든 턴이 같은 원리이지만 특히 폴카턴은 스텝을 짧게 밟아야 한다.

* 스핀 턴(Spin Turn)
남녀가 오른손을 잡고 위로 올려 여자를(C.C.W 방향) 돌려준다.

(6) 동작

* 스퀘어 스윙(Square swing) - 사교춤 자세로 도는 방법이다.

* 스윙(Swing) - 양손을 잡고 돌기, 손이나 발을 흔든다.

* 엘보우 싱(Elbow sing) - 팔꿈치끼리 궤고 돈다.

* 도-시-도(Do-si-do) - 마주보고 상대방의 오른쪽 어깨를 쳐서 돈다.

* 시-소(Si-So) - 왼쪽 어깨끼리 스쳐서 돈다. ↔Do-si-do

* 엘러먼드(Allemende) - 악수하는 상태로 돌기

* 써클 레프트(Circle Left(Right) - 손잡고 시계 방향(반대방향)으로 돈다.

* 스핀(Spin) - 돌기이다.

* 스퀘어(Square) - 4각 행진이다.

* 스네이크(Snake) - 선두가 곡선을 그리며 행진하기

* 포워드 앤 백(Forward and Back) - 전진 그리고 후퇴

* 스타(Star) - 4 또는 8명이 오른(왼)손끼리 튕겨 소리내기

* 프로메네이드(Promenade) - 행진한다.

* 스넵(Snap) - 엄지손가락과 가운데손가락을 튕겨 소리내기

* 보우 앤 커티시(Bow and Curtsey)

인사하는 것이다. 보우는 남자가 두발을 나란히 하여 무릎을 펴고 서서 상체를 약간 앞으로 굽히고, 서서 상체를 약간 앞으로 굽히고, 왼손은 허리 뒤로 굽혀 오른손은 배앞에서 팔꿈치에서 앞으로 수평하게 올리며 상대와 얼굴을 마주 본다.

커티시는 여자가 체중이 걸려있지 않은 편의 발을 또 한쪽의 발 뒤에서 발끝 세우고 상체는 똑바로 세운 채 양 무릎을 가볍게 굽히며 상체를 밑으로 내리면서 상대와 얼굴을 마주 본다. 양손은 스커어트를 잡는다. 이와 같은 포즈로 그때의 호간에 맞추어서 동작한다.

* 라이트 앤 레프트(Right and Left)

마주보는 쌍이 교차한다.

* 그랜드 체인(Grand chain)

남자는 LOD, 여자는 반 LOD 방향으로 악수하며 교차해 간다.

* 레이디 체인(Ladies chain)

여자들의 8자 행진법, 남자의 보조가 필요하다.

* 아츠(Arch)

2명이 손을 맞잡아 하늘로 치켜 올려 굴모양을 만든다.

* 바스켓(Basket)

남녀 4 또는 8명이 손을 위로 올려서 뒤로 돌려내면서 등에 대고 돈다.

* 콜(Call)

사회자나 지휘자가 춤추는 중간 중간에 신호나 동작을 예고하는 것을 말한다.

(7) 기본자세

- 진행 방향을 보고 서 있는 자세

* 에스코트 포지션(Escort Position)

사교춤 자세를 하고 전면 진행 방향을 본다.

* 반 댄스 포지션(Barn Dance Position)

남녀가 전면 방향을 보고 안쪽 손만 잡는다.

* 프로미나드 포지션(Promenade Position)

파트너는 같은 방향으로 향하고, 오른손과 오른손, 왼손과 왼손을 엮어서 잡고, 두 팔을 펴서 허리 앞에서 잡는다. 보통 오른팔이 위가 되고, 왼팔이 밑이 된다.

* 크로스 백 홀드 포지션(Cross back hold Position)

파트너와 같은 방향으로 서고, 서로 두 손을 뒤로 하여 남자의 왼손과 여자의 왼손은 남자의 등 뒤에서 잡고, 남자의 오른손과 여자의 오른손은 여자의 등 뒤에서 잡는다. 이때 서로 잡은 오른손은 잡고 있는 왼손의 위가 되도록 한다.

* 바르소비아나 포지션(Varsouvenne Position)

파트너는 같은 방향으로 향하고, 여자는 남자의 약간 오른쪽 비껴 앞(또는 왼쪽 비껴 앞)에 선다. 남자는 왼손으로 여자의 왼손을 앞에서 잡고(대략 어깨높이 보다 아래에서 잡음) 오른손은 여자의 오른쪽 어깨 위에서 잡는다. 여자가 왼쪽 비껴 앞에 설 때는 왼손과 오른손의 위치가 바뀐다.

* 오픈 포지션(Open Position)

파트너와 같은 방향으로 보고 서서, 안쪽 손을 어깨 높이로 잡고, 바깥쪽 손은 여자는 스커트를 잡고, 남자는 여자의 허리를 놓는다. 비어 있는 손은 덴마크에서는 밑으로 내리고, 스웨덴에서는 반드시 허리를 잡는다. 오른 어깨를 잡고 선다.

* 스케이타스 포지션(Skaters Position)

파트너와 같은 방향을 보고 서서, 여자는 오른손을 허리에 놓고 남자의 오른손을 펴서 여자의 등 뒤에서 여자의 오른손 위에다 올려놓고, 왼손은 앞에서 여자의 왼손 을 잡는다.

* 스웨덴과 덴마크의 왈츠 홀드(Swedish and Danish Waltz Hold)

스웬덴이나 덴마크의 왈츠 홀드는 클로우즈드 포지션과 같다.

단 남자의 왼팔과 여자의 오른팔을 팔꿈치를 똑바로 펴서 어깨 높이로 올린다.

* 백 홀드 프로미나드 포지션(Back Hold Promenade Position)

프로미나드와 같이 왼손은 잡고 오른손은 남자가 여자의 허리를 잡고 여자는 허리에서 남자의 손을 잡는다.

* 세미 오픈 포지션(Semi Open Position)

남자는 오른손으로 여자의 오른쪽 허리를 뒤에서 잡고, 여자의 왼손은 남자의 오른쪽 어깨위에 가볍게 얹는다. 여자의 오른손과 남자의 왼손은 앞에서 잡고, 팔꿈치를 약간 굽힌다.

* 바즈 스텝 스윙 포지션(Buzz Step Swing Position)

클로우즈드 포지션으로 잡고 서서, 서로왼쪽으로 비껴선다(오른쪽 허리끼리 댄다). American Square Dance Swing Position이라고도 한다.

* 프라먼네이드 포지션(Promenade position)

남자는 좌측, 여자는 우측에 서서 서로 오른 손과 오른 손, 왼손과 왼손을 몸 앞에서 잡고 같은 방향으로 선다. 이 자세를 스케이팅 포지션(skating position)이라고도 부른다.

- 서로 마주 본 자세

* 클로우즈드 포지션(Closed Position)

클로우즈드 왈츠 포지션(Closed Waltz Position) 이라고도 한다. 파트너와 마주보고, 남자는 오른팔을 여자의 등 뒤로 돌리고, 여자는 왼손을 남자의 오른쪽 어깨에 올린다. 남자는 왼쪽 손으로 여자의 오른손을 잡고, 팔꿈치를 굽혀 팔을 어깨 높이로 올린다.

* 보오드 핸드 조인트(both hand joint)

남녀가 서로 마주보고 서서 두 손을 잡고 선 자세를 말한다.

* 크로즈드 홀드 포지션(Crossed hold Position)

파트너와 마주 보고 서서, 두 손을 앞으로 교차해서 잡는다. 이때 서로 잡은 오른손이 위가 되도록 하여 교차시킨다.

* 숄더 웨이스트 포지션(Shoulder Waist Position)

파트너끼리 마주선 다음, 남자는 두 팔을 펴서 여자의 허리를 잡고, 여자는 두 팔을 펴서 남자 어깨 위에 올린다. 시계 바늘이 도는 방향이나 시계 바늘이 도는 반대 방향으로 원심력을 이용하여 돈다. 포크 포지션(Folk Position)이라고 한다.

* 헝가리안 턴 포지션(Hungarian Turn Position)

남녀 반대 방향으로 나란히 서서, 오른쪽 옆구리를 붙이고, 오른팔을 상대의 왼쪽 옆구리에 돌려 잡고, 왼손은 손목을 약간 굽혀 위로 올려 C.W로 돈다.

* 백 홀드 포지션(Back Hold Position)

서로 오른 허리를 대고 서서 남자는 여자의 허리 뒤로 오른손을 내어 여자의 오른손 밑으로 여자의 왼손을 잡는다. 여자도 오른손을 들어 남자의 왼손을 잡는다.

* 사이드 바이 사이드(Side by Side)

남녀가 같은 방향으로 서서(남자 왼쪽, 여자 오른쪽) 여자는 손등을 위로하고 남자는 오른손바닥을 위로하여 여자의 손을 어깨 높이로 받쳐 든다.

* 투우 핸드 홀드 포지션(Two Hand Hold Position)

남녀가 마주서서 두 손을 맞잡는다.

* 훼이스 투 훼이스 포지션(Face to Face Position)

파트너와 손을 잡지 않고 마주보고 선다.

* 슬로박 터언 포지션(Slovak Turn Position)

파트너와 마주보고, 조금 비껴서 선다. 여자는 오른손으로 남자의 왼쪽, 남자의 허리를 잡고 오른손은 여자의 왼쪽 허리를 잡는다. 남녀 왼손은 자기 왼쪽 허리에 올린다.

* 핸드 그래스프 포지션(Hand Grasp Position)

파트너와 마주 서서, 서로 오른팔과 왼팔, 왼팔과 오른팔을 꼭 잡는다.

* 암 크로스드 포지션(Arm crossed position)

남녀가 서로 마주보고 서서 두손을 잡고 선 자세를 말한다.

* 멕시칸 포지션(Mexican Position)

파트너와 떨어져 조금 비껴서 마주 보고 선다. 남자는 두 손을 허리 뒤에서 맞잡고 여자는 두 손으로 스커트를 잡고 서서, 서로 한쪽 어깨를 내밀면서 뻐기듯 상대에게 보인다.

* 멕시칸 홀드 포지션(Mexican Hold Position)

파트너와 서로 비껴서 마주서고, 두 손을 맞잡고, 어깨 높이로 팔을 들어 옆으로 편다.

VI

교육무용의 이론과 실제

1. 영 · 유아기 / 2. 아동기 / 3. 청소년기 / 4. 청년기
5. 중 · 장년기 / 6. 노년기 / 7. 교육무용의 적용사례

영 · 유아기

본 장에서는 영 · 유아기, 아동기, 청소년기, 청년기, 중 · 장년기, 노년기를 대상으로 이론적 배경 가운데 신체적, 정서적, 사회적 발달 상황을 살펴보았다. 일반적으로 교육의 현장에 지도자로 인하면 근거를 가지고 실제적으로 마음과 신체, 사회생활 등에 영향을 줄 수 있는 무용프로그램으로 해야 하기 때문이다. 이론적 배경 3가지 측면의 세부적 요인의 이해와 분석을 통해서 그에 맞는 무용을 교육하는 것에 중점을 두었다. 더욱 피지도자를 가족과 같이 살피는 것이 중요하다고 보았다. 나아가 최초의 특성을 이 글을 바탕으로 실제로 지도안을 기획하도록 하고자 하였다.

수정에서부터 만 6세까지의 시기로서 발달의 특징에 따라 태아기, 신생아기, 영아기, 걸음마기, 학령전기로 구분할 수 있다.

■ 태아기(임신 3개월~출생)

이 시기에 있어서 가장 중요한 것은 임산부의 건강과 정서적 · 심리적 안정감이다. 태아의 발달에 영향을 미치는 요인으로는 유전적 요인과 임산부의 영향을 들 수 있다. 유전은 인간의 발달한계 즉, 성숙도의 차이, 기질적 차이를 가져오며, 비정상적 발달을 초래하는 요인이기도 하다. 유전적 요인에 의한 주요발달 장애로는 Turner증후군, Klinefelter증후군, Down증후군, 혈우병, 페틸케통뇨증, 겸상적혈구 빈혈증, 훅내장성 지진아 등이 있다.

임산부의 연령, 임산부의 신체적 건강상태, 정서 상태, 약물복용 등이 태아의 발달에 영향을 미친다. 태아에 대한 영향을 고려할 때 가장 바람직한 임신연령은 18-35세이다. 그 이전이나 그 이후의 임신과 출산은 선천적 장애를 지닌 태아를 출산할 가능성이 높다.

임산부의 정서상태는 태아의 성격형성에 큰 영향을 미친다. 고민을 많이 한 임산부에게서 태어난 신생아는 발달이 느리고, 허약하고, 이상행동을 나타내며 임산부의 불안 수준이 높을수록 신생아가 많이 우는 것으로 나타나고 있다. 특히 임산부가 약물을 복용하거나 흡연, 알코올 또는 방사선에 자주 노출되거나 오염된 환경에서 생활할 경우 태아에게 부정적 영향을 미치게 된다.

〈 임산부의 상태에 따른 장애 〉

약물복용	선천성 기형이나 발달 지체 초래
흡연	유산이나 사산 가능성이 높으며 태아는 만성적 산소부족현상을 경험하게 되고, 두개골이 작거나 저체중아 출산
알코올 복용	중추신경장애, 저체중, 안면 이상 등의 장애 초래
방사선 오염된 환경에 노출	정신지체 or 기형아

■ 신생아기(출생~2세)

신생아기는 신체적 활동으로는 무의식적 반사운동을 하게 되며 정서는 미분화상태에 있기 때문에 잠을 자거나 젖을 빠는 등의 극히 본능적 정서에 의해 지배된다. 심리적 발달은 주로 감각기관을 통해 대상의 성격을 인지하고 이에 반응함으로써 이루어진다. 신생아는 출생 직후부터 감각적 탐색을 통하여 자신의 주변환경과 접촉을 시작하면서 그 경험을 통하여 사물을 판단하고 적응능력이 발달해간다. 특히 신생아기는 안정된 모성보호가 필요하다. 안정된 모성보호가 이루어지게 되면 신생아는 긴장상태를 해결해주고 만족을 가져다주는 오성인물에 대하여 기본적인 신뢰감을 형성하게 된다. 만약 신생아기에 불안정하고 불규칙적인 모성보호가 이루어질 경우 신생아는 기본적으로 타인에 불신감을 갖게 되며 이후 사회 과정에서도 부정적인 영향을 미치게 된다.

■ 영아기

영아기에는 성과 개인에 따른 차이가 있으나 급격적 성장이 이루어지며 이에 따라 운동 발달이 두드러지게 나타난다. 영아기의 운동발달은 운동 능력의 향상뿐만 아니라 다양한 환경과의 접촉을 통하여 계획적인 탐색을 실시할 수 있고 자발적인 목표추구가 가능하다는 점에서 그 의의가 크다. 이러한 운동발달과 더불어 감각 및 지각의 발달, 인지발달, 정서발달, 언어발달 등 심리적발달이 이루어진다. 감각 및 지각의 발달은 만 2세경이 되면 운동발달과 유사한 수준에 이르게 된다.

1) 영 · 유아기의 신체 · 정서 · 사회성의 발달

(1) 신체 및 운동기능 발달

머리쪽에서 아래쪽으로 발달하는 원리이며, 신생아 때는 머리가 전체 신장의 1/4을 차지하지만 성장함에 따라 그 비율이 점점 작아진다.

① 신장과 체중의 발달

출생 후 2년 동안은 체중의 변화가 어느 시기보다도 빠르다. 출생 시 신장은 50.8cm이던 것이 생후 1년경에는 출생 시보다 50%나 더 자라며, 2세경에는 70%나 더 자란다. 체중도 신장과 마찬가지로 빠르게 증가하며, 출생 시 3.40kg이던 체중이 생후 3월경에는 출생 시 체중의 2배로 증가하며 만 1세가 3배, 만2세가 되면 3.7배가 된다.

유아기에는 영아기에 비해 느리며, 매년 신장은 평균 6-8cm정도, 체중은 평균2-3kg씩 증가한다.

② 골격과 근육의 발달

신장은 골격발달 특히 척추와 긴뼈의 성장에 의해서 결정된다. 출생 당시 뼈는 270개이지만 성장하면서 계속 증가한다. 골격의 발달은 남아보다 여야가 빠르며 두개골은 생후 2년 동안에 급격한 발달이 일어나며, 출생 당시에는 두개골의 뼈들이 완전히 연합되지 않아 천운(숫구멍)의 6개의 틈이 생긴다. 이 천문으로 인해 출산 시 뼈가 겹쳐질 수 있기 때문에 어머니의 좁은 산도로 신생아의 머리가 통과할 수 있다. 대천문은 생후 14-18월경에 소천문은 6-8주경에 닫혀 진다.

치아는 태아기 때 이미 형성되어있지만 첫 번째 이가 밖으로 나오는 시기가 평균 생후 6개월 무렵이며 개인차가 상당히 크다.

근육은 출생 시 이미 성인과 같지만 크기나 길이는 작다. 근육크기의 증가는 서고 걸을 수 있는 능력의 발달과 밀접한 관계가 있고 위에서 아래쪽으로 발달한다.

③ 운동 기능의 발달

운동기능의 발달은 중추신경계, 골격 및 근육의 성숙정도 뿐만 아니라, 신체를 움직일 수 있는 기회와 운동기능에 대한 부모의 지지에 의해 영향을 받는다. 이로 인해 영아들마다 운동기능의 발달 속도는 차이가 난다. 영아의 운동발달은 대근육 운동 기능 발달과 소근육 운동기능 발달로 나눌 수 있으며 대근육 운동기능 발달은 서기 · 걷기 · 기기와 같이 돌아다니는데 도움이 되는 행동의 통제와 관련이 있으며, 소운동 운동기능 발달은 손뻗치기, 잡기와 같이 작으면서도 정교한 움직임의 통제와 관련된다.

- 6주 : 목을 든다.
- 2개월 : 가슴을 든다. 옆에서 몸을 뒤로 돌린다.
- 3개월 3주 : 뒤에서 옆으로 몸을 돌린다.
- 4-5개월 : 뒤에서 옆으로 몸을 돌린다.
- 7개월 : 혼자 앉는다. 긴다.
- 8개월 : 가구를 잡고 선다.
- 9개월 3주 : 까꿍놀이를 한다.
- 11개월 : 혼자 선다.
- 11개월 3주 : 혼자 걷는다.
- 13개월 3주 : 2개의 물체를 쌓을 수 있다.

- 14개월 : 낙서를 한다.

- 16개월 : 도움을 받아서 계단에 올라간다.

- 23개월 2주 : 제자리에서 뛴다.

- 25개월 : 발끝으로 걷는다.

(2) 정서 발달

① 영아기의 정서발달

신생아들은 본질적으로 정서를 나타내지 않지만, 사람의 얼굴, 목소리, 신체적인 접촉을 민감하게 느낄 수 있는 감각을 가지고 태어난다. 영아기의 정서 발달의 특성은 외부자극에 의한 내면적 정서반응을 언어적으로 표현할 수 없고 자신의 사고와 행동 자체 및 그 영향에 대해 스스로 이해할 수도 없다는 것이다. 영아기의 정서는 인지발달과도 밀접한 관련을 가지고 발달한다. 뿐만 아니라 지각경험, 학습 등이 상호 영향을 미치면서 분화 · 발달되어 간다.

a. 정서 표현의 발달

㉠ 미소

생후 1개월경 영아는 부드러운 감각적 자극에 의해 미소 지으며, 역동적 시각적 자극에 미소 짓는다. 2개월경에는 리듬적으로 반복되는 자극에 미소짓는다. 이를 외부 원인적 미소라 부르며, 사회적 의미는 아직까지 갖지 못한다. 영아 3개월 초에 완전한 얼굴, 친숙한 물체 등의 정적자극에 미소 지으며 5개월 전후가 되면 성취적 쾌감으로 미소 짓는다. 영아기 동안에 미소는 사회적 의미를 갖는 중요한 신호로 변하기도 한다.

㉡ 웃음

영아 3-4개월이 되어야 나타난다. 4개월경에는 기쁨의 정서로서 웃음이 나타나며 소리내어 웃기 시작한다.

㉢ 애정

영아가 타인에게 애정을 표현하는 시기는 약 5개월경이며, 주로 자기주위에서 돌보아

주고 접촉하는 성인에 대한 친밀감이 먼저 느끼며, 9개월경이 되면 자기를 반기는 사람에게 접근을 시도한다. 18개월경이 되면 양육자에 대한 근친자로서 애정이 싹트게 되고 이것이 처음에는 응석부리기 형태로 나타난다. 2세 이후부터는 뚜렷한 애정으로 안기거나 뽀뽀 같은 행동을 자주 나타낸다.

㉣ 호기심

대근육 기능이 발달되어 이동능력이 생기면서 사람과 물체에 관심을 나타낸다. 대개 4-5개월부터 호기심을 나타내며 자꾸 쳐다보고 만지고 부딪힌다.

㉤ 울음

울음이란 영아에게 매우 중요한 표현 방법이며, 여러 가지 정서가 숨어있다. 배고플 때, 아플 때, 졸음, 피곤, 놀랐을 때, 맘에 안들 때 운다.

㉥ 분노

2월 말 경에는 화가 난 것처럼 보이는 표정이 빠르게 나타났다 사라진다. 3월 말 경에는 쾌 · 불쾌의 두 정서가 분화될 뿐만 아니라 불쾌가 분노가 되어 나타나기 시작한다. 자극은 주변에 많이 존재하며 점점 확대되어간다. 12-14개월이 되면 분노를 제대로 표현할 수 있고, 18-24개월에 최고조에 달한다.

㉦ 두려움

약 6개월부터 분화되어 나오며, 두려움은 영아가 기고 걷고 할 때 잘 적응토록 도와준다. 영아기 말에는 두려움의 강도가 매우 강해지는데 특히 청각적 자극, 시각적 자극에 두려움을 많이 나타낸다.

㉧ 낯선 사람에 대한 두려움

6~7개월경이 되면 기억력이 증가하며, 8개월 이후에는 회상기억력이 향상되기 때문에 낯선 사람에 대한 두려움이 증가하기 시작한다.

㉨ 질투

질투는 분노의 특수한 형태로 분노의 정서와 실망의 정서가 혼합된 정서이다. 24개월경에는 강도가 강해져서 36개월까지 지속되며, 아동의 흥미 범위가 넓어지면서 줄어든다.

② 유아기의 정서발달

유아는 다른 사람과 분리된 자기 자신을 확실히 알게 됨으로써 영아기와는 질적으로 다른 정서 발달을 구축해간다.

a. 정서 표현의 발달

㉠ 웃음

애정이나 신기한 자극을 기쁨과 웃음으로 표현한다. 건강한 유아일수록 기쁨의 표현이 명확 빈번하다.

㉡ 애정

3세경에는 가족을 즐겁게 해주는 것을 좋아하는 것으로 또래들과도 애정을 표현한다.

4~5세경에는 귀여워해주고 돌봐주는 애정을 나타낸다.

㉢ 호기심

2~3세가 되면 언어로 호기심을 표현하고 질문을 많이 한다. 5세에는 절정에 달한다.

㉣ 분노

떼쓰기, 반함, 고집부리기, 불복종, 폭발적 행동, 침묵, 앙심품기, 보복하기 등의 행동으로 표출한다.

㉤ 두려움

유아기에는 길을 잃거나 매를 맞거나 다치게 되는 두려운 일을 경험하게 된다. 3세에는 시각적으로, 4세에는 청각적 자극, 5~6세에는 근거 없는 두려움 보다는 몸을 다친 것, 개에 물린 것 같은 구체적인 사실에 두려움을 나타낸다.

(3) 성격 및 사회성 발달(사회성)

① 자아

유아들은 자신의 이름, 외모, 소유물 그리고 일상행동과 같은 관찰 할 수 있는 특성에 대해 매우 구체적으로 언급하며 그들이 가지고 있는 전형적 믿음, 정서, 태도 등에 관해 설명한다. 2세 유아는 자신과 타인을 구별할 수 있으며, 자아개념이 강할수록 "내꺼야"라고 주장하면서 대상에 대해 더 집착한다. 이는 부정적 신호가 아니라 자신과 타인의 경계를 명확하게 구획하려는 긍정적 신호로 볼 수 있다.

② 우정의 발달

정서적 · 사회적 발달에 중요한 역할을 하며, 유아들은 친구란 서로 좋아하고 놀이하는데 많은 시간을 함께 보내는 사람이라고 정의한다. 4~7세는 우정은 즐거운 놀이와 장난감을 공유하는 것으로 간주하며, 일시적 놀이친구 단계로서, 친구란 가까이 살고 장난감을 부수지 않고 놀 수 있다는 것이다. ~9세는 일방적인 도움의 단계에 해당되며, 자신이 하고 싶어하는 것을 알고 함께 해주는 사람이다. 우정에 대한 안정성, 지속성은 점차 증가하지만, 사회인지보다는 사회적 환경에 의해 유지된다.

③ 성역할의 발달

유아는 남자와 여자의 행동이 다르다는 것을 관찰하고, 자신에게 적합한 남성과 여성의 행동에 대한 가설을 발달시킨다. 부모들은 유아가 모방하는 롤모델이 될 뿐만 아니라 적절한 성행동에 대해 보상하고, 양성적인 행동에 대해서는 벌을 준다.

2) 현대 영 · 유아기의 특징

요즘 유아(3~5세)절반이 인터넷을 이용하고 있다. 만2세인 아이가 컴퓨터를 사용하고 두 돌이 되기 전부터 마우스보다 작은 손으로 직접 클릭한다고 한다. 유 · 아동 사이트에서 동요듣기를 하여 숫자놀이와 한글놀이까지 즐겨하며, 놀면서 즐겁게 배우고 있다. 귀여운 캐릭터들이 나와서 설명하고 32개월밖에 안된 아이가 한글을 다 떼기도 한다.

이미 유아의 컴퓨터 사용은 어른들이 생각하던 것보다 더 급속도로 늘어나고 있으며 3~5세의 절반가량이 인터넷을 이용하고, 인터넷을 시작하는 평균연령은 만 3.2세였다. 또한 요즘 유아의 책은 모든 것이 체험하고 느낄 수 있도록 만들어져 병아리 사진이 있으면 병아리 털을 만져볼 수 있게 되었고 입체적이며 시각 · 청각 · 후각 심지어 촉각까지 담아내고 있다. 이처럼 요즘 영 유아기들은 사람과 생물이 아닌 컴퓨터와 책등을 통해 배우고 느끼며 즐긴다. 이렇게 앉아서 모든 것을 배우고 기계와 함께 생활하게 된 현대에는 무용이라는 배움이 얼마나 중요하고 필요한지 더 잘 느낄 수 있는 대목이 되겠다. 무용을 통해 사회성을 기르고 사람과 대면하고 자신감을 키우며 창조 창작을 배우고 자신의 감정과 생각을 몸으로 표현하며 그러하므로 인해 정서적으로도 안정감을 가지게 되는 유익한 배움이 될 것이다.

3) 영 · 유아기의 무용

① 영아

영아기의 신체와 신경의 발달은 발육 발달 및 성장의 기초가 되는 것으로 이 시기의 운동과 마사지는 신체 · 언어 · 사회 · 정서 및 인지발달에 중요한 역할을 하게 된다. 특히 생후 1년간은 지능적 성격에 지대한 영향을 미치는 시기로 이 시기의 부모와의 관계는 평생의 정신적 · 사회적인 면에 영향을 준다.

a. 1개월

촉각의 자극이 중요하므로 마사지 위주로 행하며 두 팔을 엇갈리게 하거나 바르게 눕힌 상태에서 종아리를 잡고 무릎을 굽혔다 편다.

b. 2개월

바르게 눕힌 상태에서 한손은 배를 살짝 누르고, 다른 손은 양쪽 발목을 잡고 다리를 들어 올려 가슴 쪽으로 천천히 당겨준다.

c. 3개월

엎드려 바닥을 짚어 팔꿈치의 힘을 길러주거나 앉힌 상태에서 오른쪽, 왼쪽으로 기울여 몸의 중심을 잡도록 한다.

d. 4개월

탁자 밖으로 머리와 어깨가 나오도록 엎드린 자세에서 한손으로 엉덩이를 누르고 한손으로 가슴을 받쳐준다. 등 · 허리 · 엉덩이를 자극 단련시키고 다리를 완전히 뻗을 수 있도록 한다.

e. 5개월

말랑한 공으로 손 운동을 하게하고, 뒤집기 연습이나 발가락으로 연필 등을 잡고 구부리게 한다.

f. 6개월

기는 연습과 아이의 손목을 잡아 1분정도 매달리는 연습을 하게 한다.

g. 7개월

손을 뻗치고, 미는 연습을 하게 한다.

h. 8개월

공중걸음마를 시키고, 겨드랑이를 껴서 들어올린다.

I. 9개월

기는 운동을 충분히 시키고, 공굴리기 등을 한다.

j. 10개월

아기가 일어서기를 하게 되면 겨드랑이에 손을 넣어 시소처럼 흔들어준다.

k. 11개월

기어와서 잡고 일어서도록 하고 리듬악기 등을 사용해 리듬감을 발달시킨다.

l. 12개월

약간 빠진 공을 잡거나 막대로 세워 잡고 걷기를 유도한다.

② 유아기

a. 유아기 전기(0~3세)

발등타고 걷기, 굴다리 기어지나기, 말타기, 계단오르기, 시소타기, 물구나무서기, 저울놀이, 팔다리 흔들기 등의 연습을 한다.

b. 유아기 후기(3~6세)

균형잡기, 스트레칭, 구부리기, 매달리기, 구르기, 돌기, 뛰고 착지하기, 무게중심 옮기기, 스텝 등의 연습을 한다.

〈영 · 유아를 위한 무용프로그램 예시〉

■ 밖으로 나가놀자

- 스키핑, 슬라이딩 다양한 스텝을 통해서 자연스럽게 리듬감각 균형감각을 익히도록 하는데 목적이 있다.

㉠ 스키핑 스텝을 하며 뛰어나가 팔을 벌리고, 오른쪽 왼쪽으로 흔들면서 방향을 바꾼다.

㉡ 방향을 바꾼 상태에서 다시 뛰어나가다가 손을 머리 위로 크게 원을 만들면서 한발씩 교대로 뒤꿈치고 땅에 찍는다.

㉢ 옆으로 미끄러지듯 슬라이딩 스텝을 한다.

㉣ 두 발을 펴고 손목을 꺾어 몸을 댄 채 무릎을 펴고 꺼떡대며 한 바퀴 돌아 손뼉을 치며 끝낸다.

■ 시냇물

- 쉽고 간단한 동작으로 상 · 하체를 골고루 움직이게 하여 균형 있는 신체발달을 목적으로 한다.

㉠ 제자리에서 걸으며 두 팔을 올려 손바닥을 붙이고 오른쪽 · 왼쪽으로 움직인다.

㉡ 상체를 숙이고 두 팔을 흔들며 모양을 그린다.

㉢ 두 팔을 머리위로 올리고 오른쪽 · 왼쪽으로 느리게 흔든다.

㉣ 어깨를 움직이며 위아래로 크게 으쓱인다.

■ 기찻길

㉠ 둥글게 서서 옆사람 허리를 붙잡고 기차모양을 만들며 걷는다.

㉡ 걸으면서 인형을 안고 재우는 듯한 동작으로 오른쪽 두 번, 왼쪽 두 번 흔든다.

㉢ '칙폭'할 때 팔꿈치를 구부려서 기차바퀴 모양으로 원을 그리며 모듬 뛰기를 한번하고, '폭'에는 팔을 펴서 일어난다. → 계속 반복

㉣ 두 팔을 큰 원을 그리며 걷다가 마지막에 두 손을 모아 얼굴 옆에 대고 잠자는 모양을 한다.

〈 학습 지도안 〉

제 목				담당지도자	
준비물				인원	
참가대상			장소	수업시간	40분
목표	교사				
	학습자				
지도내용					
지도상 유의점 및 기타사항					
학습 지도계획	도입				
	전개				
	정리				
평가					

※ 학원 - 유아 50분, 초등 60분, 중등 70분, 성인 기초 60~80분, 레벨 높은 반 80분

02 아동기

초등학교에 입학하여 졸업하기까지, 즉 만 6~12세까지를 아동기(later childhood)라고 한다. 흔히 학동이라고 부르기도 하는 이 시기는 지적, 정서적, 사회적 발달을 도모해 가며 또래(gang age)라고도 한다.

1) 아동기의 신체 · 정서 · 사회성의 발달

(1) 신체 발달

① 신장

6세 이후 초등학교 시기(later childhood)에는 연령이 증가될수록 외모에서 우선 유아티를 벗어난다. 우리나라에서는 남아의 경우 6세경에는 평균 신장이 116.0cm이다가 초등학교 졸업학년인 12세경에는 145cm 가량 자란다. 여아들도 6세경 즉, 입학시기에는 평균 신장이 113~114cm이던 것이 12세경에 이르면 146~147cm로 자라게 된다. 이러한 신장의 발달은 매년 꾸준히 증가추세를 보이고 있는데, 국민생활의 향상으로 영양섭취와 신장발달을 촉진시키는 신체운동, 환경의 개선 등으로 나타나는 결과라고 볼 수 있다.

② 체중 및 체격

체중도 이 시기에는 전 시기에 비해 크게 증가된다. 6세의 경우 남아의 평균체중이 약 21kg이던 것이, 12세경에는 36kg 정도가 된다. 여아의 경우에는 6세경에는 평균체중이 약 20kg이던 것이 12세경엔 39kg 정도로 증가된다. 가슴둘레 역시 6세 남아의 경우 58cm 정도이다가 12세경에는 70cm 내외로 커진다. 6세 여아의 경우 약 평균 60cm 가슴둘레를 보이다가 12경에는 72cm로 커진다. 대체로 체중, 신장 및 가슴둘레 등의 신체크기는 10세경까지는 남아가 여아보다 크다가 그 이후에는 여아가 더 커진다. 그리고 사춘기는 남아보다 여아가 일찍 맞게 된다.

치아의 경우 6세경에 이미 영구치가 생기면서 입모습부터 유아의 티를 벗어난다. 얼굴의 밑부분이 커지며, 코도 커져서 아동의 티를 나타내게 된다. 체격에 있어서도 신체 각 부위의 비율이 달라지는데, 이런 동기부터 나타나기 시작하지만 머리와 전신의 비율을 보면 아직도 머리의 비율이 조금 더 큰 편이며, 성인의 머리둘레 95%까지 커진다.

③ 운동능력의 발달

아동기에는 운동능력에서 새로운 발달이 이루어지는 것이 아니다. 이미 획득된 운동기술이나 근육의 협응이 보다 정교화 되고 세련화 된다. 즉, 쓰기기능, 읽기기능에서부터 신체운동능력까지 다양한 활동에서 다양한 기능이 세련되고 정교화 된다. 이 시기에는 아동의 뛰기(jumping) 능력과 공놀이에서의 기능이 보다 크게 발달된다. 그래서 이들 운동능력은 운동의 협응이 발달되는 좋은 지표가 된다. 예컨대 아동은 위 아래로 전보다 더 잘 뛸 수 있고, 보다 멀리 공을 던지고 또 던지는 공을 받아낼 수도 있다. 이 시기 남아들은 뛰기나 공놀이의 기능발달을 돕는 놀이활동에 많이 참여하기 때문에 그렇지 못한 여아보다 운동발달이 더 촉진된다.

아동기의 운동발달은 두 가지의 조건에 근거된다. 즉, 하나는 5세에서 7세 사이에 중추신경 및 대뇌의 발달이 이루어지게 되는데, 이와 함께 지각이나 운동발달이 보다 세련되고 정교화 된다. 또 하나는 이 시기에 반응에 소요되는 동작시간(movement time)과 결정시간(decision time)도 모두 신속해진다. 동작시간이란 동작의 시작과 마무리까지 소요되는 시간이며 결정시간은 동작을 위한 신호에서부터 첫 동작까지의 시간이다.

(2) 사회 & 정서 발달

① 자아발달

자아의 3가지 측면은 자기에 대한 지식(self-knowledge), 자기에 대한 평가(self-evaluation), 그리고 자기통제(self-control)이다. 자기에 대한 지식은 자기를 이해하는 것을 말하며, 나는 무엇인가에 대한 개인의 생각을 나타낸다. 자기평가는 자신의 대해서 스스로 어떻게 생각하는가에 대한 개념이다. 끝으로 자기 통제는 자신의 인생을 스스로 얼마나 통제할 수 있는가에 대한 정도를 말한다.

〈 자아발달에 관한 표 〉

연령	피아제 단계	자기기술 특성	평가	예시
아동 중기 · 후기 (6~10세)	구체적 조작기	행동특성 · 능력 감정 · 소속의 분류 자신의 기술과 능력에 대한 사회적 비교	정보의 정확성이 증진 긍정적→부정적 자기평가	"나는 노래를 잘한다." "나는 행복한 어린이다." "나는 쓰기는 잘하지만 산수는 잘 못한다."
청소년기	형식적 조작기	태도 · 성격특성 신념 등 자신의 내면 특징에 초점	추상적 · 가상적 자기기술	"나는 화학이 싫다." "나는 호기심이 많다." "나는 애국자다."
청소년 중기	–	다른 상황 하에서 자신에 대해 서로 틀린 기술	–	"교실에서는 부끄러움을 타지만 친구사이에는 적극적이다."
청소년 후기	–	단일성격 특징으로 통합	거짓 자기 행동이 나타남 → 필요한 경우 자신의 모습이 아닌 목적성을 가진 행동으로 표현	–

② 도덕성의 발달

자신의 행위에 대해 옳고 그름을 판단할 수 있고 자신이 속한 집단에서 요구하는 기준이나 규칙을 따를 수 있는 특성은 아동기에 성취해야 하는 중요한 과제이다.

a. 또래관계

아동들이 친구들과 일상적인 상호작용을 통해서 많은 도덕적 갈등을 겪게 되기 때문에 복잡하고 효과적인 추론을 통해서 그러한 딜레마들을 잘 대처할 수 있는 단계에 이룰 수 있는 것이다.

b. 모델링

아동은 다른 사람들에 대한 관찰을 통해서 많은 것을 배운다. 예를 들어, 부모들은 자식들이 자랄 수 있도록 더 높음의 추론을 이용하는 경향이 있으며, 이는 아동의 도덕적 추론의 변화에 영향을 주는 것으로 밝혀졌다. 사회학습 이론가들은 모델링과 모방이 아동의 도덕적 추론에서 중요한 역할을 차지한다면 도덕발달이 정해진 단계를 순서대로 따라야 할 이유가 없다고 주장한다.

③ 성역할의 학습

성역할은 어떤 개인의 소속된 문화권 내에서 남성과 여성으로 특징을 지닐 수 있는 자질이다. 이러한 성역할은 고정관념(sex-role stereotype), 성역할 채택(sex-adoption), 성역할 동일시(sex-role identification), 성역할 행동(sex-role behaviors), 성역할 식별(sex-role discrimination), 성역할 신호(sex-role preference) 등 유사개념으로 연구되어 왔다. 3세기경에는 이미 아동은 자기성과 관련된 사물, 장난감, 활동 등을 선호하거나 채택하여 식별할 수 있다. 이렇게 일찍부터 나타나는 성역할 특성은 결국 남성과 여성에게 서로 다른 특성의 고정관념으로 굳어지게 되어 그의 성역할 행동으로 나타나게 된다.

④ 학교생활의 적응

a. 학업과 근면성의 발달

아동의 학교에 대한 태도는 학교생활에 대한 적응이 대단히 중요하다. 예컨대 학교를 즐거운 새 생활의 장소로 여기고 학교생활에 대한 호기심과 기대를 갖는 것은 원만한 적응의 시작이 된다. 학업생활을 즐겁게 임하고 받아들이면 근면성(sense of industry)을 발달시킬 수가 있다. 그러나 어떤 아동은 학교라는 낯선 환경에 대한 호기심보다 두려움을 느끼게 되기도 하고 의존적인 아동은 어머니나 가족을 떠나는 것에 저항하기도 한다. 이런 아동은 학교생활에 있어 부정적 태도를 갖기 쉽다.

이런 부정적 태도는 학업 · 교사 · 교과서 등까지 확대되며 적절한 근면성의 발달보다는 열등감(sense of inferiority)의 발달을 돕게 한다. 하류계층의 아동이 적절한 오리엔테이션을 받지 못한 채 입학할 경우 근면성 대신 열등감을 발달시키게 되며 위축되게 된다. 학년이 올라감에 따라 부모의 지원은 더욱 필요하게 되어 마침내 가정의 계층차이가 아동의 학업성취의 차이로도 나타내게 된다.

b. 교사의 역할

학교환경으로서 교사는 교사의 아동관, 교육관, 교직관을 비롯하여 자기 직업에 대한 신념, 가치 그리고 그의 인간특성 등에 따라 아동에게 다양한 영향을 미칠 것이다. 교사는 살아있는 환경으로서 아동의 거의 모든 성장과 발달에 영향을 미친다. 교수의 역할으로서 사회대표자, 대리부모, 불안제거자, 집단 지도자, 자아옹호자, 심판자 또는 판단자, 훈육자, 동일시 대상, 자원자, 친구 또는 상담자 적대의 감정의 표적이며 애정 대상자이다.

⑤ 대중매체의 영향

텔레비전, 라디오, 컴퓨터의 인터넷 등은 가정생활의 일부로 깊이 파고들어 아동의 여러 가지 발달면에 영향을 끼친다. 대중 매체가 미치는 영향으로는 다음과 같다.

첫째, 전파매체에 접하는 시간이 많아짐으로서 학교복습에 방해가 된다.

둘째, TV의 장면을 보고 정서적 반응을 일으키는 즉각적 영향의 경우와 전파매체를 통해 어떤 태도나 가치관을 습득하게 된다.

셋째, 전파매체가 주는 메시지에 제작자의 의도가 있으며 그 의도에 영향을 받는다.

넷째, 똑같은 프로그램을 시청하여도 아동의 개인차에 따라 영향이 달리지고 신체적 영향, 정서상태의 영향, 지능 · 언어 창의성 발달과 관련된 지적인 영향 및 수동적 행동, 폭력적 행동유발 등의 영향을 미친다.

(3) 아동기의 부적응 행동

① 학교 공포증

속칭 왕따라는 학교공포증(school phobia)은 학교에 가는 것을 두려워하거나 혐오하는 증상이다. 복통, 두통, 식은땀 등의 신체적 증상과 불평, 불만과 같은 심리적 증상 등이 있다.

② 행동장애

행동장애(conduct disorder)란 거짓말, 도벽, 공격적 또는 기학적 행동, 방화, 반항, 무단결석 등의 증세로 여러 가지 원인이 있으나 대체로 부모를 괴롭히기로써 부모에 대한 보복과 관심, 애정을 얻고자 하는 행위이다.

③ 학습곤란

학습곤란은 아동의 지적 능력이 제한되어 있으나, 심리적 갈등이나 불안이 심하여 학업수행에 지장이 있는 경우이다. 그 원인은 지능이 평균 이하인 경우도 있으나 심리적 갈등이나 불안감일 경우에는 호기심이 억압되거나 학습동기가 유발되지 못하기도 한다. 때로는 말더듬이 · 두통 · 신열 등으로 나타나기도 한다.

2) 현대 초등학생들의 특징

'출산율 · 사교육 비판 말고 공교육 질 높여라'란 뉴스에서 발췌한 내용이다(2009).

초등학생 둘을 둔 강남에 사는 맞벌이 부부를 소개하였다. 초등학교만 가면 나아질 것으로 생각했는데 클수록 더하다. 제대로 돌봐줄 곳이 마땅치 않기 때문이다. 학원에 안 가면 친구도 없고, 엄마가 직장에 나가니 아이가 집에 와서는 TV를 보거나 늘 컴퓨터를 한다. 언론에서는 학원 여러 곳을 '순례'하듯 보내는 엄마를 손가락질 하지만 현실적으론 어쩔 수 없다.

'초등학생 · 여드름 급증'이란 뉴스에서 발췌한 내용이다(2009).

청춘의 상징으로 불리는 여드름은 최근에는 그 나이 경계가 사라지고, 초등학생들도 이른 여드름으로 고생하는 경우가 많다. 특이할만한 점은 만 12세 이하 초등학생 여드름 환자가 급증하고 있다는 것이다. 초등학생 여드름이 늘고 있는 것은 초경 연령이 낮아지는 등 어린이 성장이 점차 빨라지기 때문이라고 전문의들은 분석하고 있다. 초경 2년 전부터 안드로겐 호르몬 분비가 많아지며 피지를 분비하는 모낭의 수 또한 많아지고 있다는 보도이다.

3) 아동기의 무용

〈초등학생들을 위한 무용프로그램 예시〉

예시	내 용
예1)	팔: 1. 가볍게 흔든다. 2. 음악에 맞추어 크고 작게, 빠르고 느리게, 강하고 약하게 –처음에는 보통 걸음으로 나간다. 뒤꿈치를 들고 가볍게 걷는다.
	발: 1. 발의 높이와 넓이로 표현 2. 힘의 강약 3. 속도의 빠르고 느림 –피아노 소리가 커지면 세게 힘차게 걸어간다. ①강 · 약 ②크고 작게 ③빠르고 느리게 ④높고 낮게 ⑤길고 짧게
예2)	'말타기' 음악 1. 노랫말: 말타기를 합시다 동작: 팔을 말 고삐 잡은 자세를 하고(흔들며), 다리는 어깨 넓이로 벌리고 약간 구부려 뛴다(오른쪽, 왼쪽 3번씩). 2. 노랫말: 다같이 모여서 동작: 고삐잡은 동작을 하고 짝꿍과 손잡고 오른쪽으로 돈다. 3. 노랫말: 가위, 바위, 보 동작: 왼손 들고 오른손끼리 가위, 바위, 보 형태의 승부를 가린다. 4. 노랫말: 말타기를 합시다 동작 : 모두 다 기는 동작 5. 노랫말 : 랄라랄랄랄라 X 2 동작 : 진 사람은 엎드리고, 이긴 사람은 말을 타고 한손으로 고삐, 한손으론 엉덩이를 치며 앞으로 간다. 뒤로 후퇴한다. 6. 노랫말 : 모두 다 정답게 손잡고 동작 : 짝꿍의 어깨에 정답게 손을 얹는다. 7. 노랫말: 말타기를 합시다 동작 : 말고삐를 잡고 뛰듯이 앞 사람의 어깨와 허리를 잡고 앞 말대로 흉내 낸다.

〈 학습 지도안 〉

제 목					담당지도자	
준비물					인원	
참가대상			장소		수업시간	40분
목표	교사					
	학습자					
지도내용						
지도상 유의점 및 기타사항						
학습 지도계획	도입					
	전개					
	정리					
평가						

03

청소년기

13~15세, 중학교에 입학하여 졸업할 때까지를 중학생이라 부르며, 13~19세경에 나타나는 시기이다. 빠르면 초등학교 5~6학년 때에 나타나기도 한다. 이 시기에 흔히 질풍노도의 시기(age of storm & stress)라고도 하며, 심리적 갈등과 행동의 적응에 있어서 수많은 문제가 야기 된다. 좌절과 고뇌의 시기(age of frustration & suffering) 또는 애정과 낭만의 시기(age of love & romance)라 부른다.

1) 중학생의 신체 · 정서 · 사회성의 발달

(1) 신체 발달

① 신체의 크기

사춘기는 태아기 다음으로 성장이 급속하여 제2의 성장급등기(age of second growth spurt)라고 할 정도로 신체의 모든 측면에서 현저한 발달을 보인다. 남성은 13~15세 신장과 체중 및 가슴둘레가 급격히 증가하고 여성은 남성보다 약 2~3년 정도 앞서는데 그 만큼 발달도 일찍 정지된다. 뿐만 아니라 성장의 정점도(peak point)가 남성보다 낮다. 여성의 가슴둘레 및 체중은 신장보다 늦게 급속히 신장되고 성장의 정지도 좀 늦다. 즉, 신장이 급격히 커지고 몸무게와 체형의 증가가 이루어지는 종적 신장 다음에 횡적 확장이 온다.

② 제2차적 성특징

사춘기에는 여러 가지 제2차적 성특징이 나타난다. 남성의 경우에는 먼저 턱과 코 밑에 수염이 돋아나며 음모가 나타난다. 따라서 성기가 발육되고 음경의 기부인 하복부가 꼿꼿해지며 굵고 뻣뻣한 연모가 돋아서 점차 꼬불꼬불하고 짙은 색으로 변하면서 그 숱이 많아진다. 또한 팔뚝, 종아리 무릎, 겨드랑이 등에도 솜털이 돋아서 점점 굵고 짙은 색으로 변한다. 그리고 유두가 땅땅해지면서 수염이 돋는다. 후두 역시 사춘기에는 급속히 발달하여 성대가 굵어 목소리가 거칠게 들린다. 성대의 발달로 성대 사용을 피하고, 문장표현으로 기울어지는 성향이 나타난다. 이러한 성향은 다른 심리적 특성과 함께 사춘기 청소년을 문학 청소년이 되게 하는 원인이 되기도 한다. 사춘기 남성은 흔히 몽정(nocturnal emission)을 하는데, 이에 따라 성이나 이성에 호기심이 생겨 관련된 독서나 영화를 탐닉한다.

여성의 경우 유방이 커지고 둔부가 둥글어지면서 펑퍼짐해진다. 그리고 초경(menarche)이 나타나면서, 어깨도 넓어지고 음성이 조금 변한다. 또 치골부위(pubic region)가 널찍해지며 피하지방이 발달되어 살결과 피부가 통통해지면서 부드러워진다. 음모는 유방과 둔부의 발달보다 늦게 나타나는데, 처음엔 솜털이 돋다가 색깔이 짙어지며 직모가 되다가 다시 꼬불꼬불해진다. 음모가 생긴 후에야 겨드랑이, 그 다음에 코밑즉, 윗입술에도 솜털이 돋는다.

(2) 중학생의 심리적 발달

사춘기의 불안은 신체적, 정서적, 성적 변화가 급격히 나타나는데서 생긴다. 즉, 이런 급격한 변화가 조화되지 못하면 자기 무능력, 몸맵시, 행동상의 불안과 결합, 요구의 불만족, 불확실한 장래, 대인 관계 등의 대한 불안으로 나타나곤 한다. 불안과 분노는 상관이 깊다. 사춘기에는 자신의 요구가 방해받게 되면 나타나는 정서인 분노가 매우 심하다.

■ 이성의식의 변화

유아기에는 남녀 유아가 서로 잘 어울려 놀지만 성적 결항기(age of sex antagonism)

인 아동기에는 남녀가 서로 꺼리고 잘 싸운다. 그래서 주로 남아는 여아를 잘 울리곤 한다. 그러다가 성적 혐오기가 온다. 성적 혐오기는 사춘기 초기로서 이성과 함께 놀거나 일하는 것을 싫어한다. 뿐만 아니라 서로 얕보고 미워하며, 일마다 서로 반대하고 가까이 있는 것도 불결하게 생각하는데, 대체로 11~13세경이 된다. 이 기간은 약 1년 정도이다.

(3) 중학생의 사회성 발달

제2차적 성특징은 청소년은 성(性)에 대한 태도와 가치관의 형성에 영향을 미친다. 즉, 성격 및 사회성의 발달에 방향을 결정해 주는 것이 곧 여러 가지 제2차적 성특징이 된다. 사춘기의 청소년이 자신의 신체의 변화로써 나타나는 성특징에 불만이나 당혹감을 느끼며 자기의 성에 부정적, 혐오적 태도를 취한다면, 훗날 이성관계나 결혼에 대해서도 성적변화를 긍정적으로 수용하는 청소년 보다는 좋지 않은 태도를 갖기 쉽다. 더구나 자기 성과 이성 및 이와 관련된 삶의 전반에 대한 가치관에서도 부정적 영향을 받기 쉬우므로 적절한 성교육이 필요하다.

또 이 시기의 성적 조숙이나 만숙도는 성격 및 사회성 발달에 영향을 미친다. 대체로 성적으로 조숙한 청소년은 그렇지 못한 또래보다 숙성한 태도를 취하며, 자신의 성숙에 금지를 갖고, 또 주위 사람들로부터도 어른스러운 대우를 받는다. 따라서 만숙의 청소년들과 어울리기를 꺼리는데, 만숙의 또래들이 또래로서 느껴지기 보다는 동생이나 후배 같은 느낌이 들기 때문이다.

(4) 사춘기의 문제 행동

① 청소년 비행

청소년 비행은 형벌법령이나 특별법 혹은 환경에 비추어 장차 형벌 법령에 저촉되는 행동을 할 우려가 있는 12~19세의 범죄소년, 탈법소년의 비행이다. 이들 비행의 원인은 사회적인 원인과 성격적인 원인으로 볼 수 있다.

첫째, 가족불화 · 가정해체 등이 원인이 되어 청소년들이 반사회적 가치관을 갖는 하위문화에 동조할 때 비행을 시도한다. 절도, 음주, 가출, 유기 등의 비행을 독려하고 더욱 심해진다.

둘째, 청소년기에 나타날 수 있는 정신병리적인 성격 때문에 비행의 원인이 된다. 타인에게 해가 되는 행동을 하며 죄의식도 갖지 못한다. 이러한 정신병리적 성격은 어려서부터 장시간에 걸쳐 형성되기 때문에 치료 및 교정도 장기적이 될 수밖에 없으며 그 원인은 주로 부모의 거부적, 전제적 양육태도 때문에 애정과 동정을 받고 자라지 못했기 때문이다. 또한 타인의 동정이나 연민도 기대하지 않고 외부세계와 관계를 시도하지 않는다.

② 학업부진

학업부진의 그 원인은 다양하다. 사춘기 특징으로 나타나는 피로감과 게으름 때문이기도 하며 이밖에 사회적, 심리적 요인도 영향을 미친다. 먼저 사회적 요인은 부모 등 가족이 동일시 모델 영향 때문일 수가 있다. 부모를 비롯한 가족이 학업에 관심이 적거나 중요시하지 않을 때 그러한 영향을 미친다. 심리적 요인으로는 가족 간의 불화, 부모·자녀간의 불화 및 사회생활의 부적응 등이 예가 된다. 부모에 대한 적개심으로 부모가 중요시 여기는 학업을 소홀히 여겨 보복을 시도하고 혹은 실패나 성공을 두려워하여 도피하기도 한다.

2) 현대 중학생의 특징

보건소가 초·중·고를 대상으로 흡연 실태를 조사한 결과, 초등학생 2.2%, 중학생 9.6%, 고등학생 22.1%가 담배를 피우는 것으로 나타났다. 중고교 흡연자 중 중학생 44.2%, 고등학생 22%가 초등학교 때 이미 담배를 접한 것으로 드러났다. 이는 인터넷과 각종유해 매체 등에 쉽게 노출되면서 흡연에 대한 유혹을 느끼기가 쉬어진 것을 그 이유로 설명하였다.

최근 인터넷을 통해 다양한 성문화를 접하면서 성문제가 심각해지고 있는 추세이다. 전문가들은 10대의 성적 탈선의 가장 큰 문제점은 제대로 된 지식이 없고, 성욕과 애정의 구별도 못하면서 그런 일을 벌이는 것이라고 지적한다. 한 여자 중학생은 여학생의 대부분이 멋있는 남자가 자신을 유혹하는 것이 괜찮은 여자라는 증거라고 여긴다며, 여자로서의 평가에 집착하는 배경에는 어른에 대한 동경이 담겨있다고 분석하였다. 특히 이들은 유흥비를 마련하기 위해 원조교제에 나서거나 자신이 입던 속옷을 판매해 경비를 마련하는데, 헌책방에서 책을 파는 것처럼 팔아서 돈을 받는 것이 뭐가 나쁘냐며 사는 어른이 있기 때문에 파는 것이라고 항변한다.

따라서 '소녀'라는 자신이 상품가치를 이용해 손쉽게 용돈벌이를 할 정도로 영악해졌음을 알 수 있는데 이에 따라 성교육을 더 강화하는 한편, 원조교제 근절에 경찰력을 집중해야 할 것이다.

3) 중학생의 무용

〈중학생들을 위한 무용프로그램 예시〉

수업시간	45분	
수업목표	- 무용을 함으로써 즐거운 기분을 느낄 수 있음을 알게 한다 - 무용이 가지고 있는 독특한 특성을 알게 한다 - 몸 익히기를 통하여 표현력과 아름다운 신체를 만들어 낼 수 있음을 알게 한다 - 리듬감, 창작성을 높이며 표현능력을 길러낸다 - 형태를 취할 수 있으며 민첩성, 순발력, 유연성을 기르고 밝고 명랑하며 사교성을 기른다	
수업내용	분	내 용
	~ 7분	인사와 준비운동을 하며 간단한 워킹과 런닝, 무릎, 발목, 손목 등을 부드럽게 움직이며 수업준비에 임한다.
	~37분	걷기→달리기→뜀뛰기→굽혀펴기→휘돌리기→돌기→흔들기→균형잡기→물결치기 등등의 기본동작 여러 가지 음악에 맞추어 신체로 표현하기 아름다운 표현하기 감정표출하기 등의 주제에 맞는 기본동작을 기초로 한 창작
	~45분	정리운동 머리, 허리, 팔다리 등을 돌리고 심호흡한다.

평가) 열심히 열정적으로 임했는가 / 기본동작이 정확한가 / 창의성, 팀웍, 리듬감, 조화성 등의 평가

〈 초 · 중등교육에서 강조해야 할 핵심 역량 〉

핵심 역량	요소 (내용)	
창의력	■ 사고기능 :유창성, 융통성, 독창성, 정교성, 유추성	■ 사고성향 : 민감성, 개방성, 독립성, 과제집착력, 자발성
문제해결능력	■ 문제의 발견 ■ 대안의 실행과 효과 검증	■ 문제의 명료화 ■ 해결대안의 탐색
의사소통능력	■ 경청(듣기)및 공감 다양한 상호작용기술	■ 이해 및 반응
정보처리능력	■ 정보 수집, 분석, 평가 ■ 정보 전달 및 공유	■ 정보 활용 ■ 정보 윤리
대인관계능력	■ 인내력(타인 이해 및 존중 태도) ■ 정서적 표현 능력	■ 타인과의 협동 및 정적 관계 유지 ■ 갈등 조절 및 해결
자기관리능력	■ 자아정체성 ■ 긍정적 사고(태도) ■ 실행력 ■ 기본생활태도	■ 자기주도적 학습능력 ■ 여가 선용 ■ 건강 관리
기초학습능력	■ 읽기 ■ 쓰기	■ 셈하기
시민의식	■ 공동체 의식 ■ 신뢰감 및 책무성 ■ 민주적 생활방식	■ 준법정신 ■ 환경의식
국제 감각	■ 자 문화 계승 발전 ■ 다문화 이해	■ 외국어 소양 ■ 문화 감수성
진로개발능력	■ 진로 인식 ■ 진로 탐색	■ 진로 개척

* 출처: 이광우,전제철,허경철,홍원표,김문숙(2009),'미래 한국인의 핵심역량 증진을 위한 초 · 중등학교 교육과정 비전 연구'.

〈 학습 지도안 〉

<table>
<tr><td colspan="3">제 목</td><td colspan="3"></td><td>담당지도자</td><td></td></tr>
<tr><td colspan="3">준비물</td><td colspan="3"></td><td>인원</td><td></td></tr>
<tr><td colspan="3">참가대상</td><td></td><td>장소</td><td></td><td>수업시간</td><td>45분</td></tr>
<tr><td rowspan="2">목표</td><td colspan="2">교사</td><td colspan="3"></td><td></td><td></td></tr>
<tr><td colspan="2">학습자</td><td colspan="3"></td><td></td><td></td></tr>
<tr><td colspan="3">지도내용</td><td colspan="3"></td><td></td><td></td></tr>
<tr><td colspan="3">지도상
유의점 및 기타사항</td><td colspan="3"></td><td></td><td></td></tr>
<tr><td colspan="2" rowspan="3">학습 지도계획</td><td>도입</td><td colspan="3"></td><td></td><td></td></tr>
<tr><td>전개</td><td colspan="2"></td><td></td><td></td><td></td></tr>
<tr><td>정리</td><td colspan="2"></td><td></td><td></td><td></td></tr>
<tr><td colspan="3">평가</td><td colspan="3"></td><td></td><td></td></tr>
</table>

04 청년기

청년기는 아이와 어른 사이에 '총각', '처녀' 라는 말이 있듯이 후에는 20C초 '청년기'라는 용어를 처음 사용하였다. 인생주기 상에서 전환기라고 할 수 있으며, 이 때 자아정체감을 형성하여 첫 인생구조의 설계를 준비한다. 직업, 결혼, 가족관계, 우정, 여가, 종교 등 이 때에는 자아를 실현시키도록 지지하고 많은 가능성을 열어주기도 하지만 때론 자아를 억압하고 꿈을 실현시키는데 제약을 가하기도 한다.

1) 청년기의 신체 · 정서 · 사회성의 발달

(1) 신체의 발달(신체성)

① 폭발적 성장기

청년기는 '제2의 폭발적 성장기'라고 할 만큼 신체 및 성적인 면에 급격한 변화가 일어나는 시기이다. 서구의 성장률 둔화에 반해 우리나라 청소년들은 지난 30여 년 동안 신체발육이 꾸준히 향상되어 평균체격이 계속 증가하고 있을 뿐 아니라 최대발육이 일어나는 연령대가 점차 낮아지고 있다. "내가 신체적으로 매력적인가, 아닌가?" 하며 자신의 신체 이미지를 평가해보며 비교해본다.

요즘은 정상체형보다 마른체형을 이상적 신체이미지로 선호되고, 자신의 체형이 이와 불일치한데서 오는 불만족감이 증폭되는 이유는 TV, 영화 등 매스미디어를 통해 날씬함이 현대 미의식으로 강조되고 있기 때문이다.

(2) 정서적 발달(심리성)

① 질풍노도의 시기

우리는 이 시기를 '질풍노도의 시기' 또는 '갈등과 방황의 시기' 라고 말하는 한편 '꿈과 희망의 상징'이라고 말한다. 이러한 표현들 속에는 청년들의 정서나 행동이 불안정하고 혼란스러우며 충동적이라는 의미가 내포되어 있는 반면에, 한편으론 미래를 향해 무한한 가능성을 지닌 존재들이라는 뜻이 함축되어 있다. 이러한 심리적 변화는 급격한 신체 · 생리적 성장으로 인한 것이며 매우 자연스러운 인류의 보편적 현상이라고 하였다.

특히 청년 전기에는 치열한 경쟁과 꽉 짜여진 교육 스케쥴 속에서 자신의 정서 감정을 자연스럽게 발산하고 순환시킬 만한 시간적 여유나 공간이 별로 없다. 이런 억압된 정서를 TV, 라디오에서 흘러나온 대중가요에 심취하거나 공연장에서 대중가수들에게 열광하고 동일시하는 행동을 보인다.

클래식이나 전통음악보다는 대중가요, 팝송, 록, 힙합, 테크노 등 대중음악을 선호하며 특히 10대는 파격적인 리듬이나 선율, 율동이나 록, 디스코, 랩 등을 좋아하고 있다. 그 중에서도 주로 사랑과 이별, 이성에 대한 그리움을 노래하는 대중가요를 선호하고 있다.

이들 대중음악은 흥분과 발산을 지향하는 동적리듬이어서 과도한 학업 스트레스를 해소하고 기분을 전환하는데 효과가 있다. 그러나 클래식 음악이나 무용이 마음을 평온하게 해주고 정서 순환시키며 사고를 차분하게 하는 반면에 대중음악이나 무용은 관능적이고 말초신경을 자극하는 내용이 많아 순간적인 도피를 초래할 수도 있다.

이들은 고전음악이나 무용은 따분하다고, 난해하다고 접근을 꺼릴 뿐 아니라 시간적 경제적 이유로 여가시간 대부분을 TV 시청에 할애하기 때문에 정서 함양에 도움이 되는 양질의 문화공연을 접할 기회가 지극히 적다.

(3) 사회성 발달(사회성)

① 만남의 시작

첫인상은 대인관계에서 매우 중요한 역할을 한다. 그것은 그 사람에 대한 전반적인 신념과 지식, 기대를 형성하는데 크게 작용하게 된다.

우리는 외모가 좋은 사람을 능력도 있고 성격도 좋을 것이라고 짐작하는 것처럼 이처럼 첫만남에서 제시된 정보가 나중에 게시된 정보보다 더 큰 영향력을 발휘하게 되는데 이를 초두효과(primacy effect)라고 하며, 이때 형성된 첫인상이 상대방의 다른 특성들을 지각하는데 후광효과(halo effect)로 작용하게 된다.

② 호강의 촉진

인간 상호간에 끌리고 당기는 현장에는 어떤 요인들이 개입되어 있을까? 신체적 외모나 분위기에 따라 호감을 느끼게 된다. 개인마다 취향이 다를 수 있는데, 장기간 인간관계를 하다보면 '신체적 매력' 보다는 '성격'이나 '능력'이 호감도에 영향을 미치게 된다.

또는 근접한 거리로 인하여 친숙성이 생기고 자주 접촉하여 유사성을 발견하거나 상호보완성을 가지는 경우 호감이 생긴다. 효율적인 대화법 경청하기, 자기표현 등을 통하여 갈등을 해결할 수 있으며 더욱 호감도가 높아질 수 있다.

2) 현대 청년기의 특징

현대 청년들은 청년실업으로 인하여 대학을 졸업하고도(소위 말하는 일류대학 포함) 일자리가 없어서 놀고 있는 실정이다. 원인으로는 잘못된 정책이나 인건비 상승 등을 예로 들 수 있겠고, 이로 인하여 청년들의 우울증과 자살 등의 문제 또는 여대생의 성매매 등의 문제가 사회적 문제로 떠오르고 있다.

이러한 청년 실업의 해결책으로는 일자리 창출이라는 단 한가지의 해결책이 있을 뿐인데 여러 기업에서 노력을 기울여 왔으나 계속 청년 실업이 심각해져 정부가 발 벗고 나서야 하는 심각한 상황이다.

잇단 청년 자살로 인하여 '자살 예방 캠페인'까지 등장했으며 우리나라의 취업 스트레스로 인한 청년 자살은 OECD 가입국 4위일 정도로 높은 편이다. 앞길이 창창한 젊은이들이 취업난으로 야기된 극심한 스트레스로 삶을 포기하고 있다는 것은 안타깝기 짝이 없다.

20~30대 청·장년 사망원인 중 1위가 자살이라는 통계가 부끄럽다. 그 배경에는 실업과 불황, 경제, 사회적 문제가 복합적으로 얽혀 있으며 20대 구직자 중 47.3% 자살 충동을 경험하였다고 한다. 2017년도 6월 우리나라 청년 실업률은 8%를 기록하여 계속 상승하고 있고 공무원 채용 경쟁률이 109대 1을 기록한 정도이니 취업 스트레스가 이만저만이 아닐 것이다. 정부는 캠페인을 하고 빈부 양극화 현상을 해소하며 자살예방법 심의 등 자살관련 제정 등이 시급하다.

3) 청년기의 무용

청년기에는 우울증으로 인한 자살률이 높아지고 있는 실정으로써 감정조율에 도움이 되는 음악과 동작을 추구하며, 취업스트레스로 인한 우울증이 많으므로 무용이 적성과 홍미에 맞는지 관찰하고 이러한 사람에게는 지도자 길의 정보와 도움을 주도록 한다.

〈 청년들을 위한 무용프로그램 예시 〉

분	내 용
~ 5분	뛰뛰기, 가벼운 스트레칭
~15분	running 및 땀 흘릴 수 있는 운동들
~35분	신나는 동작 안무 점프, 턴, 스트레칭 등
~40분	박진감 넘치고 다이내믹한 음악 혹은 귀엽고 발랄한 음악위주로 음악을 맞춘다.
~50분	숨고르기, 마사지(서로), 마무리 인사

〈 한국무용교육학회 무용연구교사상 〉

회수	수상자	소 속	수상년도
제1회	차정원	광주 살레시오여자고등학교	1999
제2회	성은지	부산예술고등학교 무용과장	2000
제3회	박미숙	이리 남성여자고등학교 교사	2001

제4회	전혜리	이대부속 이화금란고 교사	2002
	정영자	이리 남성여자중학교 교사	
제5회	조건숙	대구 경암중학교 교사	2003
제6회	오레지나	선화예술고등학교 교사	2004
	안효정	파주여자중학교 교사	
제7회	김미경	혜원여고 교사	2005
	최규민	창도초등학교 교사	
제8회	석정아	정신여고 교사	2006
제9회	임형준	한국문화예술교육진흥원 예술강사	2007
	신희홍		
제10회	안윤희	서울예교 교사	2008
제11회	윤승옥	이화여고 교사	2009
제12회	서영님	서울예고 교장	2010
제13회	현임숙	브니엘국제여중, 브니엘예고 무용부장	2011
제14회	김옥희	서울무용교육원장	2012
제15회	권혜영	한국문화예술교육진흥원 예술강사	2013
제16회	장미진	한국문화예술교육진흥원 예술강사	2014

* 출처 : 2014한국무용교육학회 제21회 학술심포지엄 및 제25회 무용지도자강습회 "무용교육: 학문의 경계를 넘어 교육의 접경으로"

〈 학습 지도안 〉

제 목					담당지도자	
준비물					인원	
참가대상			장소		수업시간	80분
목표	교사					
	학습자					
지도내용						
지도상 유의점 및 기타사항						
학습 지도계획	도입					
	전개					
	정리					
평가						

중 · 장년기

성인기는 대략 25~40세경까지의 시기이다. 4~5년 정도는 청년기와 중복되지만, 발달상의 특징으로 볼 때 청년기와 중년기의 중간에 위치한 과도기적 성격을 띠고 있다. 학교라는 보다 작은 사회에서보다 큰 사회로 던져지는 때가 된 이 시기에는 심리적으로 독립된 성인으로서 사회 속에 통합된다는 것은 홍분과 두려움과 기대감을 주지만 성인은 이를 감당해야 한다.

각 사회, 각 시대를 지배하는 윤리가치관을 이해하고 조화적인 태도와 갈등의 문제 및 갈등을 건전하고 진취적으로 처리하는 능력도 발휘해야 한다. 이것이 곧 사회적 적응이라는 발달과업의 수행이다.

1) 장년기의 신체 · 정서 · 사회성의 발달

(1) 신체의 발달(신체성)

성숙(maturity), 각 개인의 독특한 상황, 문화에 다양성에 따라 개인차가 있다. 프로이드(Sigmund Freud, 1856~1939, 오스트리아 정신분석학자)의 정신분석학에서는 인생 초기에 결정된 성본능 기초를 두어 성적인 충동이나 공격적 충동을 승화(sublimation)된 방법으로 표현할 수 있을 때 성숙하였다고 하며, 신 프로이드학파 에릭슨은 강력한 자아와의 친교능력을 성숙으로 보고 있다.

인간은 신체적 생존을 위해 식욕, 성욕, 안전추구 등의 욕구(needs)를 충족시키려 하지만 이보다 더 고차적인 소속감, 존중의식을 획득하고자 할 때는 보다 인간적인 방향으로 나아가는 것이다. 더욱 더 자아실현을 꾀하고 지적으로 서로 이해할 수 있는 경지에서 교호작용을 하고, 우월(excellence)에 이르고자 하는 욕구를 충족시키려 들 때, 더욱 인간적인 자율적 존재가 될 때 그는 성숙인 개인이 되며 자신을 신뢰하고 자기 경험을 수용하는 완전한 기능인이 되었을 때 성인이라고 보았다.

(2) 정서적 발달(심리성)

① 도덕적 인격

콜버그(Lawrence Kohlberg, 1927~1987, 미국 심리학자)는 인격발달을 촉진시키는 교육방법의 관계를 검토하면서 아동의 도덕적 판단이나 판단능력이란 자연적으로 발달하는 것인데, 도덕교육이란 결국 이 자연적인 발달을 자극하는 것이라고 보았다.

그래서 도덕교육은 정해진 행동패턴이나 규칙을 강조하거나 가르치는 것이 아니라, 여러 가지 사실에 근거하여 여러 가지 판단을 제지할 수 있는 능력을 키워주는 것이라고 하였다.

성인은 도덕적으로 성숙된 사람이다. 도덕적 인격을 지닌 성인 아동처럼 하나의 행위가 모두 나쁘거나 모두 옳은 것으로 생각지도 않으며, 좋지 못한 행동은 비록 외적으로 체벌 받지 않아도 스스로 벌할 줄 알고, 천재지변 등 자연주의적인 판단으로 체벌된다고 생각지 않았다. 성인은 행위의 의도성과 결과를 판단의 근거로 삼을 줄 알며 자기중심적인 판단을 피하고 타율적으로 행동하지 않는다.

도덕적인 인격의 소유란 본능적 충동, 감정을 통제하기 위하여 사회적으로 승인된 방법으로 승화(sublimation)하거나 대치(substitution)할 수 있다. 그래서 분노, 공포, 불안 등도 가치 있고 바람직한 것으로 표현할 수 있는 능력을 소유하는 것이다.

(3) 사회성 발달(사회성)

① 사회적 승인

성인은 그가 속한 도시, 농촌, 어촌 등 작은 사회를 이해해야 한다. 그가 속한 지역사회의 구조, 역동관계, 성격, 그 사회인들의 요구에 필요한 지리적, 역사적, 시대적 특수성에 의한 특유한 문화도 이해해야 한다. 어촌문화는 농촌이나 도시문화와 다르며 그 문화적 성격에 따라 요구와 필요도 다를 수 있다.

뿐만 아니라 성인은 그가 속한 국가사회, 직장사회의 구조를 이해하고 특유의 성격과 문화, 문화의 유래와 변화과정에 대한 정확한 지식을 갖고 있어야 한다. 부분사회는 다른 부분사회와 어떤 역학관계에 있는지 알아야하며, 그 사회의 요구에 자기의 관심, 적성, 능력을 비춰볼 줄 알아야 한다.

② 공인적 권리와 의무

개인은 사회 속에서 태어나 타인과의 관계속에서 살기 때문에 그는 누구나 독자적인 개인인 동시에 공인이다. 그래서 설사 개인적인 행동이라도 그것을 타인과의 관계속에서 보지 않을 수 없는 공적 행동이 된다. 그러므로 성인은 그가 속한 사회를 시간적, 공간적으로 이해하여 사회의 규범에 준하여 행동하며 권리와 의무를 동시에 수행하는 사회적 역할을 해야 한다. 이른바 사회적 성인이 된 것이다.

성인은 공존의식을 갖고 사회의 이익과 자기 개인적 이익을 조화시킬 줄 알아야 하고, 사회의 필요에 자기능력을 동원해야 하며, 건전한 사회변화의 방향을 주도하고 협력해야 한다. 즉, 개인의 편의와 이익을 위해 그의 지역사회나 국가사회의 이익을 해치는 발언이나 행동을 할 수 없다.

③ 취업과 안정

대체로 전공의 방향은 직업선택에 크게 작용을 한다. 성인기 이전에 전공을 선택하였기 때문에 이 시기에는 별로 심각하지 않을 수도 있다. 그러나 무엇보다도 중요한 것은 자기 취향이나 흥미와 다른 전공을 공부하였다 하여 그것이 곧 직업결정을 좌우지하지는 않는다는 것이다.

직업은 일생을 몸담을 신체적, 심리적 그릇이며, 직업을 통해서 개인은 자아를 실현할 수 있기 때문에 이는 중요한 삶의 유형인 것이다. 그러므로 무엇보다 직업선택에서 '하고 싫어하는 일'이 절대적 준거가 된다. 괴테는 법률가였지만 그 일보다는 문학에 더 심취해 있다. 그는 법률에 종사하기보다 문학에 몰두했기 때문에 문학에서 성공할 수 있었다.

성인은 다양한 직업세계에 대한 정보를 수집하여 각 직업 간의 차이와 진로를 알아야 한다. 그러므로 그 자신을 완전히 쏟아 부을 수 있는 일이 무엇인가 알고, 그 다음에 그런 성격의 직업을 발견하는 것이 중요하다. 그런 다음 자기가 일하고 싶은 직업이 요구하는 지식을 습득하고 태도를 갖추고 기능을 연마할 것이다. 이것이 곧 직업을 준비하는 것이다.

일생을 통해 종사할 직업으로써 그 직업을 통해서 발전하고 자기를 확대하며 성취할 수 있다고 생각하기 때문이다. 그러나 자기에 대한 정확한 지식과 직업에 대한 정확한 정보 없이 선택한 직업에서는 안정을 얻기 어렵고, 그렇다고 다른 직업으로 바꾸는 것은 자신은 물론 그 직업에 종사하는 타인에게도 좋지 않다.

④ 결혼과 가정형성

사춘기나 청년기부터 이성에 관심을 가지고 이성의 관심을 획득하려는 것은 정상적이지만 그 시기에는 결혼을 생각하고 결혼을 위한 심리적 태세를 취하는 것은 아니다. 그러나 성인기에서 결혼-독신을 결정할 때 이미 결혼에 대한 심리적 준비를 해야 한다.

결혼을 위한 심리적 준비는 이성교제와 관계가 깊다. 미국의 경우 한 사람의 고정된 이성과 지속적으로 교제하는 사람일수록 결혼이 빠르고 심리적 준비를 빨리하게 된다고 하였다.

첫째, 결혼에 대한 심리적 준비는 이성을 사귐으로써 생기는 애정이 될 수도 있다. 더불어 인생을 함께 살고 싶고, 그것이 일시적인 것이 아니라 함께 고뇌하고 기뻐하는 것과 관계가 된다.

둘째, 성장배경을 비롯하여 많은 점에서 서로 다른 타인이므로 동일한 것에 서로 다른 의견을 취할 수 있고 식성, 취향, 지향하는 바에 차이가 있을 수 있다. 이러한 타인과 함께 평생 동반할 수 있는 용기를 갖는 것도 결혼을 위한 심리적 준비이다.

이렇게 가족이 되어 안식과 활력의 기능, 성과 생식의 기능, 양육과 사회화의 기능, 경제적 기능과 같은 가족의 기능을 수행하게 된다.

2) 현대 장년층 특징

전립선암은 대표적인 선진국 암이다. 미국에서는 폐암에 이어 전체 남성 사망률의 2위를 차지해 연간 3만여 명이 전립선암으로 사망한다. 그러나 전립선암은 더 이상 남의 나라 이야기가 아니다. 육류의 소비와 비례하여 우리나라도 10년 만에 10배나 늘었다. 문제는 암세포가 한참 자라고 난 후에야 증상이 나타난다는 사실이다. 전립선은 방광 바로 밑에서 요도를 둘러싸고 있는 기관이다.

따라서 전립선 비대증에 걸리면 소변이 잘 나오지 않는 등 증상이 바로 나타난다. 뼈에 통증을 느끼거나 가슴 이상으로 병원을 찾다가 뒤늦게 발견하기도 한다. 중년 이후 남성이라면 이제부터 전립선암에 대해 경각심을 가지고 있을 필요가 있다.

이 밖에도 한국인 4명 중 1명꼴로 발생하는 암에 대해서도 경각심을 모두 가질 필요가 있겠다.

3) 장년층의 무용

중장년층을 대상으로 하는 무용은 그동안 굳어진 몸을 풀어주고 혈액순환 등을 촉진시키며 질병을 예방하는 위주의 움직임을 하면 좋겠다. 그리고 이미 한국적 정서에 익숙해진 분들이 대상이기에 안무는 한국무용을 하면 좋겠다.

〈장년들을 위한 무용프로그램 예시〉

분	내 용
~ 5분	뛰뛰기, 스트레칭 위주의 간단한 몸풀기
~20분	맛사지, 바닥(floor) 순서
~40분	한국무용 동작 익히기 및 순서지도
~60분	음악에 맞춰 한국무용하기
~65분	숨고르기, 가다듬기, 마무리 인사

〈 학습 지도안 〉

<table>
<tr><td colspan="2">제 목</td><td colspan="2"></td><td>담당지도자</td><td></td></tr>
<tr><td colspan="2">준비물</td><td colspan="2"></td><td>인원</td><td></td></tr>
<tr><td colspan="2">참가대상</td><td>장소</td><td></td><td>수업시간</td><td>80분</td></tr>
<tr><td rowspan="2">목표</td><td>교사</td><td colspan="2"></td><td></td><td></td></tr>
<tr><td>학습자</td><td colspan="2"></td><td></td><td></td></tr>
<tr><td colspan="2">지도내용</td><td colspan="2"></td><td></td><td></td></tr>
<tr><td colspan="2">지도상
유의점 및 기타사항</td><td colspan="2"></td><td></td><td></td></tr>
<tr><td rowspan="3">학습 지도계획</td><td>도입</td><td colspan="2"></td><td></td><td></td></tr>
<tr><td>전개</td><td></td><td></td><td></td><td></td></tr>
<tr><td>정리</td><td></td><td></td><td></td><td></td></tr>
<tr><td colspan="2">평가</td><td colspan="2"></td><td></td><td></td></tr>
</table>

06 노년기

노년, 늙었다는 용어의 이미지가 떠올리는 것은 지팡이를 짚고 절뚝거리며 걷거나, 안락의자에 앉아 졸고 있는 모습이다. 만약 그 같은 고정관념이 과거에는 사실이었다 하더라도 이제는 더 이상 사실이 아니다. 노인과 노화과정을 연구하는 노인학 학자들은 오늘날의 70대 노인들은 10년이나 20년 전의 50대처럼 행동하고 사고한다고 한다.

그리하여 중년기 끝과 노년기의 시작을 한계 짓기가 갈수록 좀 더 어려워지고 있다. 노인세대가 차츰 젊어질 뿐만 아니라 그 수가 점점 더 많아지고 있다. 65세 이상의 건강하고 활기찬 노인들의 숫자가 급격히 늘어나고 있기 때문에 머지않아 노년은 80세부터 시작된다고 해야 한다.

1) 노년기의 신체 · 정서 · 사회성의 발달

(1) 신체의 발달 (신체성)

노년기에는 주로 노화와 연관되어 있는 신체변화가 많이 일어난다. 피부는 양피지 같은 감촉을 가지게 되고, 탄력성을 잃으면서 주름이 잡히고 반점들이 생겨난다. 정맥이 튀어나오는 현상은 보다 보편적인 것이 된다. 남녀모두 머리카락이 많이 빠져 성글프게 되고, 남아 있는 것은 은발이나 백발이 된다. 노인들은 척추의 디스크 수축으로 인해 신장이 감소하고, 척추사이에 있는 콜라겐의 감소는 허리를 구부러지게 만들어 체력이 줄어들기도 한다. 폐경 이후의 여성들에게서 종종 볼 수 있는 뼈에 구멍이 생기는 현상인 골다공증 때문에 골절상을 입기 쉽다.

① 수명과 노화

오늘날 인간 최대의 예상 수명은 약 120년 정도인 것으로 보인다. 고대 그리스에서 태어난 아이들은 평균 20년 이상을 살지 못했으며 1985년에는 세계의 평균 예상수명은 거의 75세로 늘어났는데, 이것은 고대수명보다 3배 정도 높은 것이다.

오늘날 대부분의 사람들은 노년기를 맞이할 수 있다. 2001년 현재 우리나라 남성의 평균예상수명은 72.8세이고, 여성의 평균예상수명은 80.1세이다. 이와 같은 평균수명은 20세기 전반에 발생한 유아 및 아동사망률의 극적인 감소와 치명적인 많은 질병들을 치료할 수 있는 새로운 약품의 개발과 의학의 발전에서 비롯된 것이다.

사실상 인간을 포함한 모든 종에서 암컷이 수컷보다 더 오래 산다. 여성은 감염이나 퇴행성 질환에 대한 저항력이 높다. 예를 들면, 여성호르몬인 에스트로겐은 동맥경화를 예방해 준다. 그리고 여성의 X성염색체는 질병에 대항하는 항체생성과 관련이 있는 것으로 보인다.

노화 문제는 대체로 여성의 문제이다. 여성은 남성보다 오래 살고, 미망인이 되고, 만성적인 건강문제로 고생하는 기간이 길다. 그러므로 여성의 연장된 수명은 이들에게 은총 이기는커녕 질병, 빈곤, 의존, 외로움 및 시설수용이라는 고통스러운 삶이되기도 한다. 인생을 양면적인 면보다 질적인 면에서 이야기 할 때 남성이 유리한 입장에 있다.

② 외적변화

가장 눈에 띄는 외적변화는 피부, 모발, 치아와 관련된 변화이다. 피부에서 가장 두드러진 변화는 주름이다. 미소나 찡그림 같이 반복되는 얼굴표정, 피하지방 조직의 감소, 피부탄력의 감소에 영향을 받는다.

콜라겐의 변화는 노화과정에서 발생하는데, 콜라겐 섬유가 더 두꺼운 묶음으로 재배열되고 교차결합 형태로 변화한다.

피부는 수분유지능력이 감소하여 결국 건조하고 탄력이 없는 피부가 된다. 신체적 노화과정으로 인해 갈색반점이 생겨나고 얇아진 세포와 혈관이 더 느리게 회복된다.

모발은 백발이 되면서 윤기를 잃는다. 가늘어지고 엷어지며 관자놀이부터 정수리로 확대해 나간다.

치아는 색이 탁해지고 잇몸이 수축하며, 골밀도가 감소한다.

③ 내적변화

내적변화는 눈에 보이지 않는 노화의 증상을 말한다. 이는 신체내의 퇴행성 변화이다. 노년기에는 신경, 심장혈관, 호흡, 위장, 면역기관 노화로 인해 쇠퇴한다하더라도 우리 신체가 가지고 있는 예비능력으로 인해 일상생활에서 적절한 수준을 유지할 수 있었다. 그러나 노년기에는 예비능력의 수준이 떨어지게 된다.

뇌 무게가 감소하고 뇌수의 회백질감소, 수상돌기의 밀도감소, 신경세포의 자극 전달 속도 감소이다. 평균적으로 뇌신경세포의 밀도는 감소하고 덜 효율적으로 된다. 뉴런의 수가 감소하고 휴식기에 들어간다.

(2) 심리적 발달(심리성)

정신분석가인 프로이드(Freud)와 융(Jung, 1875~1961, 스위스 정신의학자)은 노년기를 아동기와 매우 유사한 것으로 보았다. 예를 들면, 프로이드(Freud)는 노년기에 우리 인간은 유아기의 자기중심적 성격으로 되돌아간다고 믿었으며, 융(Jung)은 노년기에 우리의 사고는 무의식의 세계에 깊이 잠수해 있는 상태라고 보았다. 따라서 노년기에는 현실세계와의 접촉이 단절 될 수 있다고 생각하였다. 그러나 현대 발달심리학자들은 노년기를 보다 건설적이고 보다 적응적인 것으로 보는 견해를 갖고 있다.

노년기는 많은 사람들이 그들의 인생을 과거뿐만 아니라 앞으로의 인생까지도 바라보면서 자신들의 인생을 재검토하는 때이며, 남은 시간을 어떻게 최대로 활용할 것인가를 결정하는 시기이다.

어떤 노인들은 자신의 삶의 의미를 만족스러운 것으로 인식하는가하면(자아통합감), 어떤 노인들은 원망과 씁쓸함, 불만족스러운 마음으로 자신의 삶을 되돌아보게 된다. 서글프게도 그들은 자신이 바라던 삶을 창조할 수 없다고 느끼거나 이러한 실망감에 대해 다른 사람을 비난하게 된다(절망감). 자아통합감을 이룬 사람은 노년을 동요 없이 평온하게 보낼 수 있으며 다가오는 죽음에 대해서도 의연하게 대처할 수 있다. 반면, 자아통합감을 이루지 못하게 되면 인생을 낭비하였다는 느낌, 이제 모든 것이 끝났다는 절망감을 경험하며, 죽음의 공포에서 벗어나지 못한 채 불안한 죽음을 맞이하게 된다.

이 단계에서 발달하는 미덕은 지혜인데, 그것은 죽음에 직면했을 때 나타나는 인생 그 자체에 대한 박식하고 초연한 관심이다.

이와 같은 지혜는 노년기의 지적인 힘일 뿐만 아니라 중요한 심리적 자원이다.

① 노년기의 전환기 (60~65세)

60대 초반은 중요한 전환점에서 중년기를 끝내고 노년을 준비하는 시기이다. 갑자기 늙지는 않으나 정신적, 신체적 능력의 변화로 인해 노화와 죽음에 대한 인식이 강화된다. 이 시기에는 적어도 한두 가지 질병(암, 심장마비, 시력, 청력의 감퇴, 우울증)에 걸릴 확률이 높다.

② 노년기 (65세 이상)

노인들은 이 시기에 그들이 더 이상 무대의 중심인물이 아니라는 것을 깨닫게 된다. 무대의 중앙으로부터 물러나는 인정, 권력, 권위에 손상을 가져오므로 정신적으로 큰 손상을 받게 된다. 그러나 가정에서는 조부모세대에서 성장한 자녀들에게 여전히 유용한 지혜, 인도, 지원의 원천으로서 도움을 줄 수 있다.

위엄과 인정 속에 은퇴하는 것은 또 다른 중요한 발달과업이다.

이 과업을 성공적으로 수행한 사람은 은퇴 후에 가치 있는 일에 종사할 수 있으며, 인생의 마지막 단계에서 노인들은 죽어가는 과정을 이해하게 되고, 자신을 죽음을 준비한다.

(3) 사회성의 발달 (사회성)

① 직업과 은퇴

직업세계로부터의 은퇴는 노년기에 대처해야 할 또 하나의 발달과업이다. 이는 특정 연령에 도달하였다는 것 때문에 요구되는 사회적 역할의 변화이자 공적으로 노인으로 인정받는 가시적인 증거이다.

인간에게 있어 일이라는 것은 단순히 경제적인 문제에 그치는 것이 아니라 정신적인 욕구를 충족시켜주는 중요한 역할을 한다. 그러나 모든 인간은 일정한 연령에 도달하면 신체적, 인지적 변화와 사회적 지위와 역할의 변동, 그리고 경제적인 이유 등으로 해서 물러나게 된다.

즉, 연령증가와 더불어 신체기능과 노동생산성이 감소된다는 것과 급변하는 현대사회에서 고령자의 지식, 기술, 재능은 능률적이지 못하다는 점, 그리고 인구과다로 인하여 일자리에 비해 구걸하는 사람이 더 많다는 점 또한 개인의 능력과 효율성을 중시하는 자본주의 사회에서 연공서열과 근속연한에 의한 임금책정 체제가 비합리적이라는 점 등에 의하여 여러 가지 형태의 은퇴가 실행되고 있다.

오늘날 은퇴하는 사람은 두 가지 문제에 직면하게 되는데 첫째, 그들은 원하든 원하지 않던 은퇴 이후에 여가위주의 생활로 떠밀리게 되며, 동시에 경제적 자원을 박탈당하게 된다. 둘째, 일시지향적인 사회에서 주변인물로 인식되어 살아야 한다는 것 때문에 무능감이나 낮은 자아의존감, 소외감 등을 느끼기 쉽다.

우리나라는 아직까지 노후보장정책이 정착되어 있지 못한 실정이어서, 은퇴를 앞두고 경제적인 문제뿐만 아니라, 부양인구로서의 전환보다도 더 큰 존재의 의미의 상실을 유발하게 된다.

② 가족생활

노년기의 결혼만족도는 중년기보다 높으며, 많은 노인들이 해를 거듭할수록 결혼 생활이 더 좋아진다고 하는 것을 보고하고 있다. 여러 가지 어려움에도 불구하고 함께 사는 부부는 상호 만족스러운 관계에 도달 할 수 있다.

또 다른 가능한 설명은 노년기가 되면 일반적으로 인생에 더 만족한다는 사실이다. 그들의 만족은 결혼보다는 직업, 자녀양육 부담의 감소, 혹은 보다 윤택해진 경제적 여건으로 인해 비롯될 수 있다.

배우자의 사별은 노년기에 흔한 일이며 여성이 남성보다 훨씬 더 많이 경험하는 사실이다. 모든 여성의 절반정도가 56세 이전에 미망인이 된다. 이는 정신적 큰 공허가 되며 그들은 연인이며, 둘도 없는 친구이자, 인생의 반려자를 잃은 것이다. 행복하지 못한 결혼 새활이었다 할지라도 상실감은 크다.

남편 사별 후 주로 의거했던 수입이 끊겨 경제적 곤란을 겪게 되어 의기소침 해진다는 점이다. 이후 우울증이나 정신질환에 걸리기도 하며 무기력해진다.

2) 현대 노년기의 특징

■ 노인 · 장애인 등 취약계층 고용장려금 20% 인상

경기침체가 계속되면서 일자리가 줄고 실업자가 늘어남에 따라 취약계층 고용을 확대하기 위한 조취로 노동부는 신규고용촉진 장려금을 20% 인상한다고 말하였다. 대상자별로 매월 15~60만원 씩 1년간 지원 되었으나 앞으로는 매월 18-72만원씩 1년간 지급된다.

노동부는 이로 인해 노동시장 진입이 다소 수월해질 것으로 기대하였다.

■ 어르신 일자리 박람회 개최

서울시에서 개최하는 어르신 일자리 박람회는 350개 구인업체와 60세 이상 노인 2만 여명이 참가할 것이다. 이는 지하철 도우미 등 공공부문 1000여개, 건물관리원 등 민간부분 1500여개가 제공될 예정이다.

3) 노인기의 무용

노인기의 신체활동은 건강유지와 적극적인 사회활동을 영위하기 위해서 그 중요성이

대단히 크다고 할 수 있는데, 노년기 예방차원에서 사회체육 및 생활무용이 시급하다. 노인의 신체활동은 생활에 활력소가 되여 건강유지에 필요한 영양소 같은 것이며, 건강관리와 체력관리를 위하여 신체활동과 레크리에이션이 필요하다고볼 수 있다.

어르신들의 흥미 유발을 위해 먼저 재미위주로 레크리에이션을 많이 사용하여 진행한다.

〈 노인들을 위한 무용프로그램 예시 〉

분	내 용
~ 10분	음악을 듣고 음악에 맞춰서 각 신체의 부위를 골고루 풀어준다. 의성어 의태어를 많이 사용하며, '~처럼'이라는 말과 함께 이미지 따라하기를 해본다(재미유발).
~20분	짝지어 몸 풀기나 짝지어 자유롭게 움직이기를 한다. 음악에 대한 리듬감과 흥미 · 즐거움을 유발 시킨다.
~40분	쉬운 동작들을 따라하게 하면서 트로트 등에 맞추어 신나게 움직여 본다. 간단한 점프나 턴 등을 넣도록 한다. 지원이 많으면 의상을 돌려 입어가며, 실제 기분을 느낀다.
~60분	원을 그리며 서서 동작으로 인사하기를 한다(포크댄스처럼). 마무리 인사에 해당하므로 움직임을 정하여 외울 수 있도록 도와드리며 이 동작은 매 수업 마무리에 사용하도록 한다.

〈 학습 지도안 〉

<table>
<tr><td colspan="2">제 목</td><td colspan="3"></td><td>담당지도자</td><td></td></tr>
<tr><td colspan="2">준비물</td><td colspan="3"></td><td>인원</td><td></td></tr>
<tr><td colspan="2">참가대상</td><td></td><td>장소</td><td></td><td>수업시간</td><td>60분</td></tr>
<tr><td rowspan="2">목표</td><td>교사</td><td colspan="3"></td><td></td><td></td></tr>
<tr><td>학습자</td><td colspan="3"></td><td></td><td></td></tr>
<tr><td colspan="2">지도내용</td><td colspan="3"></td><td></td><td></td></tr>
<tr><td colspan="2">지도상
유의점 및 기타사항</td><td colspan="3"></td><td></td><td></td></tr>
<tr><td rowspan="3">학습 지도계획</td><td>도입</td><td colspan="3"></td><td></td><td></td></tr>
<tr><td>전개</td><td colspan="2"></td><td></td><td></td><td></td></tr>
<tr><td>정리</td><td colspan="2"></td><td></td><td></td><td></td></tr>
<tr><td colspan="2">평가</td><td colspan="3"></td><td></td><td></td></tr>
</table>

교육무용의 적용사례

2010년 이후 석 · 박사과정 지도과정 및 졸업한 제자들의 무용을 통한 교육적 연구지도와 개발과정 또는 적용 가운데에 있는 바람직한 프로그램을 선별하여 소개한다.

1) KMP의 「Tension flow rhythms」를 적용한 유아율동심리교육 프로그램 모형개발

본장은 2014년 한국무용교육학회지 25권 4호에 게재된 김인숙 · 박순자의 논문 일부를 사용하였다.

김인숙은 유아가 생득적으로 가지게 되는 Tension-Flow Rhythms의 발달리듬움직임을 적용한 유아율동심리교육 프로그램 모형을 개발하여 유아의 신체적, 인지적, 정서적, 사회적 영역의 통합적인 전인 성장의 발달을 도와주며, 유아의 부모들과 교사들에게 유아무용교육의 중요성 및 필요성을 인식시키기 위함이다.

〈 수업 계획 안 예시 〉

<table>
<tr><td>주제</td><td colspan="2">그네 왈츠(Swaying rhythm)</td></tr>
<tr><td>교육목표</td><td colspan="2">• 성숙과 퇴행의 움직임의 놀이적 경험을 통하여 양가적 갈등과 욕구를 해소한다.
•「Swaying rhythm」의 경험을 통하여 자기위안과 양육감, 수용적 태도, 타인과의 긍정적인 정서교류능력을 향상시킨다.</td></tr>
<tr><td colspan="2">교 육 내 용</td><td>자료</td></tr>
<tr><td>도입</td><td>•「리듬쑥쑥」 안녕인사
•「리듬쑥쑥」 호흡인사
•「swaying rhythm」 익히기
• 바람에 흔들리는 풀잎/나뭇잎 되어보기, 잔잔한 물결움직임, 아기재우기/ 달래기 등 이미지표현</td><td rowspan="3">• 음악
• 쉬폰 스카프
• 색습자지</td></tr>
<tr><td>전개</td><td>• 엄마되기&아기되기(성숙과 퇴행)
– 엄마 되어 아기돌보기(아기 안아주기, 토닥이기, 재우기)
– 아기 되어 부정적 감정표출(떼쓰기, 울기, 투정부리기)
•「그네왈츠」 율동순서 익히기 ① 짝을 정하고 친구와 마주보고 인사 ② “잉~”소리 내며 어깨 · 발 등 온몸을 흔들거나 구르면서 마음껏 떼쓰기 ③ “괜찮아~” 자기가슴 토닥이며 자기위로 ④② 반복 ⑤ “괜찮아~” 짝의 등을 토닥여주며 친구위로 ⑥ 짝과 손잡고 왈츠 춤추기
(흔들기→둥글게 : 이동 방향 지정해주기)</td></tr>
<tr><td>마무리</td><td>• 율동에 따른 감정이나 느낌을 언어적으로 자유롭게 표현
•「리듬쑥쑥」 호흡인사
•「리듬쑥쑥」 사랑인사</td></tr>
<tr><td>교사의 역할</td><td colspan="2">• 규범적인 유아일수록 퇴행적 행동에 어려움을 겪을 수 있다. 투정부리기나 자기감정표현을 어려워하는 유아의 경우 소리내기 연습을 통해 감정을 해소하고 건강한 자기표현을 할 수 있도록 돕는다.
• 신체표현과 함께 소리와 언어적 표현을 통하여 충분한 퇴행과 성숙의 양가적인 경험을 함으로서 다음 단계로의 건강한 발달을 돕는다.</td></tr>
</table>

유아와 움직임

- 유아기는
신체 · 인지 · 정서 · 사회발달의 기초적 시기로,
가장 급속한 발달시기이며, 결정적 시기이다.

- 유아기 움직임의 중요성 강조
-김재은(2000): "움직임이란 어린이와 동의어이다"
:신체경험의 성공적 경험은 심리사회적 발달에 도움을 주므로
유아의 움직임을 통한 심리적 발달측면 강조.

-김성애(2009): 유아가 달성해야 할 기본발달영역을 가장 효율적으로 이루는 중요한 요소로 "움직임" 강조

유아기는 인간발달과정에서 가장 역동적이고 급속한 발달을 보여주는 시기인 동시에 결정적 시기이므로 유아기의 교육은 전인격적인 발달을 극대화하는 면에서 중요성과 의미가 있다.

유아 움직임 교육 관련 많은 연구들은 유아에게 있어서 신체움직임이 삶 자체이며 성장의 원동력으로 보아 신체 및 심리, 정서, 사회, 언어, 창의성 등의 전인적인 발달에 영향을 미친다고 하였다.

유아의 움직임과 발달

- 프로이드의 심리성적발달이론(psychosexual Theory)
유아발달은 신체발달·운동능력의 발달뿐 아니라 심리발달이 함께 이루어지는데, 이는 한 개인의 자아형성에 영향.

- 케스텐버그의 Kestenberg Movement Profile 연구
유아는 잠재적으로 생물학적 리듬을 가지게 되는데,
Tension-Flow Rhythms**는 유아의 발달과정에 따른 생물학적인 기능에서 유래하며,** 신체적 발달 · 심리적 성숙 **모두와 연관.**

움직임은 모든 유아의 전반적인 발달의 가장 기본이요 핵심적인 내용으로서 인간이 성장 · 발달하도록 하는 중요한 요소가 된다고 볼 때, 리드미컬한 신체움직임, 창의적인 움직임 경험을 통한 무용교육은 유아의 전인적인 발달과 성장에 핵심적인 역할을 하는 중요한 영역이다.

프로이트의 심리성적발달이론

발달단계	발달적 특징
구강기 출생~1년	-유아의 생존 및 쾌락획득과 밀접한 관련 -유아의 욕구, 지각, 표현이 입, 입술, 혀 등 구강영역에 집중 -빨기와 삼키기를 통해 긴장을 감소, 만족과 쾌감 성취.
항문기 1년~3년	-신경계 발달에 따른 괄약근의 수의적 조절로 배변, 배뇨 조절 -변의 보유 및 배설과 관련된 행동 중심으로 성격 발달 -초자아 발달
남근기 3년~6년	-자신의 성기 자극에서 쾌감을 느낌 -본능, 자아, 초자아 역동적 작용 -동성부모에 대한 성적 동일시, 남아는 남성답게 여아는 여성답게 행동
잠복기 6년 ~사춘기	-성적 에너지가 무의식 속으로 잠복하는 성적 정숙기 -동성의 또래집단과의 관계가 친밀해지면서 놀이를 통하여 삶에 필요한 여러 가지 사회적 기술 습득시기
생식기 청소년기	-생리적 변화가 심한 격동적인 단계 -생식기관이 발달하고 남성/여성호르몬의 분비가 왕성해짐에 따라 2차 성징이 발달,억압되었던 성적 관심이 다시 되살아나는 시기

프로이드(Freud)의 심리성적발달이론(psychosexual theory)에 의하면, 유아의 발달은 신체의 발달이나 운동능력의 발달뿐 아니라 이에 따른 심리 발달이 함께 이루어지는데, 이는 한 개인의 자아형성에 영향을 준다. 프로이드(Freud)는 인간의 성격발달단계를 설정하고, 성격발달이 생물학적 성숙요인에 의해 형성된다고 보고, 생의 초기 몇 년간의 생물학적, 성적libido관련 욕구충족이 성격형성에 영향을 주므로 태어나서 5세까지의 유아기 경험의 중요성을 강조하였다.

KMP(Kestenberg Movement Profile)연구

- 소아정신과 의사, 정신분석가
- 프로이드와 안나 프로이드 등 초기 정신분석가, 라반과 램 등 동작분석가의 영향.
- 1953년부터 1965년, 3명의 신생아와 부모의 비언어적인 의사소통에 관한 연구를 토대로 완성된 프로파일.
- 유아, 아동, 성인들의 비언어적인 행동과 동작패턴들을 평가하는 움직임관찰 분석도구.
- 심리학, 창의적 예술치료분야, 뉴욕의 아동센터 등에서 적용.

KMP연구는 라반(Laban, 1879~1958, 독일 안무가)에게서 유래한 발달에 기반을 둔 동작 설명의 체계로서 샌즈 포인트 움직임 연구그룹에 의해 개발되었으며, 이론적인 토대는 케스텐버그가 폴 실더와 함께 한 자기 자신의 아이들과 부모들에 관한 관찰, 라반

(Laban)과 램의 작업에 대한 연구, 안나 프로이트의 연구, 다른 동작분석가들과 초기 정신분석가들의 영향을 받았다.

유아, 아동, 성인들에 대한 평가를 위해 개발된 KMP는 비언어적인 행동과 동작패턴들로 구성된다. 신체태도 설명과 62개의 동작패턴에 관한 정보를 주는 9개의 움직임 패턴을 가지며, 두 개의 전개방향을 가진다.

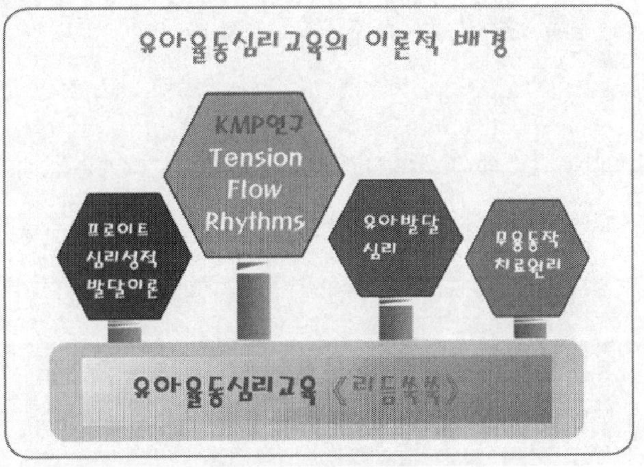

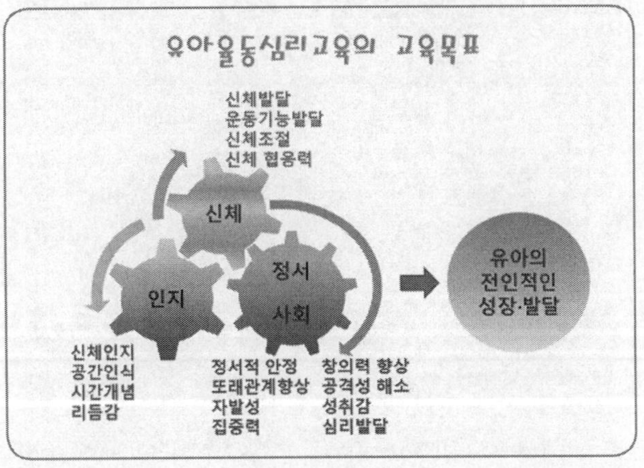

유아율동심리교육 프로그램의 교육적 목적은 단순한 신체발달을 돕기 위함이 아니라, 유아의 발달리듬에 맞는 율동심리교육을 통하여 유아의 신체 · 인지발달 촉진, 심리적 발달과제 수행, 정서적 안정 및 사회성 발달을 돕는데 있다. 즉 프로그램의 교육목적은 유아의 신체 · 인지 · 정서 · 사회영역의 통합적인 성장과 발달을 이룸으로써 유아의 전인적인 발달을 돕는데 있다.

Tension-Flow Rhythms
(유아에게 관찰되는 10가지 리듬)

- 유아에게서 관찰되는 특정한 리듬은 유아의 발달적 과제를 수행하는 기능적인 역할을 함.
- 갓 태어난 신생아에서 만 5세까지의 유아의 발달은 신체 발달과 함께 심리·정서발달과 밀접하게 연결.
- 내적 욕구표현을 반영.
- 욕구와 본능적 충동을 표현하기 위해 사용되며, 필요와 욕구를 표현하고 만족을 추구함.

갓 태어난 신생아에서 만 5세까지의 유아의 발달은 신체적 발달과 함께 심리 · 정서발달과 밀접하게 연결되어있다. 유아가 각 발달 단계를 성공적으로 통과하기 위해서는 적절한 정도의 만족을 얻어야 하는데, 유아에게서 관찰되는 특정한 리듬은 유아의 발달적 과제를 수행하는 기능적인 역할을 한다.

발달단계에 따른 10가지 리듬
Tension-Flow Rhythms

Phase	Indulging Rhythms	Fighting Rhythms
구강기 Oral	Sucking rhythm (~6개월)	Snapping/Biting rhythm (6개월~12개월)
항문기 Anal	Twisting rhythm (10개월~18개월)	Strain/Release rhythm (18개월 정도)
요도기 Urethral	Running/Drifting rhythm (3년 초반)	Starting/Stopping rhythm (3년 후반)
내부생식기 Inner Genital	Swaying rhythm (만 4세 초반)	Surging/Birthing rhythm (만 4세 후반)
외부생식기 Outer Genital	Jumping rhythm (만 5세 초반)	Spurting/Ramming rhythm (만 5세 후반)

이 시기에 나타나는 10가지 리듬은 내적 욕구 표현을 반영하는 방식으로 보여 진다. 이는 욕구와 본능적 충동을 표현하기 위해 사용되는 움직임패턴을 묘사하며 필요와 욕구를 표현하고 만족을 추구한다. 이는 모든 동작패턴의 근저에 있다. 유아는 발달적 순서에 따라 다섯 단계; 구강기, 항문기, 요도기, 내부생식기, 외부생식기로 집중되는 tension-flow 리듬을 가지며, 이는 indulging(만족/충족적)과 fighting(투쟁적/호전적)의 목적을 가진다.

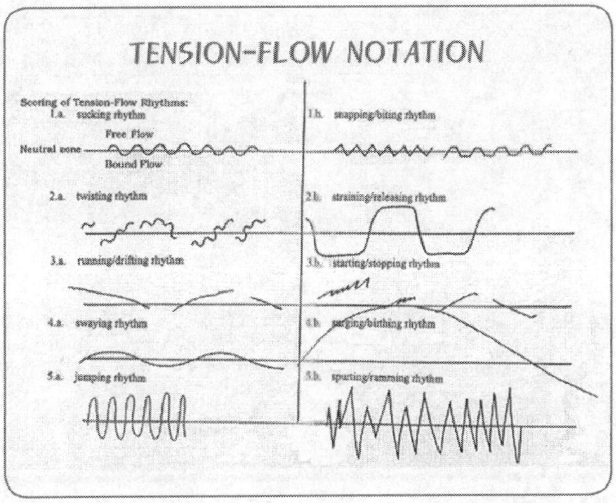

Tension-Flow Rhythms

시기	리듬	리듬 특성
Oral (구강기)	Sucking rhythm	-생존을 위해 빠는 리듬으로 짧은 긴장/안정의 부드럽게 흔들리는 리듬. -부드럽게 흔드는 움직임 통해 양육자와 심리적 애착의 발달적 과제 수행. -어머니와의 공생관계.마음을 맞추는 것.자기위안.자기진정 -과도한 사용은 의존적 성향나타냄. -성인의 욕구표현방법.자기접촉. 타인과 관계 맺기에 사용.
	Snapping/ Biting rhythm	-치아가 나면서 입안의 불편함 경감 위한 깨무는 리듬. -타인과의 경계형성과 분리의 발달적 기능. -성인은 타인과의 경계형성/타인의 의견을 비판할 때 사용. -가볍게 두드리기/톡톡치기. 딸랑이 흔들기.손뼉 치기 놀이 즐김.

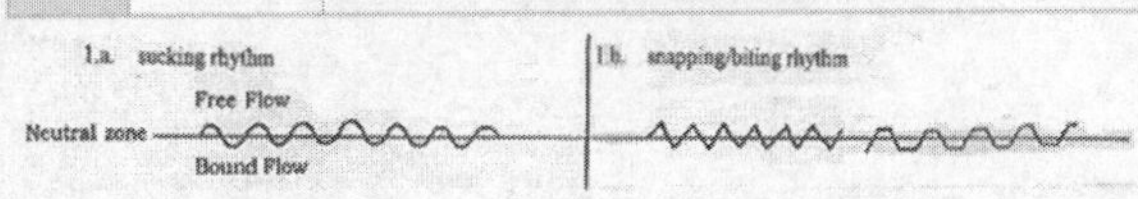

생후 6개월 동안 영아의 리듬은 구강기관에서 시작되어 자기위안이나 양육의 욕구를 충족시켜주며, 손가락과 발가락 같은 다른 신체부위로 확장되어 심리적 애착(attachment)의 발달적 과제를 수행한다.

생후 6개월에서 12개월 사이의 리듬은 긴장과 이완의 과도기가 좀 더 날카로워지는 특성을 지닌다. 이 리듬은 음식물을 자르는 기능적인 특성과 알에서 깨어 나오는 것과 같이 타인과의 경계형성(boundary)과 분리의 발달적 기능을 가지므로 초기 양육자와의 경계를 형성하고 타인을 인식할 수 있게 한다.

Tension-Flow Rhythms

시기	리듬	리듬 특성
Anal (항문기)	Twisting rhythm	-괄약근 발달로 허리와 골반움직임 유연. -기기/꿈틀거리기 시작하며 사물, 공간 탐색. -꼬기, 기기, 꿈틀거리기, 주무르기, 구르기, 창의적 어지럽히기 즐김. -성인되어 부끄러움, 찢긋기, 귀찮게하기 같은 타인과의 상호작용에 사용.
	Strain/Release rhythm	-수평적 단계에서 수직적 면으로 전환하여 세상과 직면. -균등하게 지탱하는 힘, 잡고 던지기 등 높은 긴장 움직임 나타남. -발달과제는 항문조절, 자율성, 안전성, 조직화, 직면, 수직성, 계획성, 자기표현 등으로 독립, 고집과 의지, 자기주장이 생김. -성인은 조직화, 견제/억제, 조절하는데 사용.

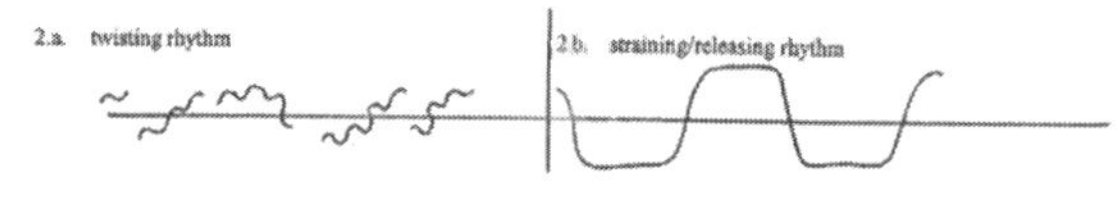

생후 10-12개월에서 18개월 정도에 아이의 리듬은 항문 괄약근에서 몸 전체로 확장되면서 척추 움직임에서 주로 나타나며, 이 시기 유아들은 음식물을 더럽히는 것이나 손가락으로 그림그리기와 같이 아주 창의적인 어지럽히기 즐기게 된다.

18개월 정도에 나타나는 Strain/Release 리듬은 균등하게 지탱하고 있는 것을 묘사한다. 에너지가 생기기 시작하는 단계로 장난감을 들고 던지는 등 높은 긴장(High intensity tension)이 급작스럽게 시작된다.

Tension-Flow Rhythms

시기	리듬	리듬 특성
Urethral (요도기)	Running/Drifting rhythm	-요도 괄약근과 관련된 소변의 흐름에서 시작되는 리듬. -시간개념/목적없이 방랑하는 움직임형태로 앞뒤로 움직이려는 유동성으로 전환.(스스로 멈추지 못하고 흘러가는 리듬특성) -성인되어서 수동성, 감정조절 없이 흘리기, 목적 없이 떠돌기.
	Starting/Stopping rhythm	-소변을 멈추기/참기 등 조절과 관련. -달리다가 넘어지지 않고 스스로를 멈추기 시작. -시간개념 생겨 시간의 긴급함, 급작스러움, 날카로운 특성 발달. -성인들은 긴급함, 성급함, 방해, 초점의 빠른 변화 등 표현에 사용.

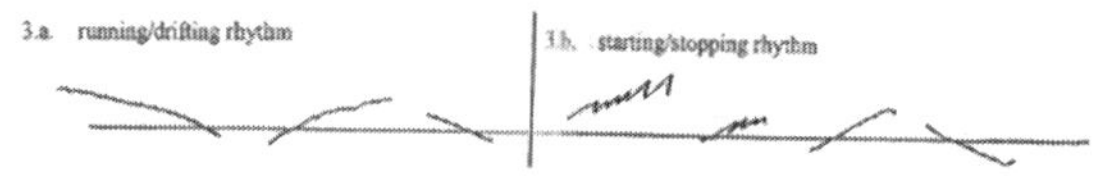

생후 3년 초반에 시작되는 리듬은 점진적이며 낮은 긴장도(low intensity)를 가졌으며 목적과 종점 없이 흘러가는 특성을 지닌다. 이 리듬은 특정한 목적 없이 방랑하는 움직

임의 형태를 가지며 수직적 면(vertical plane)의 안정성에서 앞뒷면(sagittal plane)으로 움직이려는 유동성으로 전환을 시작한다.

생후 3년 후반에 나타나는 리듬은 조절과 관련된다. 소변을 멈추는 것 혹은 참는 것을 배우고, 달리다가 넘어지지 않고 스스로를 멈추는 것을 시작한다. 이 리듬은 시간 개념이 생겨 시간이 긴급한 느낌, 참을성 없고 급작스러우며, 날카로운 특성들을 발달시킨다.

Tension-Flow Rhythms

시기	리듬	리듬 특성
Inner Genital (내부생식기)	Swaying rhythm	-점진적이고 느린 낮은 긴장도의 리듬 특성. -내적 감각에 관심, 아기/인형과 함께 양육적인 태도로 놀이하기 즐김. -발달적 과제는 현재와 과거의 욕구를 통합시키는 과도기적인 리듬. -성숙한 행동과 퇴행적 행동이 양립적으로 나타남. -성인은 창조성, 수용성, 양육감 표현, 만족감 느끼는 것 힘들 때 사용.
	Surging/Birthing rhythm	-높은 긴장도의 긴장과 이완 반복하며 점진적으로 강한 파동의 리듬. -터널을 통과하는 것, 잡고 잡히는 것과 같은 놀이 즐김. -여성은 출산시 자궁수축이나 월경통에 의해 경험. -심리치료 과정과 같이 강한 전이적 경험을 포함.

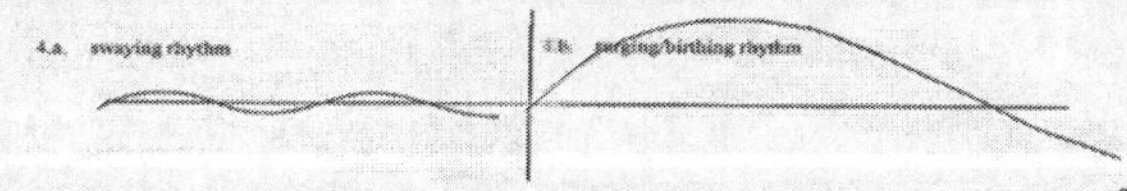

Swaying 리듬은 만4세 아동의 발달단계에서 시작되고 발달적 과제는 현재와 과거의 욕구를 통합시키는 과도기적 리듬으로 전 단계에서 수행하지 못한 것들을 이루는 단계이다. 이 리듬은 점진적이고 느린 낮은 긴장도(low intensity)를 가지며, 내면의 골반기관에서 일어나는 내적 감각에 관심을 가지기 시작한다.

Tension-Flow Rhythms

시기	리듬	리듬 특성
Outer Genital (외부생식기)	Jumping rhythm	-높은 긴장도의 긴장과 이완이 부드러운 전환 -발달적 과제는 강렬한 관계를 맺기, 외부 지향적 욕구 표현. -외부생식기에서 시작되어 흥분, 자랑, 점프 등 충동적/반항적, 급작스러운 움직임 표현. -성인은 강렬한 느낌을 표현, 외부중심의 사교적/외향적 상황에서 사용.
	Spurting/Ramming rhythm	-높은 긴장도의 긴장과 이완이 좀 더 날카롭게 전환. -좀 더 충동적이고, 공격적인 성향을 가지며, 정확함 요구하는데 유용. -공격적인 펀치, 발차기, 맞부딪치기, 밀어내기, 멀리뛰기와 높이뛰기. -성인은 충돌적인 형태에서의 날카로운 감정/느낌을 표현하는 데 사용.

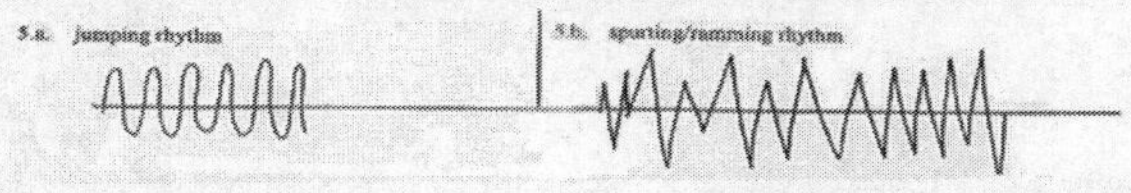

Jumping 리듬은 높은 긴장도(high intensity)의 긴장과 이완이 부드러운 전환으로 나타난다. 이 단계의 발달적 과제는 좀 더 강렬한 관계를 맺기 시작하고 외부 지향적 욕구의 증가가 좀 더 직접적으로 표현된다.

Spurting/Ramming 리듬은 높은 긴장도(high intensity)의 긴장과 이완이 좀 더 날카롭게 전환된다. 이 움직임은 좀 더 충동적이고, 공격적인 성향을 가진다. 이러한 패턴은 정확함을 요구하는데 유용하다.

유아율동심리교육 프로그램

	제목	교육목표 및 활용	연관 리듬
1	아기 나비	정서안정, 위안, 애착 및 신뢰형성	Sucking rhythm
2	톡톡 인사	신체인식, 타인인식, 경계형성, 긍정적 관계형성	Snapping/Biting rhythm
3	트위스트 뿅뿅	호기심, 사물 및 공간탐색, 창의적 놀이	Twisting rhythm
4	튼튼 기지개	힘, 의지, 집중, 자기주장, 독립	Strain/Release rhythm
5	또로로 구슬	수동성, 긴장이완, 창의적 표현	Running/Drifting rhythm

프로그램의 실제

	제목	교육목표 및 활용	연관 리듬
6	꼬마 운전사	시간개념, 능동성, 조절, 목적, 자기주도	Starting/Stopping rhythm
7	그네 왈츠	퇴행과 성숙의 양가감정, 수용, 양육, 긍정적 정서교류	Swaying rhythm
8	고래 잠수함	급상승, 성장, 집중력, 문제해결력, 성취감, 심리적 성숙	Surging/Birthing rhythm
9	점프 팡팡	신체협응, 흥분, 자랑, 자신감, 또래관계형성	Jumping rhythm
10	꼬꼬마 펀치	신체조절, 집중, 목표, 정확성, 충동, 공격성의 안전한 표출	Spurting/Ramming rhythm

2) 다문화가정 아동과 합창무용교육

초등학교 다문화가정 아동을 대상으로한 안비화의 박사학위논문 「다문화 사회 아동을 위한 합창무용교육 프로그램」이다.

안비화는 예술은 감성을 수련하고 조화로운 자아형성을 하게 하는 역할을 하는데 이러한 예술교육은 타아가 자신의 주체성 인식과 사회적 관계를 형성하게 하는 문화적 감수성 교육이라고 하였다. 이러한 감수성 수련을 통해서 타인과 감정을 교류하고 조화를 이루어 나가면서 바른 인간관계를 형성하게 된다. 또한 예술교육을 통하여 자신의 가치와 독특한 개성으로 타인과 의사소통을 하게 됨으로써 상호 교감하게 한다. 이렇게 나누면서 조성된 사회성은 자신과 타인의 존재의 개별성을 이해하고 수용함으로써 바른 관계를 형성하게 할 수 있다.

따라서 다문화 가정 아동에게 예술교육의 기회를 제공하여 예술기능의 습득뿐 아니라 조화로운 자아형성을 이루어 사회적 소통능력을 향상시키고 또한 자신의 문화적 정체성을 갖게 하는 중요한 기회가 될 수 있다.

다문화가정 아동을 위한 합창무용교육 프로그램의 목적은 사회적 및 문화적으로 소수자 범주에 속해있는 다문화 가정 아동들을 위한 문화예술교육의 일환으로 개발하였다. 이를 통해 다문화 가정의 아동들의 창의성 및 사회적 정체감 확립 및 소통능력 개발을 위해 사회적 요인의 향상시키기 위함이다.

"함께하는 다문화사회 아동을 위한 합창무용교육 프로그램개발"

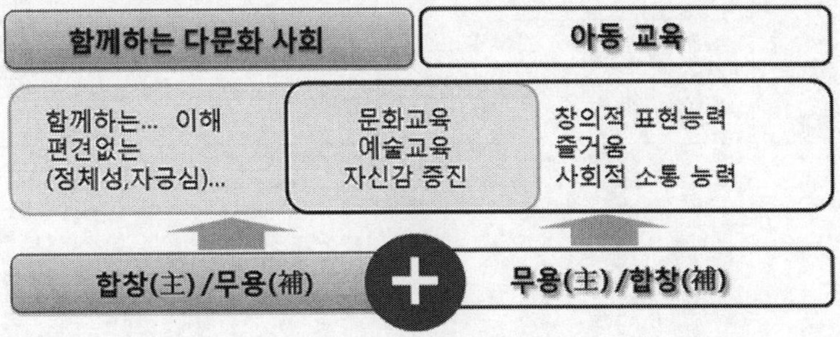

*프로그램의 목적

〈다문화가정 아동 위한 합창무용교육 프로그램의 단계〉

단계	내 용	차시
1단계	합창단원으로서의 기본자세와 무대 매너교육	1-3
2단계	움직임 교육	3-4
3단계	무용교육	5-10
4단계	전체 리허설	11
5단계	공연과 감상	12

〈프로그램 목표에 따른 모듈의 내용〉

교육과정 구분	방과 후 문화예술교육
대상	합창단원(초등학교 1학년~6학년)
프로그램의 세부 목표	1. 긍정적 자아정체감 및 문화정체감 확립 2. 자신감과 자긍심 증진 3. 사회적 소통능력 개발 4. 창의성 향상
모듈 (단위 프로그램)	합창과 무용에 있어서의 기본자세
	워밍업
	집중하기
	공간에 대한 이해
	움직임의 질
	이동하는 움직임
	리듬
	곡에 따른 창작
	공연과 감상

〈다문화사회 아동을 위한 합창무용교육 프로그램 내용〉

단계	내 용	차시
1단계	합창단원으로서의 기본자세와 무대 매너 교육 (기본자세, 워밍업, 집중하기)	1~3
2단계	움직임 교육 (공간에 대한 이해, 움직임의 질-임팩트. 임펄스. 스윙, 포즈-이동하는 움직임, 리듬)	3~4
3단계	안무교육 곡에 따른 창작(Pokare Kare Ana:뉴질랜드, 위스키다라: 터키, 강강술래: 한국, 꽃타령: 한국, 고산청: 중국, Aizu Bandaisan: 일본, 쿰바야, 아프리카)	5~10
4단계	전체 리허설	11
5단계	공연과 감상	12

다음의 지도안은 원래 10차시지만 그 가운데에 제시 3개의 지도안을 제시하였다.

〈다문화사회 아동을 위한 합창무용교육 2차시 지도안〉

<table>
<tr><td>학습단계</td><td>기본자세와 공간이해하기</td><td>차시</td><td>2차시/12(90분)</td></tr>
<tr><td>학습주제</td><td>• 합창단원으로서의 기본자세와 공간 이해하기</td><td>준비물</td><td>이름표</td></tr>
<tr><td>학습목표</td><td colspan="3">• 합창단 구성원들과 친밀감을 형성한다.
• 합창단원으로서의 기본자세를 알고 설명할 수 있다.</td></tr>
<tr><td>내용특성</td><td colspan="3">동료 간의 우정과 연대감, 집중력을 유도할 수 있다.</td></tr>
<tr><td>단계</td><td colspan="3">활동내용</td></tr>
<tr><td>도입</td><td colspan="3">• 그룹을 나누어 돌아다니면서 몸짓과 함께 3문장으로 자기소개를 한다.
(천천히, 빨리)
• 합창단원으로서의 자세에 관해 이야기를 나눈다.
• 전 시간에 배웠던 기본자세를 앞에 나와 다른 친구들에게 설명해 본다.</td></tr>
<tr><td rowspan="4">전개</td><td>워밍업</td><td colspan="2">• 몸 풀기 동작
• 호흡을 통해 마음과 우리 몸 이해
–머리부터 발끝까지 움직여보면서 관절 느끼기</td></tr>
<tr><td>기본 자세</td><td colspan="2">• 자세유지법에 대해 설명하고 실행해 본다.
– 머리, 몸체, 가슴, 등(척추), 어깨, 팔, 손, 복부, 엉덩이, 무릎, 발</td></tr>
<tr><td>집중하기</td><td colspan="2">• 숫자 1~10까지 서로의 시선과 집중적 감각을 통해 숫자 부르기
• 대형을 갖추며 Stop과 Go의 지시에 따라 움직이기</td></tr>
<tr><td>공간 이해</td><td colspan="2">• 꼬리잡기 놀이를 통해 흥미를 유발시키며, 공간에 대해서 알도록 유도한다.</td></tr>
<tr><td>마무리</td><td colspan="3">• 다 같이 모여서 수업시간에 배우면서 익히고 느낀 점을 이야기 한다.
• 다음수업에 확장활동 및 연계활동을 생각한다.
• 인사한다.</td></tr>
</table>

〈다문화사회 아동을 위한 합창무용교육 5차시 지도안〉

학습단계	동작을 통해 문화 이해하기	차시	5차시/12(90분)
학습 주제	• 합창음악에 포함된 움직임의 요소 찾기	준비물	컴퓨터, 빔프로젝트, 스크린, 인터넷 등
학습 목표	• 음악에 맞추어 노래하며 춤을 출 수 있다. • 곡의 이해와 음악과 무용에 나타난 문화를 이해하고 이에 따른 안무 만들기 • 상대방을 존중하는 태도를 가진다. • 협동하고 즐기는 태도를 가진다.		
내용 특성	창의적 표현능력과 심미적 태도 습득 하고 자신의 문화적 정체성 확립한다.		

단계	활동내용	
도입	워밍업, 모둠구성	• 몸 풀기 동작 • 6~8명으로 모둠 구성하기
전개	중국 살피기	• 중국의 영상과 사진을 통해 나라 추측하기 • 세계지도에서 중국 위치 찾기
	중국 합창음악 감상	• 중국 민속음악과 영상 감상 • 음악 속에 녹아 있는 역사와 상황 알기 • 중국의 춤의 특징 파악하기
	리듬활동	• 합창음악에 나타난 리듬 이해하기
	곡에 따른 창작 활동	• 고산청: 중국 민속음악 노래 부르기 • 음악에 맞는 민속무용 탐색하기 • 음악에 구조에 맞춰 keyword가 되는 움직임 찾기
	통합적 활동	• 인사말 익히기 • 의상 조사 • 역할에 맞는 소품 의논하기
마무리	• 각 모둠별로 나와서 자신이 표현하는 움직임 가운데 가장 잘 되었다고 생각하는 것을 발표해보도록 한다. 움직임을 해 자신이 느낀 점을 이야기 해보고 자신의 움직임과 차이점을 찾아본다. • 다음수업에 확장활동 및 연계활동을 생각한다. • 인사한다.	

〈다문화사회 아동을 위한 합창무용교육 11차시 지도안〉

학습단계	공연과 감상	차시	11차시/12(90분)
학습주제	• 공연활동의 실제화	준비물	비디오 녹화
학습목표	• 공연을 통한 표현을 능력을 기르고 자신감을 기른다. • 예술을 통한 미적 체험을 한다.		
내용특징	음악과 무용의 미적인 부분을 느끼고, 공연할 때나 감상할 때 모두 음악과 무용을 즐길 수 있다. 대중 앞에서도 자신 있게 노래하며 무용함으로 자신감 향상과 긍정적 자아 정체성을 확립한다.		
단계	활동내용		
도입	무대 위에서 워밍업	• 무대 위에서 몸 풀기 동작	
전개	무대리허설	• 연주대형과 안무대형 자리 잡기 • 무대 위에서 입장하기, 인사하기, 시선 바라보기, 퇴장하기 • 무대 공간을 이해한다. (입장위치와 퇴장 위치 확인하기, 무대 위 스테이지 이해) • 무대 위에서 노래하면서 적절한 자리 위치를 잡고 시선처리와 동작이 자신 있게 나왔는가를 체크한다. • 소품위치와 처리를 어떻게 할 것인지를 체크한다.	
	실제 공연	• 그동안 연습하였던 것을 무대 위에서 유감없이 발휘한다.	
마무리	• 칭찬과 격려를 해준다. • 인사한다.		

3) 톨스토이의 예술사상을 바탕으로 한 창의력 움직임 무용

2015년 김성은의 석사학위 논문으로 톨스토이의 예술사상을 바탕으로 한 창의력 움직임 무용을 적용한 연구이다. 톨스토이(Leo Tolstoy, 1828~1910, 러시아 문학가)의 예술에 대한 다각도의 관점은 성인이나 전문 무용수에게 해당한다고 생각하였는데 생각과는 달리 초등생들에게 톨스토이의 지혜가 감동으로 흡수되어 교육의 양적, 질적인 좋은 결과가 있었다. 이에 본 프로그램을 소개한다. 총 10차시인데 3가지만 제시한다.

성장과정에 있는 초등학생들에게 톨스토이의 예술사상을 바탕으로 한 움직임 무용 수업을 통해 내면적 교육으로 올바른 내적 성장과 무용예술에 대한 진정한 가치를 알아감으로서 창의 · 인성의 교육에 중요한 프로그램이다.

이 프로그램을 통해 내면의 변화는 자신에 대한 깊은 사고와 올바른 마음가짐으로 무용예술의 의미를 인지 할 수 있으며, 움직임의 변화는 자유롭고 다양한 상상의 움직임을 수행함으로써 자신감과 상호적 친밀감이 형성되는 교육적 가치가 있다. 또한 무용예술에 대한 재인식으로 어떠한 마음가짐으로 움직임을 하는지를 창의력 움직임의 표현을 통해 인지해가는 내적성장의 기회가 될 수 있다.

〈창의력 움직임 무용 수업절차 및 주요내용〉

단계	학습내용	학습활동	시간
도입	몸풀기	–스트레칭 –주제에 맞는 놀이를 통한 몸풀기	10
전개	주제탐색	–예술사상을 듣고 수업 주제 알기 –학습개념 및 이해 –주제탐구	25
	움직임 탐색 및 춤추기	–아이디어 생각, 주제설정 –주제에 맞는 대화 –주제에 맞는 움직임 구성 만들기	
	발표 및 감상	–개인, 그룹별 발표 –관찰	
정리	마무리 및 의견나누기	–정돈 –느낀 점	5

〈초등학생 고학년 창의력 움직임 무용수업 계획〉

차시	학습주제	수업개요
1	자유롭고 주체적인 인간형성	직접 경험하여 느낀 감정을 움직임으로 표현하기
2	내면의 성숙을 얻게 하는 인간 형성	자신의 개성을 자유롭게 움직임으로 표현하기 (창의력발전)
3	선(善)은 참된 예술	자신이 생각하는 올바른 마음가짐에 대해 창의적인 움직임 표현하기
4	진정한 예술인의 조건 가운데 '재능'	진정한 무용예술을 위해 자신의 몸을 알고 느낀 후 창의적 움직임 표현하기
5	예술은 자기감정을 타인에게 전달 수단	자신의 생각을 타인에게 창의적 움직임으로 표현하기
6	과학과 예술은 밀접한 관계	과학적 요소를 창의적인 움직임으로 표현하기
7	톨스토이의 종교적 자각 1	무용예술에 접목시킬만한 성경문구를 바탕으로 창의적인 움직임 표현하기
8	톨스토이의 종교적 자각 2	무용예술에 접목시킬만한 성경문구를 바탕으로 창의적인 움직임 표현하기
9	예술의 감염력 '개성, 명확성, 성실성'	올바른, 가치 있는 예술작품을 만들기 위한 작업하기
10	예술적 미적 체험	아름다운 마음으로 무용예술에 임하기

〈창의력 움직임 무용 수업 지도안 1차시 : 자유롭고 주체적인 인간형성〉

장소	서울소재 P무용학원	학습대상	초등학생 4~6학년
일시	2015.3.17	차시	1차시
학습주제	〈 톨스토이의 예술사상 〉 1. 자유롭고 주체적인 인간형성		
학습목표	1.자신의 일상생활에서 경험과 체험 했을 때를 생각해 보고 그 감정을 정리해본다 2.자신의 일상생활에서 경험과 체험을 주제로 창의적인 움직임을 표현할 수 있다		
수업개요	톨스토이는 인간이 경험하게 되는 감정은 가르칠 수 없기 때문에 학생이 본래 지니고 있는 감정을 바탕으로 일상생활에서의 경험과 체험을 예술적인 차원으로 변화시켜 교육시켜야 한다고 주장하였다. 이를 바탕으로 학생들이 직접경험으로 느낀 감정을 창의적인 움직임으로 표현할 수 있도록 발전 시켜본다.		

준비물	매트, 음향기, 음악, 무용실 내 소품		
단계	**학습내용**	**교수-학습활동**	**시간**
도입	들어가기	다양한 음악을 틀고 학생들이 자유롭게 몸을 움직이며 몸 풀기 - 빠른음악, 느린음악, 웅장한음악, 가벼운 음악 등 (음악을 듣고 느낀 감정을 표현하도록 유도하기)	10
전개	주제탐색	자신의 일상생활에서 기억나는 경험이나 체험을 떠올려보고 친구들과 서로 말해본다 -학교, 여행, 학원, 친구들과의 관계 등 일상생활의 생각이 떠올릴 수 있도록 유도하기	25
	움직임 탐색 및 춤추기	1. 학교에서 있었던 경험(그룹별) - 운동회 때 추억 상황 표현해보기 - 소풍 때 에피소드 상황 표현해보기 (자신이 느꼈던 상황을 움직임으로 자유롭게 표현하도록 유도하기) 2. 대중교통을 이용 했을 때 겪었던 경험(그룹별) - 지하철이나 버스를 탔을 때 있었던 경험이나 느낌을 표현하기 3. 개별적으로 일상경험 표현하기 - 주제정하기 - 자신 안에 있는 감정들을 창의적인 움직임으로 만들어 표현하기 (1,2번에서 했던 것처럼 자신의 일상생활에서 기억에 남는 경험이나 체험을 한 가지 선정해서 창의적으로 움직임을 끌어낼 수 있도록 교사는 학생을 유도하기) 4. 발표 또는 관찰 - 움직임 발표하기 - 친구들의 움직임을 보고 맞춰보기	
정리	마무리 및 의견나누기	1. 정리하기 - 톨스토이의 예술사상을 들어보고 진정한 자유의 의미 생각해보기 2. 느낀 점 - 자유롭게 느낀 점 말하기	5

〈창의력 움직임 무용 수업 지도안 6차시: 과학과 예술은 서로 밀접한 관계〉

장소	서울소재 P무용학원	학습대상	초등학생 4~6학년
일시	2015.4.2	차시	6차시
학습주제	〈톨스토이의 예술사상〉 6. 과학과 예술은 서로 밀접한 관계		
학습목표	1. 똥이 생성되는 과정과 각 소화기관 역할 알아보기 2. 소화기관에서 하는 역할을 다양한 움직임으로 창의력과 표현력 기르기		
수업개요	톨스토이는 과학과 예술은 흡사 폐와 심장처럼 밀접한 관계를 가지고 있으며, 중요하다고 간주되는 지식을 연구하여 이를 사람들의 의식 속으로 가지고 들어오는 것이라 하였다. 그리하여 과학과 무용으로 접목시켜 과학적 요소를 창의적인 움직임으로 표현할 수 있도록 발전시켜 본다.		
준비물	매트, 음향기, 음악, 소화기관 그림		

단계	학습내용	교수-학습활동	시간
도입	들어가기	- 음악을 듣고 소화기관 & 똥이 되어 자유롭게 움직이다가 음악이 멈추면 자신이 생각하는 소화계 스트레칭 보여주기(창의적으로 위, 소장, 대장이 되어 상상해보기)	10

단계	학습내용	교수-학습활동	시간
전개	주제탐색	소화계 그림을 보여주고 각 기관의 역할에 대해 설명해주고 대화를 하여 역할나누기(입-음식물섭취, 식도-수축과 이완을 통해 꿈틀거리며 통로역할, 위-위산을 이용해 분해 작용, 소장-소화, 흡수, 대장-나머지 영양소를 흡수하고 유해한 것을 모아 똥으로 배출)	25
	움직임 탐색 및 춤추기	1. 소화기관 나라 여행 게임(개별):식도-위-소장-대장-항문 - 각 기관 영역을 나눠주고 학생들은 음식물이 되어 교사가 음악 틀고 뛰어다니다가 멈추면 자기가 가고 싶은 영역으로 뛰어 들어가 그 영역이 하는 역할을 움직임으로 표현하기 (예를 들어 위에서는 음식물을 분해하니 분해하는 움직임을 창의적으로 표현할 수 있도록 유도하기) 2. 그룹별로 소화기관 나라 표현하기 - 친구들과 각 소화기관을 나눈다. 음식을 먹고 똥이 만들어지는 과정을 친구들과 움직임으로 표현하기 3. 건강한 똥 표현하기 - 각 조마다 어떤 음식물을 소화시켜 건강한 똥이 나오게 했는지 다른 조 친구들이 맞춰보는 시간도 가져보기 4. 발표 또는 관찰 - 움직임 발표하기 - 친구들의 움직임을 보고 어떤 음식물을 먹고 건강한 똥이 나왔는지 관찰하여 얘기해보는 시간을 가져보기	
정리	마무리 및 의견나누기	1. 정리하기 - 톨스토이가 말한 과학과 예술은 밀접한 관계라고 주장함을 얘기해주고 그 점에 대해 생각하기 2. 느낀 점 - 자유롭게 오늘 수업한 내용 느낀 점 말하기	5

〈창의력 움직임 무용 수업 지도안 9차시: 예술의 감염력 '개성, 명확성, 성실성'〉

<table>
<tr><td>장소</td><td>서울소재 P무용학원</td><td>학습대상</td><td>초등학생 4~6학년</td></tr>
<tr><td>일시</td><td>2015.4.14</td><td>차시</td><td>9차시</td></tr>
<tr><td>학습주제</td><td colspan="3">〈톨스토이의 예술사상〉
9.예술의 감염력 '개성, 명확성, 성실성'</td></tr>
<tr><td>학습목표</td><td colspan="3">1. 예술의 감염력 3가지 요소에 대해 생각해본다.
2. 훌륭한 예술 작품의 조건들을 바탕으로 창의적인 움직임을 표현할 수 있다.</td></tr>
<tr><td>수업개요</td><td colspan="3">톨스토이(Tolstoy)는 올바른, 가치 있는 예술작품을 위해서는 3가지 요소(개성, 명확성, 성실성)를 갖추고 있어야 예술작품이라 말할 수 있다고 하였다. 전해지는 감정이 독창적 감정을 표현하는 방식이 확실한지(동작변화), 제일중요한 성실성(성실해야 자신이 느낀 대로 감정 표현할 것) 이 3가지들이 갖춰져야 더욱더 공감적이며 진실한 예술작품이 될 수 있다고 설명한다.</td></tr>
<tr><td>준비물</td><td colspan="3">매트, 음향기, 음악, 성서문구</td></tr>
<tr><td>단계</td><td>학습내용</td><td>교수-학습활동</td><td>시간</td></tr>
<tr><td>도입</td><td>들어가기</td><td>- 다양한 움직임으로 자유롭게 움직이다가 독창적인 자세로 멈추기 놀이하기 (상상하며 독창적으로 해보지 않았던 표현을 유도하기)</td><td>10</td></tr>
</table>

<table>
<tr><th>학습단계</th><th>학습내용</th><th>교수-학습활동</th><th>시간</th></tr>
<tr><td rowspan="2">전개</td><td>주제탐색</td><td>요리와 사물을 정해서 자신이 직접 변신해보기-친구들과 함께 요리에 음식이 되고, 눈에 보이는 사물로 변신하여 개성, 명확성, 성실성이 보이도록 표현해보기</td><td rowspan="2">25</td></tr>
<tr><td>움직임 탐색 및 춤추기</td><td>맛있는 요리를 표현하기(그룹별)
- 친구들과 요리 하나를 선정해 음식재료로 표현해보기
- 요리가 되어 자유롭게 창의적인 움직임으로 표현해보기(끓고 있는 요리, 구워진 요리 등 자유롭게 표현할 수 있도록 교사는 유도하기)
2. 사물이 되어 표현하기(그룹별)
- 생활 속에 있는 사물이 되어 표현해보기(자판기, 자전거)
- 사물에 스토리를 넣어 창의적인 움직임으로 표현하기 (교사는 독창성, 명확성, 성실성을 강조하며 그 조건들을 갖출 수 있도록 유도하기)
3. 성실한 자신을 표현하기(개인)
자신이 무언가를 달성하기 위해 성실을 바탕으로 한 경험을 생각해보고 창의적인 움직임으로 표현하기(톨스토이는 3가지 중 성실성을 가장 중요시하게 생각하였다. 학생들에게 무용인으로써 성실하면 훌륭한 무용작품을 표현할 수 있다고 알려준다.)
4. 발표 또는 관찰
- 움직임 발표하기
- 친구들의 움직임을 관찰하기</td></tr>
<tr><td>정리</td><td>마무리 및 의견나누기</td><td>1. 정리하기
- 톨스토이가 주장한 예술의 감염력에 대한 의미 생각해보기
2. 느낀 점
-오늘 수업한 내용 느낀 점 말하기</td><td>5</td></tr>
</table>

4) 유아무용교육 현황의 연구동향 및 발전방향

우리나라의 현대사회가 고도로 발달됨에 따라 다양한 변화 및 발전을 가져왔다. 그 가운데 유아교육은 국가의 미래적 발전에 기여할 인력으로서 정책적 관심의 대상이 되고 있다. 더불어 유아중심의 무용교육도 활성화 되었다. 근간에는 유치원의 비합리적 환경과 교사의 비교육자적 자질, 재정적 비리 등이 대표적 현상으로 부각 되었다.

이러한 의미에서 김미주의 「유아무용교육 현황의 연구동향 및 발전방향」 연구는 유아무용교육의 성장과 발전을 정립하기 위한 필요성을 가지고, 유아무용교육 현황의 연구동향을 분석함으로써 의미 있는 학술 기초자료를 제공하였다. 유아무용교육 현황의 발전방향으로 다음과 같은 결론을 제시하였다.

첫째, 현재 시행되고 있는 제2차 유치원 교육과정에 따른 올바른 교육을 하기 위해서는 현재 유아 무용교육의 상황 점검은 매우 중요한 사항이므로 현황 연구가 계속적으로 증가할 것으로 보이며, 현황 연구와 더불어 다양한 주제의 연구동향 분석도 연구되어야 할 것이다.

둘째, 양질의 유아무용교육을 위하여 대학교의 교과과정 중 유아무용 교육과정이 개설되어야 할 것이며, 대학원에서 심도 있는 교육과정으로 유아무용교육이 개설되어야 전문적인 교사가 배출 될 것이다.

셋째, 실제 교육현장을 심층적으로 분석할 수 있도록 문헌조사와 실습 · 설문조사 그리고 면담 등 다양한 연구방법론을 적용한 통합연구방법이 활용되어야 할 것이며, 연구지역의 확장과 다양한 시각에서 연구되어짐으로 부족한 부분까지 연구되어야 할 것이다.

넷째, 연구내용의 완전한 이해를 위해서 구체적인 자세한 설명과 정확한 분석이 이루어져야 할 것이며, 추후 올바른 방향제시를 하기 위해서 문제점 및 발전방향에 있어 중요성을 상기해야 할 것이다.

무용면에서는 주로 유아발레, 영어유아발레 등의 확산으로 인해 유아의 개성 및 창의성 보다는 지도자 중심과 세태의 조류에 따라 접근방법과 내용의 연구 및 적용이 필요하게 되었다. 이러한 즈음 연구자의 연구목적은 미래적 관점에서 중요한 자료이며 지속적인 연구사 수반되어야 할 필요성이 있다.

5) 초등학생을 위한 한국무용 몸풀이 프로그램에 관한 연구

박귀남의 「초등학생을 위한 한국무용 몸풀이 프로그램에 관한 연구」에서 중국이 2006년 우리나라의 농악무가 2011년 아리랑을 비롯하여 총 12건을 중국자국의 무형 문화유산 목록에 등재한 사실을 통해 한국인들이 부담 없이 느끼고 보며 행하는 한국무용이 언제까지 우리의 것으로 존재할 수는 없다는 정황을 깨달았다. 이에 한국무용을 초등학생부터 국가의식을 심어서 교육시켜야 한다는 당위성과 이에 따라 먼저 성장과정에 있는 어린이들에게 몸풀이를 한국무용적 프로그램을 만들어야 하는 목적을 갖고 연구에 임하였다.

초등학생 시기는 신체적으로 많은 성장이 이루어지고, 신체가 발달하는 것은 정서적인 면과도 깊은 관계성이 있다. 또한 자아개념 형성에 중요한 성장시기이므로 한국무용 몸풀이 프로그램을 제시할 필요성을 가졌다. 초등학생 아동이 한국무용을 접하고 배우는 과정에서 신체적으로 무리를 받지 않으면서도 또래 관계를 원만히 하여 교육의 질과 효과를 높일 수 있다. 3학년에서 6학년까지를 대상으로 한국무용 몸풀이 프로그램의 개발을 목적으로 교육부가 제시한 7차 초등학교 교육과정 중 한국무용 동작, 타 운동단체들의 스트레칭, 준비운동에 관련된 문헌 등을 고찰하여 결론을 내렸다.

첫째, 초등학생 아동이 실시하고 있는 한국무용동작은 유연성을 필요로 하고 신체전반을 고루 활용하는 동작이 아닌 팔과 다리에 집중이 되어 실시되고 있다는 것을 밝혀냈고, 신체를 고루 활용하지 않게 되면 신체의 불균형을 초래하여 발육발달이 왕성한 초등학생 아동의 성장을 저해하는 현상을 일으킬 수 있다고 지적하였다.

둘째, 지적한 것을 개선하기 위해 한국무용 몸풀이는 2인이 한 조가 되어 이루어져야 하고 다리, 목, 팔, 가슴, 몸통의 부위별 신체 몸풀이는 일반적인 준비운동을 응용한 몸풀이를 실시, 전신 부위의 몸풀이는 한국무용 동작을 추출하여 개발한 몸풀이를 실시하는 것이 바람직하다고 하였다.

셋째, 동작의 시작단계에서는 천천히 에서 점차 연속적인 동작으로 늘려가고, 동작을 할 때 근육에 무리가 가지 않게 고통을 느끼지 않을 정도로 실시하여 초등학생 아동의 개인적인 능력과 주어진 환경에 의해 동작의 지속정도와 횟수를 늘려나가야 한다고 제시하였다. 추후 이러한 한계성을 넘어선 한국무용 동작을 프로그램을 적용함으로 아동의 발달 결과를 증명하는 연구들이 지속적으로 이루어져야 할 것이다.

6) 발레수업이 초등학생의 정서반응에 미치는 영향

아동기의 교육은 신체적, 정서적, 지적 및 사회성, 표현력 등의 발달과 동시에 올바른 인성과 자신의 성공적 장래를 위한 교육으로 총체적 의미가 있다.

이현아의 「발레수업이 초등학생의 정서반응에 미치는 영향」 연구에서는 아동기의 경험은 성격발달, 인격발달, 정서발달이 이루어지기에 타인과의 교류를 통하여 자신을 표현하고, 훌륭한 인성으로 거듭나기 위해서 정서발달의 중요함을 인식하였다. 이러한 아동의 정서발달을 함양하기 위해 발레수업의 필요성을 가지고 연구되었으며, 아동의 특성과 정서인식 능력, 정서표현 능력, 정서조절 능력, 감정이입의 능력, 정서활용 능력을 발달시키기에 필요한 발레수업의 모형을 연구함으로써 아동에게 적합한 발레교육의 발전을 모색하는데 목적을 두었다. 아동의 정서발달 함양을 위한 발레수업을 실시한 결과로 다음과 같은 결론을 맺었다.

첫째, 발레수업을 실시하기 전과 실시한 후의 아동 정서지능 수치에 유의미한 차이가 나타났으며 발레수업은 아동의 정서지능 발달에 효과가 있었다.

둘째, 발레수업은 아동의 정서지능 하위요인인 정서인식, 정서표현, 감정이입, 정서조절, 정서활용 중 특히 정서인식 능력, 정서표현 능력, 정서조절 능력 발달에 효과가 있었다.

셋째, 정서기능의 하위요소인 감정이입 능력, 정서활용 능력에는 실험 전과 실험 후에

유의한 차이가 나타나지 않았다.

이와 같은 결과는 아동에게 정서발달을 위한 교육으로서 꾸준한 발레수업을 제공하는 환경의 필요성과 아동기 때의 발레수업 참여는 전인교육의 목적달성에 교육적인 효과로서 가치가 있기에 아동의 흥미와 관심을 유발시켜 발레교육 방안이 더욱 발전될 수 있도록 지속적으로 모색해 나아가야 할 것이다.

나아가 발레는 우아하게 여자만 하는 것이 아니라, 남성미도 강조되는 멋지고 씩씩한 면이 있으므로 건강한 신체발달을 도모할 수 있는 교육적의미의 무용인 것을 제시하였다. 더불어 발레의 수업의 좋은 환경, 사진 및 영상을 통해서 볼 수 있는 어려운 국가들의 또래 친구들의 환경을 간접적 체험을 통해서 감사의 마음을 가져야 한다고 하였다. 그리고 믿음을 갖고 미래의 목표 및 소망을 이룰 수 있는 확신을 갖기를 희망하였으며 어린이들을 위해 성경말씀을 들려주고 말씀을 나누어 주는 등 온전하고 견고한 믿음을 중요하게 보았다. 끝으로 지도자에 대한 신뢰가 있을 수 있도록 어린이들과 동일한 마음을 갖고 끝까지 함께 해야 함을 제언하였다.

VII

21C의 바람직한 무용교육의 방향

무용의 현상

무용교육에 대한 방향을 제시하기 위해서는 다양한 관점에서의 연구가 수반되어야 한다. 이에 무용의 이론적 배경과 무용사적 고찰, 비평들을 통하여 무용예술의 현상을 연구하여 무용이 어떠한 역할을 통해 발전했는지 혹은 어떠한 부분이 미흡하여서 퇴행하게 되었는지에 대해서 살펴봄으로서 무용의 현 상태를 점검하고 이를 거울삼아 무용교육의 새로운 방향을 제시함으로 무용이 발전할 수 있는 발판을 마련할 수 있다. 이에 「21C의 바람직한 무용교육의 방향」이라는 제재로 앞으로 무용교육의 방향에 대해서 살펴보았다.

본 글의 일부분은 2013년 대학무용학회에 게재된 「무용예술의 발전을 위한 대학무용교육의 방향제시」라는 논문에 사용 되었다. 본 글은 게재된 논문과는 다른 방향으로 이론적 고찰을 확대하여 살펴보았다.

최근 국내 대학 무용과의 동향 가운데 무용과 통 · 폐합 사례가 빈번하여 존폐 위기에 있다고도 한다. 또한 최근 3년간 약 940~970여명(교육통계서비스, http://cesi.kedi.re.kr/index.jsp)의 무용과 졸업생들의 진로의 폭이 좁아 입학 동기와는 달리 무용에 대한 열정, 관심의 미약함을 보이기도 한다. 나아가 융 · 복합 교육시스템에 대한 새로운 도전 및 실용무용, 생활무용, 사회 · 체육무용 등의 장르가 사회에 관심을 끌고 있다. 그러나 대학 무용계에서는 이러한 변화를 체육계에 돌리고 있는 실정이다. 이러한 성향이 있음에도 다양한 무용 전문가 배출 및 무용예술의 대중화의 추구보다 공연 및 무용가 중심의 교육으로 인해 사회와의 소통이 약화되고 있음을 알 수 있다.

또한 지난날 1960년 한국학의 대두와 주체성 찾기를 통하여 한국 무용계가 그 빛을 발하여 왔다(김매자, 2003, p.27). 원로 무용가들의 무용예술의 열정과 사랑, 학원을 통하여 무용예술을 지켜온 무용가들, 대학 무용과를 통하여 무용 예술계의 빛이 되어온 교수들과 문하생, 그들은 쉼 없이 무대를 통하여 공연예술로서의 무용을 세상을 향해 표현하였다.

예술은 인간의 가장 진솔하면서 주요 관심사가 나타나 있는 인간의 중요한 산물이라고 한다(이찬주, 2007, p.27). 즉, 순수예술로서 미적활동에 의해 창조를 통한 인간의 가장 진솔한 면을 나타내는 산물이라는 것이다. 나아가 무용예술은 순수예술로서 연습에 의한 것이 아닌 인간 교육의 영역을 뛰어넘은 신적인 비밀에 접한 것으로(이찬주, 2007, p.30) 보며 이러한 예술의 가치는 이미 경험적, 감각적 현상을 초월한 일반자의 차원을 다시 한 번 초월하였기에 현실의 세계로부터 떠나 있는 높은 존재로 보고 있다(이찬주, 2007, p.30).

이러한 예술적 가치를 지닌 무용예술은 인류의 삶이 시작된 시점부터 제의의 목적으로의 몸짓, 언어수단으로서의 몸짓, 생활수단으로서의 행위, 자신의 사상, 감정 등의 표현의 목적으로 오늘에 이르렀다.

무용예술은 신체문화라는 특수성 때문에 근대적인 여향을 19C 중엽에 뒤늦게 받아 문화사적 입장에서 시대구분도 애매하고 현대라는 개념 속에 근대적 요소와 현대적인 요소가 섞여 있어 무용학을 정립하는 것에 문제점을 갖고 있다고 한다(변학수 외 1인, 1992, p.162). 예를 들어 시대적 변천에 따른 무용의 용어, 목적, 용도, 기능, 신분, 효과, 대상 등이 다양하나 기록 및 체계성의 결여, 전달과정의 불완전성, 일회성 및 순간성 등의 특성을 지니고 있으므로 무용학의 정립에는 어려움이 있다는 것이다.

장 조르주 노베르(Jean Georges Noverre, 1727~1810)는 무용예술이 탁월하여지기가 어렵다는 점을 지적하며 무용을 계승하는 것 또한 어렵다고 하였다. 또한 지식이 위대한 안무를 낳을 수 없으며 안무가의 이름이 주어질 만한 사람이 극히 드물며 가볍게 인식되고 있는가 하면 천재적인 영감이 무용예술가의 능력이기에 무용예술을 위한 모든 재능들을 안무가가 지니지 않았다며 이 분야의 활동은 시간 낭비라고 보았다(육완순 역,

1987, p.4). 이러한 점들을 보완하기 위해 노베르는 관객을 현혹시키려는 곡예적 움직임 나열에서 벗어나 극적인 표현을 통해 관객을 감동시켜야하며 논리적이며 이해할 수 있는 플롯이 구상되어야 한다(심정민, 2001, p.55)고 하였다. 나아가 플라톤의 「법률」에는 음악과 춤이 시민의 미덕에 기여한다고 믿었는데 그 이유는 리듬과의 조화는 영혼에 가장 쉽게 스며들고 예의바름을 지니고 올바로 잘 행동하도록 교육받은 사람을 만드는데 가장 강하게 영향을 미치기 때문이라고 하였다(이찬주, 2007, p37). 이러한 진솔하고 순수하며 전인격적인 영향력을 비롯한 인간 고유의 영역을 넘어선 신적인 본질의 가치관을 내포하고 있는 무용예술은 심신이원론적인 무용예술가치관이 다시 회복되어 심신일원론적인 방향으로 전환되고 관객과 함께 내면적 의사소통이 가능한 공감대를 형성해야 한다. 더불어 무용예술이 표현하고자 하는 메시지가 관객들의 영혼과 삶에 영향력을 주기 위해서는 무용예술의 본질 및 그 목적을 달성해야 하며, 무용학의 정립과 교육, 그 실현에 최선의 노력을 해야 한다.

현대사회의 외모중심, 신체적 조건 중심의 무용예술관에 치중되어 있는 현상에 비추어 볼 때, 심신이원론적인 무용예술가치관이 다시 회복되어 심신일원론적인 방향으로 전환되어 관객과 함께 내면적 의사소통이 가능한 공감대를 형성해야 한다. 더불어 자연스럽게 무용예술이 표현하고자 하는 메시지가 스며들어 관객들의 영혼과 삶에 영향력을 주도록 하기 위해서는 무용예술의 본질 및 그 목적을 달성하기 위하여 무용학의 정립과 교육, 그 실현에 최선의 노력을 해야 한다.

1963년 이화여자대학교의 무용과 설립을 선두로 대학의 무용과가 설립되었으며 매해 지속적으로 무용학도들이 배출되었다. 60~70년대의 유, 초, 중 · 고등학교의 율동, 무용수업이나 체력장등 예 · 체능 교육, 특별활동이 대학입시 중심의 당면현안으로 폐지되고 특수한 교육 분야로 자리매김을 하게 되었다. 이러한 사회적 분위기에 대학무용은 실기중심의 교육으로 정착되고 결국 공연예술로서 무용교육을 형성하였기에 문화예술 교육이 약화 되어 온 것으로 볼 수 있다. 그러한 작품을 생산할 수 있는 예술가를 배출하려면 앞서 밝혔듯이 제대로 된 문화예술 교육을 받아야 한다(최의창, 2011, p.141)는 현실적 과제를 받아들여야 하는 시기가 온 것이다. 오늘날 문화예술의 생산자와 소비자의 자질과 소양이 높아짐으로서 무용예술을 질 · 양적으로 좋은 생산성 있는 상품으로 보는 교육 가치관과 소비자인 대중과의 만남을 대비하여 교육해야 하는 것이다. 이에 무용계는 많은 분야의 인력이 필요하다.

지금까지 사회에 정착시킨 무용예술의 현상을 기점으로 영 · 유아에서 노년의 일반인과 전문인을 대상으로 하는 철학자, 무용가, 안무가, 무용수, 집필가, 이론가, 기획자, 경영자, 연출가, 치료자, 교육자, 철학 및 비평, 평론가, 무대의상제작자, 무용음악제작자 등 무용예술의 인문 · 자연과학으로서의 무용교육을 실현하여야 한다. 그간 실기에 치중되어 있던 무용과의 인력을 재분산해야 한다는 의미이다. 즉, 다목적성 기능의 역할을 감당할 무용인들을 배출하여 사회적으로 그 책임을 감당하고 소통하는 무용교육을 통해 무용예술을 발전시켜야할 것이다. 첫째, 무용예술의 본질 및 목적을 분석하여 본 연구의 기초자료를 삼는다. 둘째, 무용사적 고찰을 통해서 과거 무용예술의 현상을 밝혀 무용예술 발전에 필요한 무용교육의 방법에 적용하고자 한다. 셋째, 현 무용예술의 현상을 비평 및 평론을 중심으로 분석함으로 무용교육의 방향에 적용하고자 한다. 넷째, 본 연구는 주로 대학무용교육의 방향에 관한 연구이지만 무용교육은 장시간에 걸쳐 결과물이 도출되기에 유 · 초 · 중등 무용교육에 대하여 제한적으로 살펴보았다.

이상의 분석을 통하여 무용예술의 다목적, 다기능성을 위한 교육의 방향을 제시하고자 한다. 또한 본 글은 시대적 변천에 따른 무용에 대한 다양한 용어를 무용예술로 표기하여 이해의 혼란성을 배제 하였다. 무용예술의 고찰은 역사와 비평을 통해서 그 현상을 살펴보고자 하며 역사는 한국무용사로 제한하였다.

무용예술의 본질과 목적

무용예술의 본질과 목적을 밝히기 전에 예술에 대한 정의와 가치에 대하여 살펴보고자 한다. 원래 예술은 르네상스이래로 시, 음악, 회화, 조각 및 건축을 포함한 독립개념으로 발전하였고 그 후 무용, 연극 등의 공연예술과 문학이 포함되었다(양종회, 2006, p.356). 또한 예술은 사전적 의미로는 학예와 기술, 또는 미를 창조하거나 표현하려고 하는 인간 활동이며(정은혜, 2001, p.24) 예술은 인간의 가장 진솔하면서 주요 관심사가 나타나 있는 인간의 중요한 산물이라고 한다(이찬주, 2007, p.28). 순수예술로서 미적활동에 의해 창조를 통한 인간의 가장 진솔한 면을 나타내는 산물이다.

예술은 단순히 범인의 동경이나 연습에 의해서 성립되지 않으며 그 영역에 있어 천재의 비상에 의하는 것과 예술이 인간고유의 영역을 초월하여 신적인 비밀에 접하지 않으면 성립되지 않는다고 하였다(이찬주, 2007, p.30). 이러한 예술에 대한 다양한 정의를 통해서 단순한 기술의 전수나 모방의 결정체가 예술이 될 수 없음을 알 수 있다. 이러한 예술의 가치는 이미 경험적, 감각적 현상을 초월한 일반자의 차원을 다시 한 번 초월하였기에 현실에 세계로부터 떠나 있는 높은 존재로 보고 있다(이찬주, 2007, p.30). 이는 마치 인생은 짧고 예술은 길다는 명언과 같이 예술의 현상은 오랜 시간 깊은 깨달음 등으로 완숙의 경지에 이르기까지 감히 속단, 속결 할 수 없는 것으로서 예술이 전개하는 가치의 영역은 심히 깊고 오묘한 것이다.

이러한 예술적 가치를 지니고 있는 무용예술은 인류의 삶이 시작된 시점부터 제의의 목적으로서 의식의 몸짓, 언어수단으로서의 몸짓, 생활수단으로서의 행위, 자신의 사상, 감정 등의 표현으로 무용예술은 전달하고자 하는 사상, 관념, 감각, 감정, 정서 등이 유기적으로 결합하여 관객에게 감동을 주는 메시지가 있을 때 예술적 가치가 있으며(정은혜, 2001, p.24) 인간의 철학과 사상을 신체로써 표현하는 예술이라고 하였다(이찬주, 2007, p.36). 또한 무용예술은 신체문화라는 특수성 때문에 근대적인 영향을 19C 중엽에 뒤늦게 받아 문화사적 입장에서 시대구분도 애매하고 현대라는 개념 속에 근대적 요소와 현대적인 요소가 섞여있어 무용학을 정립 하는 것에 문제점을 갖고 있다는(변학수 외 1인, 1992, p.162) 것이다.

예를 들어 시대적 변천에 따른 무용의 용어, 목적, 용도, 기능, 신분, 효과, 대상 등이 다양하나 기록 및 체계성의 결여, 전달과정의 불완전성, 일회성 및 순간성 등의 특성을 지니고 있으므로 무용학의 정립에는 어려움이 있는 것이다.

장 조르주 노베르(Jean Georges Noverre, 1727~1810, 프랑스 무용가 · 발레혁명가)는 무용예술이 탁월하여지기가 어렵다는 점을 지적하며 무용을 계승하는 것 또한 어렵다고 하였다. 또한 지식이 위대한 안무를 낳을 수 없으며 안무가의 이름이 주어질 만한 사람이 극히 드물며 가볍게 인식되고 있는가 하면 천재적인 영감이 무용예술가의 능력이기에 무용예술을 위한 모든 재능들을 안무가가 지니지 않았다며 이 분야의 활동은 시간 낭비라고 보았다(육완순 역, 1987, p.4). 이러한 점들을 보완하기 위해 노베르는 관객을 현혹시키려는 곡예적 움직임 나열에서 벗어나 극적인 표현을 통해 관객을 감동시켜야 하며 논리적이며 이해할 수 있는 플롯이 구상되어야 한다(심정민, 2001, p.55)고 하였다. 나아가 플라톤의 「법률」에는 음악과 춤이 시민의 미덕에 기여한다고 믿었는데 그 이유는 리듬과의 조화는 영혼에 가장 쉽게 스며들고 예의바름을 지니고 올바로 잘 행동하도록 교육받은 사람을 만드는데 가장 강하게 영향을 미치기 때문이라고 하였다(이찬주, 2007, p37). 이러한 진솔하고 순수하며 전인격적인 영향력을 비롯한 인간 고유의 영역을 넘어선 신적인 본질의 가치관을 내포하고 있는 무용예술은 심신이원론적인 무용예술가치관이 다시 회복되어 심신일원론적인 방향으로 전환되고 관객과 함께 내면적 의사소통이 가능한 공감대를 형성해야 한다. 더불어 무용예술이 표현하고자 하는 메시지가 관객들의 영혼과 삶에 영향력을 주기 위해서는 무용예술의 본질 및 그 목적을 달성해야 하며, 무용학의 정립과 교육, 그 실현에 최선의 노력을 해야 한다.

무용사적 고찰에 의한 무용예술의 현상

무용은 역사적으로 사회적, 예술적, 성적인 측면을 가진 독특한 문화적 혼합체이다(박재홍, 2003, p.64). 역사는 우리가 살지 않고 체험해 보지 않았음에도 오늘이 있기까지 기여한 선조들의 삶을 산 것과 같이 체험하고 느끼며 반성도 하고 도전도 할 수 있는 힘 있는 학문이라고 했듯이 세상에 존재하는 학문을 비롯하여 인간의 행위가 역사성을 고려하지 않으면 성립이 될 수 있는가? 라고 질문을 해보면 그러한 일은 불가할 것이다. 그러므로 21세기에 보다 발전적으로 지향하고 있는 무용비평에 대해, 이론적 근거가 되는 이전 시기에 대한 역사적 고찰은 대단히 중요한 작업으로 인식된다(심정민, 2004, p.171). 왜냐하면 우리나라 무용사를 형성하고 있는 요인을 보면 무용이 형성 발전된 배경, 무용가의 성별, 구성인원, 역할, 신분, 사회적 지위, 무용의 목적, 영향력, 주제, 연희장소, 안무가의 유형, 무용예술의 후원인 및 후원기관, 무용과 타 예술과의 관계 등 다양하기 때문이다. 또한 개인, 역사 및 문화적 의미에 대한 심미적 경험의 표현으로서의 무용이 강조되어야 하는 것은 무용은 단순히 동작을 이행하는 것이 아니라 동작에 대한 감정을 표출하기 때문이다(애드워드 웰버튼, 2010, p.157).

그러므로 사적 고찰을 통해서 우리가 본받아서 재현해야 할 것과 발전시킬 것, 반복하지 말아야 할 것 등을 분석하여 미래의 무용예술발전을 위한 무용교육의 방향을 제시할 것이다.

고대 부족국가시대에는 남녀노소 귀천이 없이 춤을 추었다. 경천(敬天)사상에 의해 제천(祭天)의식을 드리며 5월 파종기, 10월 추수기를 통해 전 부족이 단합하여 풍성한 수

확을 위해 기원하고 춤추며 즐겁게 가무를 하였다(고구려의 동맹, 예의 무천, 부여의 영고).

상고시대의 무용은 농경생활 중심으로서 고대의 음악, 시가, 춤은 분리되지 않고 종합예술로서 성립되었고 악 · 가 · 무(樂 · 歌 · 舞) 삼위일체를 총칭하여 악(樂)이라 하였다(송수남, 1989, p.29). 또한 제사장인 천군은 신을 섬겼으며 천군은 오늘날의 무격(巫覡)으로 보여 지고 神歌(신가)를 짓는 시인이며 작곡과 연주를 겸한 음악가이자 무용가였다(송수남, 1989, p.31). 즉, 천군은 하늘과 신을 즐겁게 하며 그 해의 추수를 감사하며 풍작을 기원하는 제사장과 같은 역할로서 오늘날의 시(詩), 가(歌), 무(舞)에 능한 예술가였으며 부족민들의 가무의 모습은 보여주기 위한 것이 아니었다. 오직 감사와 기쁨의 발현으로 신을 감동시키기에 합당한 절정의 모습이었음을 알 수 있다.

비가 오지 않아 흉년이 들면 기우제를 드리며 죄인들을 석방하여 인간의 행위가 신의 마음을 거스르게 하지 않았는지 분별하며 삶을 드렸다. 결국 이러한 모습은 무용의 원초적 시발일 뿐 다른 사람에게 보이고 즐겁게 하기 위한 것은 아니었으며 개인 사이의 화합, 부족 간의 단합, 안녕, 질서를 유지하는데 중추적 역할을 했으며 우리 민족의 문화와 예술을 발전시키는 요인의 하나가 되었다(김매자, 2003, p.8).

삼국시대에는 고구려, 백제, 신라를 중심으로 주변의 크고 작은 부족들을 정복하여 독립적 국가를 이루었기에 잦은 전쟁, 왕권과 귀족세력간의 대립, 중국과의 왕래, 불교의 도입 등으로 문화의 큰 변화가 있었으며 고대 귀족 문화가 형성되었다. 이러한 전반적 변화 속에서 고구려는 직업예술인들의 자료를 통전(通典)에 의해 전하고 있는데 음악인과 무용인으로 구별되어 전문가적인 의복으로 단장하였으며 남녀 혼성으로 열을 지어 추었다는 것이다(배소심, 김영아, 1999, p.94).

고구려는 대륙문화를 일찍 접할 수 있는 기회를 자주 가졌으며 삼국 가운데에 가장 먼저 불교를 받아들여 불교예술을 창조하였으며 중국의 남북조문화를 자기 것으로 소화, 수용시켜 독특한 예술을 창조하였다. 서역의 오현과 피리의 수입, 고려악을 대규모 가무로 편성하여 고구려인의 강건한 기질과 강력한 국력을 과시하는 발랄하고 직선적이며 동적인 춤을 만들어냈다(김매자 ,2003, p.9). 그 외에도 조용하고 섬세한 지서무, 곡예적인 호선무, 남성적인 고구려무 등을 통해 국민성을 나타냈으며 특히 고구려무는 훗날 조선후기 순조 때 효명세자에 의해 정재로 다시 연희되어 오늘날까지 남아있다(김매자, 2003, pp.9~10).

고구려무용의 특징은 통구의 무용총, 안악고분의 후실 벽화에서 발견할 수 있는데, 무용과 음악이 각각 독립된 형태로 나뉘어 연희되었고 춤의 형태가 제의 형식이 아닌 오락적 요소 즉, 보는 자와 추는 자의 관계로 형성되었음을 추측할 수 있다. 또한 대부분의 무용사 서적에서 볼 수 있는 무용총 장면을 통해서 본 4~5세기경의 고구려무용의 특징은 민간 무용의 발달, 음악과 무용의 전문인 존재 및 대규모의 무용단을 형성하고 있음을 나타낸다(최지영, 김영은, 문소미, 2003, p.105).

이상의 내용을 통해 고구려는 빈번한 전쟁이 있었음에도 국가적 종교적 차원에서 무용예술을 장려하고 발달시켰다. 그러나 "아무리 힘써 농사를 지어도 백성들은 자기들의 구복을 채울 수 없다." "그 나라 사람들은 기운이 세다. 그래서 싸움을 잘 한다"라는 삼국지에 기록에서 부권 사회적 성격을 드러내며 고구려의 춤은 그 사회적 성격에 따라 부권형의 문화를 산출하여 특히 남근숭배사상이 내포되어 있다(송혜순, 2009, p.123). 고구려의 춤은 집권자들을 위한 대규모적인 음악과 무용을 형성하였으나 신분구별이 백성과 함께하는 고대에 비해서 백성과 함께 하는 무용보다 직업 무용인을 통해서 연희적, 오락적인 것이 발달되었음을 알 수 있다. 또한 남근 숭배사상, 고구려무, 곡예적인 호선무 등의 성향은 힘과 권력으로 국가를 세우고 확장해 왕권을 과시하는 것에 편중하였음을 알 수 있다. 그러나 고구려무가 훗날 조선조에 이르기까지 그 모습은 다를지라도 보존되어 후손들이 명맥을 이어왔음은 무용예술의 영향력이 사회적으로 있었음을 알 수 있다.

백제는 삼국 가운데 가장 많은 문화 및 예술을 창제하였음에도 불구하고 오늘날 자료를 찾아 볼 수 없는 아쉬움을 갖고 있다. 통설적으로 일본에 많은 자료들이 있을 것이며, 간헐적으로도 그러한 소식을 알 수 있는 실정이다. 더불어 백제는 중국과 문화를 교류하며 일본과도 왕래를 하였다. 고구려와 마찬가지로 불교를 수용하였으며 온후하며 평화롭고, 원만하며 낙천적이고 여성적인 우아미를 지닌 독특한 예술성을 지녔다.

〈삼국사기(三國史記)〉악지에 〈통전〉을 인용한 글에 무용의 내용은 알 수 없으나 "붉은 빛깔 큰 소매의 치마저고리에 장포관을 쓰고 가죽신을 신는다."라는 자료를 통해 중국 남조의 영향을 받은 것으로 추측한다(정은혜, 2011, p.63).

백제에서 유일하게 오늘날의 무용예술도 좋은 영향력을 끼칠 수 있는 것은 미마지에 대한 자료다. 〈일본서기〉에 미마지가 오나라에서 배워온 것으로서 앵정에 소년을 모아 기악무를 익히게 하고 이에 진야의 제자 신한, 제문에게 훗날 일본에 건너가 일본의 상류층의 자녀들에게 가르쳤다고 기록되어 있다. 또한 백제의 악사와 무용수는 높은 벼슬을 누렸으며 무용수가 왕이 입었던 자줏빛 도포를 입었다는 사실은 대우를 받았음을 나타낸다.

현재 우리 민중의 노래와 춤으로 전해지는 민요, 판소리의 창법과 탈춤, 무당춤, 광대놀이의 춤사위는 백제 민중의 것만이 아니라 백제 귀족의 것이기도 했을 것으로 본다(최지영, 2003, p.109). 또한 후한서를 비롯한 여러 기록 중 "줄지어 땅을 밟으며 춤을 추었다."라는 것은 첫째, 예부터 하늘과 땅에 제사를 지낼 때 사람들은 흔히 노래와 함께 춤을 추었으며 둘째, 농업 국가로 보리밟기와 같은 농민들의 공동 작업은 흔히 있는 자연스러운 정경이며 때를 지어 일 할 때 대부분 춤과 노래가 있었기 때문에 설득력이 있다. 셋째, 노래와 춤의 기원을 공동체의 일에서 찾는다는 점이 두 번째와 맥락을 같이 한다고 보며 싸움이 잦았던 백제가 백성들에게 성을 쌓도록 할 때 흙을 다지며 작업할 때 흥을 돋우기 위해 춤을 추었을 것으로 보는 견해(최지영, 2003, pp.109~110)가 있는 것으로 보아 고구려와 유사한 상황이었음을 짐작할 수 있다. 그러나 백제는 특유의 부드러움의 국민적 특성과 예술인들에 대한 극진한 대우, 가무예술을 통한 인간교육을 중요시 하였고 타국에 전파한 교육열 및 예술관이 훌륭한 점이다. 백성들의 가무가 권력자의 힘의 논리에 의한 것 보다 좀 더 평화롭고 인격적인 면이 있다는 것이 특징이다.

신라는 삼국 중 가장 후진국임에도 강국으로 성장 발전 하였다. 특히 자주 독립 체제 국가로서 타국과의 동등한 입장을 취하는 강국의 면모를 갖추었다.

문무왕 8년에 고구려를 멸망시켜 삼국을 통일하고 주변의 부족국가들을 병합하여 발달하였기에 삼한의 고풍을 그대로 이어받았을 것이며, 무용도 예외는 아니었을 것으로 본다. 또한 신라의 영토가 넓지 않아 가야국의 병합 이후 가야의 무용이 신라에 널리 보급되고 발달되었다(정은혜, 2001, p.63). 그 예로 진흥왕의 명으로 가야인인 우륵을 신라에 귀화케 하여 계고에게는 가야금을 법지에게는 노래를 만덕에게는 춤을 가르쳤다는 것으로 알 수 있다.

나아가 불교를 공인하여 문화적인 융성을 이루기도 하였다. 무용의 예로는 원효대사가 추었다는 무애무에 대한 것이다. 오막살이 집 더벅머리 아이들도 부처의 법과 염불 한마디를 할 정도가 되었다는 것으로 원효의 교화의 효과가 큰 것으로 증명이 된다. 한편 신라시대의 궁중 무악의 발달로 일본 천왕의 국장에 80여명의 장례 무악단을 파견하기도 하였다(최지영, 2003, p.111). 이는 국가적으로 외교적 수단으로서 수준 있는 예술성을 발달시켰음을 알 수 있다.

왕립음악기관인 음성서 대악감을 설치하여 악 · 가 · 무(樂 · 歌 · 舞)를 장려하였으며 8월 한가위를 맞아 아녀자들의 길쌈내기의 여흥인 회소곡에 흥겹고 즐거운 춤을 곁들였다. 예술인들을 무척(무용수), 가척(가수), 금척(금자비)의 분야로 세분화 하였고 평민이 아닌 계급층에서 전수되고 계승된 것으로 본다(송수남, 1989, pp.43~44).

신라시대의 무용은 주로 어린 소년들이 추었으며 자료상에 여성들을 위한 회소곡과 원화들의 춤 외에 화랑이나 남성들의 춤이 대부분이며 무용의 유형에는 병창무용, 가창무용, 가면무용등으로 분류 · 발전되었음을 알 수 있다. 또 불교의 전래로 인해 팔관회를 통해 많은 사찰이나 유물 등을 남기며 삼국을 통일하는데 기초를 쌓으며 통일에 큰 기여를 한 화랑제도 역시 중추적 역할을 하였다.

통일신라의 무용은 유 · 불 · 선의 제 종교적 현상을 내포하고 있으며 우리나라의 독특한 통합적 종교성을 보이면서 유희성이 강조되어 나타난다(송혜순, 2009, p.128).

신라인들은 즉, 고대 그리스인들처럼 균형 잡힌 인체의 미를 중시하였으며 비정상적이고 강렬한 것 보다 정상적이고 현실적이며 자연적인 것을 미적 기준으로 삼았다. 그러므로 신라무용도 가장 안정되고 정상적인 조화된 동작으로 구성되어 숭고한 자연주의가 그 바탕에 흐르고 있다(정은혜, 2001, p.66)고 보았다.

신라의 무용예술은 교육적, 예술적, 외교적, 종교적, 사회적인 목적 등을 고루 갖춘 융 · 복합적이면서 대 · 내외적인 건강한 현상을 유지 발전시켰다. 예술인들에 대한 대우 및 분야의 세분화, 관장하는 기관 설치 등 상류층과 백성들이 문화적으로 함께 큰 격차를 느끼는 않는 정치로 긴 역사를 지켜왔음을 알 수 있다.

고려는 통일신라 말기의 후삼국 분열현상으로 말미암아 왕건이 고려왕조의 왕으로 추대 받으며 새로운 나라로 등장한다. 문물제도나 예술은 신라의 것을 그대로 계승을 하였다. 후삼국 분열의 재통일 및 유학의 수용, 중앙집권체제의 확립, 불교의 숭상에 따른 팔관회, 연등회 등의 거국적인 행사를 통해 왕실과 백성이 함께 하는 가운데 가무백희 등이 화려한 무대에서 연희되었다.

연등회는 부처를, 팔관회는 토속신인 천지신명을, 나례는 왕가나 민간의 악귀들을 몰아내기 위해 가면을 쓰고 추는 처용무를 추었다. 문종 27년에는 교방 여제자진경등 13인에 의해 〈답사행가무〉가 연등회에서, 교방 여제자 초영이 〈포구락〉과 〈구장기별기〉도 팔관회에서 상연되었으며 교방 여제자 진경과 초영은 당시의 음악기관인 대악서 소속의 기녀들로 보고 있다(한국무용사학, 2006, p.154). 이와 같이 관기들의 춤은 신라시대의 화랑제도와 더불어 생긴 원화제도(여기)와 비슷한 현상으로 교방기의 임무로 보고 있다.

고려시대에는 당악정재, 향악정재가 많이 연희되었는데 이러한 기능을 위해 양수척(유랑민의 한 무리)에 의해 선발된 교방기는 관청의 기녀, 관비 또는 무당등 주로 천민이었고, 그 당시 여악 담당기관인 교방을 통해 기예를 익혔다(한국무용사학, 2006, p.154).

또한 궁중 내에 '교방'을 설치 각 지방에서 美(미)와 才藝(재예)를 겸비한 관청의 기녀, 관비, 무당을 뽑아 가무를 전문적으로 습득하게 하여 정재연출을 하였다(한국무용사학, 2006, p.155).

대악서보다 늦게 설립된 관현방이라는 곳에는 악공과 여기만을 두었는데 그 이유는 음악행정을 담당하는 벼슬아치를 이미 대악서에 두고 고려 조정에 존속토록 하였기 때문이다.

고려시대에는 다양한 유형의 기생이 있는데 관기인 교방기, 지방관청의 지방기, 관에서 자유로운 사기, 사대부의 예술성을 고취하는 가기, 才(재)와 色(색)을 겸비한 남기 등이 있다. 그 가운데서도 궁중에 설치된 교방의 교방기, 기방관청의 지방기가 대표적이다. 특히 지방기의 역할은 지방관의 타향에서의 생활이 불편하지 않도록 시중드는 일과

가무로서 위로하는 것이며 지방기중 가무에 탁월한 예기(藝妓)는 외국 사신 및 국가적 대규모의 연회에 참가하는 의무가 주어졌다(한국무용사학, 2006, p.156).

고려 중기에는 제사의식보다 가무백희에 치중하여 원래의 목적을 상실한 듯 하며(김매자, 2003, p.18). 이 때 서역 및 여러 국가의 잡기가 많이 흡수되어 국가의 행사에도 상연이 되고 조선시대까지 유입되었다.

고려의 무용예술은 모든 종교적 무용을 통해서 사회악을 물리치고 나라의 평안을 기원하는데 적용하였다. 또한 향악, 당악 정재의 형성은 무용사적으로 좋은 의미를 갖고 있으나 이 또한 지나친 중국의 예속적인 사건이 아닌가 싶다. 오히려 통일 신라의 무용예술의 좋은 문화가 고려조에 이르러 가치관이 하락하였다. 특별히 여기, 남기의 등장으로 무용예술인들이 천시 받고 양수척이라는 비천한 신분으로서 왕족, 귀족 등의 소속 기녀로서의 기능과 역할을 담당하였다는 것이 안타까운 일이다. 역사의 흐름 속에서 전문인들의 신분의 변화가 극단적인 처지가 되는 것을 볼 때 다시는 이러한 일이 반복되어서는 안 될 것이며 다양한 종교의식이 그 본질을 상실하여 오락화 되었다는 점 또한 오늘날 많은 무용예술의 역할에 대하여 재고해야 할 필요성을 갖는다.

조선시대에는 이성계를 통하여 건국을 하였으며 건국초기 유교를 숭배하고 불교를 배척하는 정책으로서 삼국시대에서 고려조에 이르렀던 불교문화의 쇠퇴기를 맞는다. 모든 사상이나 문화는 유교에 의지하게 되었다. 4대 세종대왕이나 7대 세조에 이르러 훈민정음 창제와 금속활자의 발명, 그로인한 서적간행, 건축, 공예, 회화 등의 발달을 가져왔다. 예술적 측면에서 음악은 한국의 전통음악들의 기초를 이루었다(송수남, 1989, p.87).

더불어 무용은 연등회, 팔관회가 행하여지지 않았기에 나례나 산대잡극은 고려의 것이 그대로 행하며 성행하였고 무용이 주(主)가되어 행하여지는 나희나 나례에 의해 조선시대의 민속무용이 발달되었다(송수남, 1989, p.87). 또한 궁중무용의 활발한 활동으로 36가지의 춤이 만들어지고 말기까지는 총 55가지의 궁중정재가 연희되었다. 궁중에서 지속적으로 무용이 창제된 것은 국가적 지원이 있었기에 가능한 것이었음을 알 수 있다.

놀이마당 형식의 사방무대에서 한성준에 의해 일면(一面)무대의 서구식 극장이 탄생한다. 오늘날의 무용예술을 발전시켰던 모태가 되는 극적인 역사이다. 반면 조선시대의 궁중무용이 많은 종류로 연희되었으나 음악, 무용에 있어서 특기할 사항은 개국위업을 기리고 왕실과 국가의 태평성대를 축원하는 수단으로 예술을 사용함으로 무용의 본질 및 목적이 극히 국가적, 정치적으로만 편중되었던 것 같다. 이렇게 만들어진 무용과 음악은 독창적인 창의력으로 많은 종목을 만들었으며 중국 고대 제도를 부흥시키는 과정에서 조선에 맞게 고치어 사용하기에 이른다(정은혜, 2001, p.69). 그대로 복사, 모방하는 것 보다 자국적이고 창의적이었던 예술적 행위의 결실이다. 그러한 과정이 있었기에 오늘날 세계적인 면모를 갖추게 된 것이라고 보여 진다.

조선 건국 초기에 중앙에 樂을 관장할 아악서(雅樂署), 전악서(典樂署)를 두어 악정(樂政)을 바로 잡기에 힘썼다(정은혜, 2001, p.68). 그 뒤 오랜 세월을 다듬어 세종, 세조에 이르러 빛을 발하기 시작한 위나라의 문화유산인 것처럼 오늘날에도 또 다듬어 세련되고 완전한 무용예술을 기대해야 할 것이다. 훗날 효명세자에 의해 무용예술인 정재가 개작 및 창작되어 55종의 작품이 된 것은 결코 쉽게 이루어 진 것이 아님을 알 수 있다.

이 외에도 의식무인 일무, 사찰무용인 작법, 민간세습무인 무속무용 등 작자연대 미상인 여러 민속무용의 창작 및 실현 또한 조선시대의 업적이다. 끝으로 조선후기 최초로 무보를 편찬하였고 악학궤범, 정재홀기, 진연의궤 등 무용에 관해 기록한 책들이 전해오고 있다. 이러한 화려하고도 웅대한 문화유산을 조선시대 말기에 일본의 식민지화로 인하여 오랜 시간 문화의 침묵기간을 보내게 되었던 것을 볼 때, 지혜로운 미래적 예술 문화의 성찰이 반드시 지속되어 우리의 것을 잘 보존, 계승하여야 할 것이다.

갑오경장(甲午更張)이라는 사회개혁이 시작되면서 학교가 세워지고 신교육이 이루어지기 시작하였다. 그러한 과정 속에서 앞서 밝혔듯이 원각사라는 일면무대의 극장이 만들어졌고 공연예술로서의 무용예술이 이루어질 수 있는 바탕을 마련하였으며(송수남, 1989, p.132), 석정막씨의 한국방문 이후 우리나라는 새로운 창작무용예술시대를 열기 시작하였다.

신무용기의 1세대 예술가인 한성준, 최승희, 조택원 등을 위시하여 이후 송범, 임성남, 김진걸, 한영숙, 강선영 등으로 그 맥을 이어와 오늘에 이르렀다.

그 이후 서론에서 밝힌 것처럼 1963년 이화여대의 무용과 설립을 기점으로 수많은 무용가와 무용수들을 배출하였다. 이 후 많은 국내 무용과 설립, 무용과 교수진의 배출, 무용과 졸업생들의 활약, 극장의 설립, 무용단의 예술 활동 등으로 오늘날에 이르기까지 활발한 활동을 하고 있다.

이상의 사적 고찰에 의한 분석 결과는 다음과 같다.

첫째, 앞으로 무용교육을 통하여 재현되어야 할 것은 추는 자와 보는 자가 일체되는 종교서 있는 사회화 대중화를 이루어야 한다. 자연발생적인 감정에 따라 발생한 무용예술이 개인의 삶과 국가의 사회적 역할을 수행하셨던 것처럼 과거 무용예술이 가졌던 영향력이 다시 재현되어 정치와 사회에 기여하는 무용예술이 되도록 무용교육에 적용해야 할 것이다.

둘째, 본 받아 발전시켜야 할 것은 삼국시대에는 국 · 내외적으로 다국적 문화의 교류 및 친교, 장려, 교육 등의 역할을 하였듯이 오늘날도 이러한 현상은 지속되고 잇다. 그러나 더욱 국가의 위상을 세워 나가야 할 수 있어야 할 것이다. 상고시대에는 악 · 가 · 무의 일체, 왕권시대에는 악 · 가 · 무의 분리, 오늘날은 전문화의 현상에 따라 악 · 가 · 무가 분리되어 교육되고 있다. 그러나 과거 왕권시대에는 악가무가 분리되었으나 유기적 관계를 맺고 교육, 발전되었음을 인식하며 오늘날에도 종합 예술적 체계로 일체감을 가지고 교육하여야 한다. 나아가 과거 무용예술가들이 전인격적 교육을 시키는 제의적, 교육적, 신앙적 능력으로 귀족의 반열에 위치한 고급 인력이었던 것을 인식하며 오늘날 무용 전수 중심의 사고에서 역사적으로 무용예술이 정서적인 활동 뿐 아니라 지적 활동도 강조할 수 있는 주장(박재홍, 2003, p.63) 교육해야 한다.

과거 음성서, 교방, 아악서, 전악서처럼 무용예술을 관장하는 국가기관이 마련되어 국가적 차원의 교육시스템이 설치되고 확장 심화되어 무용예술전문인을 양성하고 관리 보호할 수 있는 교육적 제도적 장치를 마련하여 발전시켜야 할 것이다.

셋째, 재현되지 말아야 할 것은 고려조에 이르러 숭유억불정책과 더불어 예술전반에 가치관이 상실되면서 관기들의 출현으로 무용의 음성적 부분(권력자에 치중되어 있는 비예술적인 부분 포함)이 도출되었던 것이다. 이는 오늘날까지도 무용예술의 본질에 상흔을 주는 역할을 하고 있음으로 이원론적 세계관에서 정신과 몸을 하나의 동전 양면으로 보는 일원론적 세계관으로 변화되도록 하며 몸을 매체로 표현하는 춤의 의미와 표현 방법에 대한 연구도 폭넓고 깊이 있게 재확인하는 교육적 접근(최경실, 2009, p.10)을 통하여 사회와 대중을 인격적으로 견인하는 가치관을 내구화시켜야 할 것이다.

비평의 분석에 의한 무용예술의 현상

현대의 무용예술에 관한 현상을 무용비평 및 평론에 의해 분석하고자 한다. 무용은 순간적이며 일회적인 특성을 갖는다. 그러므로 무용비평가들을 통해 무용동작의 물리적 특성, 움직임을 통해 나타나는 미적 반응들을 한 번의 무용작품 감상을 통해 표현해야 할 필요성을 가진다.

무용비평은 여러 가지 목적을 달성하기 위하여 현재 무용추세에 대한 보고서 작성, 무용작품 기록화, 작품에 대한 과객의 교육, 무용관객의 창출, 무용비평가 자가 학습활동 등의 목적으로 무용비평은 활용되고 있다. 또한 무용비평은 사려 깊은 사고와 작품에 대한 분석을 요구하며, 특정 무용작품에 대한 무용비평을 쓰는 것은 작품관찰을 통해서 인지된 것을 이해하고, 작품의 좋고 나쁨을 지적으로 논의하며, 몸동작으로 이루어지는 무용작품을 언어로 표시하는 어려운 작업이라고 보고 있다(황인주, 2001, p.128). 이러한 관점에서 볼 때 2003년 2월말에 쓰여 진 무용의 비평적 지평에서는 비평에 규칙도 없고 심판도 없는 결과 · 지상주의가 무용예술계에 있으며 유파중심의 집단이 이루어져 이권다툼을 위한 세력 확장을 하고 때로는 무용예술을 사회적 지위나 부의 수단으로 사용한다고 한다(송종건, 2003, p.Ⅲ). 한편, 무용계에서 몸담고 활동한 다는 것은 일반인들과는 상이한 무용집단의 상징체계인 귀족문화가 무용인들의 일상과 사회의식 속에 미묘하게 내재되어 있으며 그 상징체계는 우리 민족의 정서와 밀접한 관련을 맺는 구조 속에서 잉태되었다. 우리나라 정치, 경제, 문화와 역사의 흐름을 타고 독특한 우리민족의 습성에 혼용되어 급격한 사회변화와 함께 민족적 행동 양식과 의식 구조 뿐 아니라 가치체계의 혼란을 야기하고 있다(송혜순, 2012, p.137). 이러한 비평 및 무용예술에 대한 갈등적 요인들이 완전히 해소될 수는 없겠으나 앞서 밝힌 무용비평의 기능에 의해 지속적인 학문적 접근을 통해 무용예술을 발전시켜야 할 필요성이 있다.

무용예술이 종합예술로서 협의적, 인간적, 안이함, 순간성을 가지고 있음으로 무보로도 기록, 보관되지 못하고 정확성을 유지할 수 없다는 점이 본질적으로 발전을 저해하는 문제점으로 제기된다. 삶 그 자체가 예술이 되어야 한다는 말과 같이 절정에 달할 수 있는 그 정점이 언제, 어떤 방법으로 성취될 것인가에 많은 의구심을 갖게 되기 때문이다.

안드레 레빈슨(Andre Levinson)은, 진정한 비평은 단순히 무용공연을 집중하기 보다는 무용의 안무적 측면을 논평해야 하며 그것을 논평 할 때 단순히 비평가의 취향으로 접근하는 것이 아니라 원칙에 의해서 논의하여야 하며, 그 원칙은 무용 자체 내에서부터 끌어내어진 것이어야 한다(심정민, 2004, p.13~14)라고 하면서 무용의 본질에 대한 분석과 객관성을 강조하고 있다. 즉, 원칙에 의하여 무용의 본질에 대한 분석과 객관성을 강조하고 있는데 무용예술이 우리사회에서 좀 더 보편화 되어 영향력을 끼칠 수 있는 문화의 한 부분으로 중추적 역할을 하기 위해서는 필요성과 가치 등에 대한 중요성을 대중에게 인식 시킬 필요가 있다.

이러한 관점에서 무용계를 살펴보고자 한다. 춤 비평가 협회의 김채현, 이순열, 이병옥, 김태원, 장광열 공동대표의 "2012년 한국 춤계를 진단하다."라는 공동좌담을 통해 현재 무용계는 '춤 지성'의 공백이나 후퇴가 심각하다는 것에 동의하고 있다. 이순열은 그동안 무용계가 전반적인 기량 면에서는 엄청난 비약을 이루었으나 정신적으로나 지성적으로 답보 상황을 거듭하고 있다고 하였으며 이러한 추세라면 예술이 아니며 눈과 감각을 만족시키는 오락 정도에 머물게 될 것이라고 하였다(김채현외 4인, 2012, p.24).

무용예술의 희망적인 발전을 위해서는 '좋다', '나쁘다', '마음에 든다', '안든다' 라는 찬반론적인 감성에서 좀 더 이성적인 정신적 활동을 통하여 무용계를 직시함으로 문제점을 해결해 나갈 수 있는 좋은 근거가 되는 말이라 할 수 있다. 즉, 새로운 세기를 맞은 한국의 춤계는 무엇보다 총체적으로 양보다 질적인 면에서의 변화가 절실히 요구된다. 공연에서부터 교육을 포함한 제반 여건의 변화는 물론이고, 세계 무대에서 한국 춤계의 위상을 높이는 작업까지도 포함된다. 무분별한 공연 화보의 남발, 변화되지 않는 천편일률적인 기사 구성과 레이아웃, 빈약한 정보, 무엇보다 질 낮은 기사와 평문(춤비평, 2012, p.267), 현대 무용예술의 특성 중 하나라고도 할 수 있는 공연자를 위한 박수부대(춤비평, 2012, p.264) 등 여러 가지 사안에 대해 고민하고, 그에 대한 해결점을 찾고 이를 실천적으로 수행해 나갈 주체성을 저널리즘과 크리티시즘을 포함하여 형성(춤비평, 2012, p.267)되어야 할 것이다.

사실상 공연예술무용으로 성장하기까지 무용예술은 주변을 돌아볼 수 없을 만큼 왕성한 활동을 해왔다. 최근 무용계의 대표적인 관심사는 대중화와 사회화로서, 타 예술과 무용의 대중과의 관계성이나 호응도를 볼 때, 무용이 하위권에 있는 것을 알 수 있고 공감대 형성에서 난해한 면을 많이 지니고 있다는 것이 현실이다. 이러한 상황에서 무용계는 춤추기, 공연하기라는 행위에서 무용의 존재 및 정체성에 대한 현실적 고민을 해야 할 때가 온 것이다.

1900년도 이후 오늘날까지의 무용예술의 변화의 현상을 보면 1919년 3.1운동 이후 일제의 문화말살정책으로 전통무용은 극장의 공간을 제외하고는 공연이 불가능하게 되었다. 전통무용의 전승 및 발전은 일제에 의해 철저히 차단된 반면, 다양한 서구의 춤은 의도적으로 유입되었다(심정민, p.172). 일제 압제에 의한 전통문화의 차단, 서구예술의 기능적 무대예술이 등장하였다. 반면 이에 자극을 받은 한성준의 전통무용에 의한 다방면의 민속무용 정리, 창작 등으로 한국무용 고유의 기백을 무대 춤으로 승화시킨 것이다(심정민, p.173). 그러나 초기 무용비평 및 무용의 기초이론 개념의 불확실성으로 전문성을 확립하기에는 시기적으로 촉박하였다. 그러므로 무용예술이 주관적인 감흥이나 민족 주체성을 강조하는 수준에 머물러 있었다고 할 수 있다(심정민, p.176). 즉, 국가적인 대변화로 전통성이 현대적 창작으로 자리하며 동시에 한성준의 민속무용의 발달이 무대무용을 활성화 시켰다. 그러나 원칙적이고 지성적이 무용비평의 기준이 없이 무용이 발달되었으므로 무용비평문화 뿐만 아니라 무용예술의 체계도 미흡했음을 알 수 있다.

1950년대의 무용계는 일제치하동안 억압된 한국의 민족의식과 전통사상, 무분별한 외래문화의 수용, 무용인들의 의식부족, 그리고 국가적, 사회적 무관심으로 인해 침체되어 있었다(심정민, p.177)고 하였는데 무너진 국가를 재 건립하기 위한 현실에서 무용예술계는 암흑기였다고 볼 수 있다.

1960년대 무용계는 대학 교과과정 편성의 영향으로, 한국의 무용장르가 기법에 따라 한국무용, 발레, 현대무용으로 3분화되었다. 이 시기의 무용평은 주로 작품창작과정의 문제점에 초점을 맞춘 비평내용이 주류를 이루었다. 서구 무용의 형식과 표현을 무분별하게 도입했던 한국의 창작무용은 그 내용과 형식에 있어서 많은 문제점을 드러냈고, 무용비평계는 이를 간과하지 않았다(심정민, p.180). 전반적으로 1960년대 무용계는 오늘날까지 유지 되어오는 삼분법의 무용학과의 특성을 정립하였으며 무용가 개인의 독자적인 예술관이 확립되던 시기로 기교면에서나 창작성에 체계화의 필요성을 인식하고 전문적인 무용교육이 중요한 과제로 대두 되었다. 이러한 1960년대의 활발한 무용계 상황은 1970년대로 이어지면서 한국 무용사에 커다란 이정표를 남기게 된다(심정민, p.178).

대학 동문들의 무용 활동, 무용과 교수들의 예술적 활동, 외교적 문화예술 무용 활동, 무용 공연 공연장의 설립, 국 · 시립 무용단 설립 및 국가와 시민을 위한 공연예술의 창작화 등 다양한 예술 활동이 전개된 것이다.

1990년대까지 무대예술 춤을 한국무용/현대무용/발레로 대별하는 3분법이 통용되었고, 이에 전통춤을 덧붙이는 것이 간행이었다. 그러나 예술의 측면에서 3분법은 호소력이 떨어지며 현대춤이라는 용어가 전체 무대 예술춤을 대신하는 경우가 빈번해지면서 즉흥, 퍼포먼스, 일상 동작의 춤화 같은 구성 기법들이 일반화되었다(김채현, 2010, p.117). 학교 교육에서도 기득권을 누리며 3분법교육시스템을 통해 실기를 통한 입시 위주의 무용교육을 즐긴다. 올바른 의미에서 이론과 창의성 교육의 부재로 무용창조의 상상력은 사라지고 자신의 스타일만 고집한다(송종건, 2003, 머리말)는 것으로 보아 최근 무용예술의 사회화, 대중화, 의사소통의 부재 현상은 60년대 이후 약 30여 년 간의 관행 속에서의 현상이다. 실용무용, 생활무용, 체육무용, 치료무용 등의 사회적 요구 및 변화는 이미 전개되고 있다. 이제 공연무용예술로서의 창의성의 목표와 대중과 사회의 요구를 경청하며 함께 소통하는 적극적인 자세로 변화해야 한다.

1990년대 이후 대중을 상대로 한 무대 예술 행사가 급증하였고, 춤의 경쟁자가 늘어나던 시기에 해외 단체들의 수준급 공연이 대폭 늘어나서 대학권 동문 단체들의 경쟁력은 저하되었다. 이는 60년대의 무용가들에 의한 대학무용과의 교육과 예술 발전에 이어 90년대 즈음 그 제자들 역시 무용과 교육 및 예술을 발전시켰으면 이제 차세대들이 새로운 도약을 하는 시기가 된 것이다.

2000년 무렵, 각 대학들이 배출하는 무용가들의 수가 증가하면서 포스트모던 시대에 개인주의와 자율성의 의식을 강조하는 사회적 분위기는 독자적인 창작 의식을 촉진하였다. 이 시기에 다른 예술과 같이 춤에서도 인디 무용가들은 국내뿐 아니라 해외로도 진출을 꾀하여 상당수가 유럽과 미국의 무용단에 소속했거나 소속 중이며, 해외 무용가들과 협력 창작을 도모하는 사례는 뚜렷하게 증가하고 있다(김채현, 2010, p.118).

한편, 근래 우리 무용계는 전통적인 대학에서 무용과의 폐과 또는 체육, 연극 등의 타과와의 병합이 진행되면서, 순수 춤 예술 전공생들이 눈에 띄게 줄고 힙합, 방송 댄스, 신체 치유 춤을 비롯하여, 각종 생활 춤의 인구는 늘어나면서 이들 중 일부가 춤 전공으로 새롭게 이입되고 있다(김태원, 2012, p.97).

본 연구자 역시 소속대학에서 취업지도 교수를 하고 있는데 매해 무용과 졸업생들의 무용계 진출은 2~30%에 불과하다. 무용학과에서 학업을 하지만 장래계획을 순수무용예술에만 국한시키지 않고 다방면으로 접근하고 개발해 나가고 있다. 또한 아시아 이주민 100만 시대를 맞은 다문화 시대에 세계 문화의 다양성과 우수성에 대한 관심은 향후 더욱 고조될 가능성이 크다(장광열, 2011, p.168).

최근 삶 속에 무용예술의 지경이 확장되어져 있는 것을 볼 수 있다. 문화교실, 학원, 주민센터, 노인대학, 평생교육원, 복지센타 등, 성별, 신분, 연령 고하를 막론하고 생활적 무용을 선호하고 있는 것을 알 수 있다. 그러나 그 사회적 무용들을 체계적, 미래적으로 기획하고 연구하고 실현시키는 역할을 아직은 감당하지 못하고 있다.

생명활동인 예술은 그 생명의 맥을 인지하지 못하면 방황하게 된다. 정서적으로 우울증 등 정신 장애를 양산하여 개인이나 사회 전반적 분위기를 흐리게 하는 정서적 방황을 일으키게 하지만(최윤영, 2010, p.68) 그 생명력을 더욱 활성화 시킬 수 있는 무용예술이 될 수 있음도 부인 할 수 없다. 무용예술이 가지는 파급력이 강력함으로 무용예술인들이 먼저 깨어있는 의식으로 작품을 완성해야 하며 비판적 개념들이 동원되는 무용 비평을 허용함으로써 무용작품이 갖는 의미를 이해하고 관객의 경험을 필연적으로 수정하여 무용의 이해를 제고하여야 한다(황인주, 2000, p.375). 이러한 개념은 무용예술에만 적용되는 것이 아니라 현재 사회에서 요구하고 있는 보통 사람들의 무용적 접근에도 적용이 반드시 되어야 하며 무용교육의 과제로 인식하여야 한다. 최근 국제적 교류로서 스포츠, K-POP의 열풍으로 국가적 문화위상을 세워가고 있다. 이미 무용예술도 60년대 이후 장기간의 다양한 국제적 문화사절단의 역할을 감당해 왔다. 이러한 의미에서 21세기에 실제로 국제적인 정치, 경제 행사들에는 문화적 행사가 동반되고 있으며 어떤 형태로든 정치, 경제, 사회 분야와의 연계를 확장해 나갈 필요가 있다(장광열, 2011, p.167). 시대적 흐름에 맞추어 궁극적으로 우리의 춤 문화를 세계로 발신 할 뿐 아니라 국제적 수준에서 공동의 문화협력 사업을 수행하는 과정을 통해 우리의 문화 수준을 제고하고, 문화의 다양성을 국민들이 향유할 수 있는 토대를 구축하는데 기여할 수 있어야 한다(장광열, 2011, p.168).

가끔 무용전공생에게 '무용을 왜 하느냐'고 질문하면 좋아서 한다는 반응이 대체적으로 많다. 무용에 심취되어 있는 이들에게 어떻게 좀 더 비약할 수 있는 동기부여를 해야 할지에 대하여 다양한 방법으로 그들의 마음에 접근해 본다. 그러나 대체적으로 그들이 장래에 무엇을 해야 하는지, 왜 무용을 하는지, 왜 대학에 진학 하였는지에 대하여 불분명한 상태에서 학업을 하는 것을 발견하게 된다. 이들에게 심어줘야 할 것은 진정한 예술은 현존하는 사회적 현실을 표현하고 반영할 뿐 만 아니라, 현재의 사회를 넘어선 '다른 사회'에 대한 인간의 갈망을 간직하도록 하며 무용예술과 사회는 유기적 관계로써 관심과 사명, 사랑으로 세상을 향하여 그 뜻을 펼치도록 해야 한다.

예술은 그것의 형식 때문에 상대적으로 자율적인 것으로 생각되나, 그것은 필연적으로 현실과 얽혀져 있고, 이 현실이 객관적 모순을 포함하고 있는 것처럼 예술도 그 모순을 표현한다(양종회, 2005, p.84)고 한다. 진정한 예술가라면 사회가 그들에게 기대하는 것이 무엇이며 또 예술가가 사회에 공헌해야 할 일이 무엇인가를 분명하게 인식해야만 한다.

철학자 헤겔(Hegel, Georg Wilhelm Friedrich, 1773~1831, 독일태생)은 진정한 예술가가 소위 자기가 무엇을 하고 있는지 모른다는 것은 잘못된 생각이라고 지적하였다(변학수 외 1인, 1992, p.199). 현대 실존철학의 대표자인 하이데거(M. Heidegger, 1889~1976, 독일태생)도 예술가는 제비와 같이 자유롭고, 그들의 하는 일은 악의가 없을 뿐만 아니라 꿈만 같으며 모든 일 가운데 가장 죄 없는 일을 하는 자라고 하였다(변학수 외 1인, 1992, p.118). 이는 예술가의 심성과 삶이 순수하고 소박한 것을 표현한 말이다. 하이데거처럼 예술을 위하여 착하게 살아가는 이들의 사명은 사회가 그들에게 요청하고 있는 사명과 임무를 명확히 인식하고 자각적으로 창작활동을 통하여 사회에 봉사하는 일을 가졌다는 것이다(변학수 외 1인, 1992, p.118). 그러나 대체적으로 '무용예술을 통해서 사회에 봉사한다던지 이웃을 사랑하고 섬긴다.' 라는 자세나 목적이 일반화되어 있지 않은 편이다. 우리는 매일의 삶을 통하여 누군가에게로부터 마음에 큰 감동을 받는 선물이나 칭찬의 말이나 대접을 받는 행복한 삶을 추구한다. 우리의 마음은 이러하나 우리가 행하고 있는 무용예술들을 통해서 이타적인 삶을 사는 것에 대해서는 절실하게 생각해보지 못했을 수도 있다.

무용예술은 가장 이상적인 듯 하나 가장 보편적이고, 주관적인 듯 하나 객관성이 있으며, 일반적으로 평범하다고 생각하는 삶과 생명, 인격에 대한 친밀한 사고와 가치관을 몸소 실천해야 하는 것이다.

예술가의 자질은 '첫째 세계관을 수립하는 일이며, 둘째 광범위한 문화지식과 생활경험을 쌓는 것이고, 셋째 예술기교의 연마에 있는 것이다(변학수 외 1인, 1992, p.121)라고 하였듯이 훌륭한 예술로 성장시켜 예술발전에 촉진제가 되어야 한다.

종합적인 예술형태인 무용은 형태의 다차원성 측면에서 매우 강력한 예술적 영향력을 관객에게 미친다. 이러한 영향력은 자연스럽게 무용의 가치가 어디에 있는가라는 질문을 가지게 하고 이것이 무용에 대한 이해로 귀결된다. 무용에 대한 설명은 무용비평에서 주어지기 때문에 무용비평은 무용전공학생들 또는 전문무용인들이 무용을 이해하는데 있어서 선택 가능한 무용주제라기보다 반드시 이해하고 넘어가야 될 무용주제라 할 수 있다. 또한 전문무용인으로서 무용발전을 주도할 무용전공학생들에게 무용분야에 종사함에 따라 부딪히게 되는 근본적인 문제에 대한 기본적 이해를 제공하는 것이다(황인주, 2000, p.364).

비평을 통한 무용예술의 현상을 고찰한 결과, 본질적인 측면에서 무용예술은 종합예술이나 협의적인 결합이 이루어졌으며 타 예술에 비하여 희소가치가 적어 경시의 원인이 되었다. 또한 순간예술이라는 것으로 인해 원칙과 보편성을 마련하지 못하여 발전의 저해의 요인을 가지게 되었다. 이러한 무용예술은 현대에서 사회적 지위나 부의 수단으로서가 아닌 순수예술이 가져야 할 인간의 생명을 살리는 목적에 더욱 중점을 두어야 할 것이다.

교육적인 측면에서의 무용예술은 학생들에게 세계관, 전공에 대한 정체성, 사회에 대한 유기적 송명 등을 심어줄 교육을 해야 하며 미래에 대한 확신을 줄 수 있도록 노력해야 한다. 한편 무용예술은 공연 중심의 무용예술, 대학교육으로서의 무용예술, 사회적 기능을 갖춘 무용예술로의 구조를 갖추고 교육했으나 결과적으로 공연중심에서의 무용예술은 관객과 함께 의사소통하는 예술로 사회화 하지 못하였다. 그러므로 대학교에서의 무용예술은 3분법 교육시스템을 벗어나 이론과 실기의 일원화 및 창작화를 중심으로 지성적 학문적 접근을 통해서 무용예술이 발전해야 되어야 함을 알게 되었다.

역사적인 측면을 통하여 혼란기 및 식민지 시대에도 무용의 전통성을 지켰으나 전환기에 서구무용으로 발달하였고 무용예술 및 비평면에 있어 지적인 면의 준비가 부족하여 낙후되었다. 전반적으로 무용의 질적인 면보다 양적인 면이 확대되어 내실을 기하지 못하였다. 그러나 대학동문 중심의 무용이 시대적 요청에 따라 마케팅 측면을 통하여 경쟁력이 강화됨으로 인해 특수단체의 무용단들이 구성되어 시대적으로 동문의 경쟁력이 저하되었다. 동시데 삼분법 대학무용교육의 장기화로 인하여 시대적 요구에 따르는 창의적이고 생명력 있는 지적인 창작을 신장하지 못하였다. 그러나 최근에 국제문화교류로서의 21세기 문화예술 외교가 대두되면서 무용예술이 개인차원에서 국가적 차원으로 확대 되었다. 이에 무용교육이 정치, 사회, 경제 등의 타 분야와 협력으로 국제적 인적교류, 문화교류 인프라 구축으로 상품화해야 할 필요성이 있음을 알 수 있었다.

무용교육의 현상

교육은 백년대계(百年大計)를 바라볼 수 있는 중요한 기능이다. 어느 사회에서나 교육은 성공적인 미래를 위한 준비 작업으로서 매우 중요한 의미를 지니며 한 사회의 발전은 교육의 승패에 달려 있다고 한다. 교육은 교양교육으로서 인간답게 살도록 정신을 교육시키고 기본적 지식을 제공하며 전공교육으로서 미래의 학문과 직업세계에 능동적으로 대처하며 시야를 넓혀 인접학문의 전공을 통합하고 능력과 함께 특정분야에서 우월성을 나타내는 전문인을 양성하도록 한다(김이경, 1996, p.1)고 하였다. 이러한 교육의 목적에 따라 예술교육 역시 인간발달의 정의적 측면에서 중요한 의미를 가지고 사회문화적 발달을 좌우하게 된다. 또한 개인의 타고난 자질과 최대한의 능력을 개발시켜야 한다.

존 듀이(John Dewey, 1859~1952, 미국태생)는 아동의 사회생활은 그 모든 훈련이나 성장에 있어 집중과 상호관련의 기초가 된다. 사회생활은 그의 모든 능력과 성취의 무의식적 통일성과 배경을 제공한다고 하였다(blog.naver.com/silkroad1223/40127861559). 16세기 몽테뉴(Montaigne, Michel De, 1533~1592, 프랑스 태생)는 어린이 교육이라는 논문에서 무용을 학생들의 수업으로 인정하였고 17세기 존 로크(John Locke, 1632~1704, 영국태생)도 춤이란 모든 사람에게 우아한 정서를 주고 무엇보다 남자다움과 적당한 신뢰감을 주게 된다(김영실, 홍예주, 2004, p.9)고 하였다. 이러한 교육적 목표로 인하여 무용은 한 인격체의 성장에 지대한 영향력을 주는 교육으로 인정을 받고 있었다. 한편 우리나라는 무용 또는 무용예술, 나아가 신체의 움직임 등의 무관심 또는 경시사상으로 교육적 입장에서 움직임의 교육을 배제하고 있는 실정이다.

무용예술은 무용가가 긴 시간을 두고 훈련하고 경험하고 인식하는 것을 표현한 결정체임으로 유, 초, 중등, 대학교육의 연결성을 두고 살펴보아야 할 타당성을 지닌다. 또한 라반(Laban)은 무용이 신체라는 도구를 통하여 움직이는 것이며, 자기 나름대로의 유연하고 자연스러운 움직임을 이용하여 효과적인 방법에 대한 지식을 발전시킬 수 있다고 하였다(김영실, 홍예주, 2004, p.19). 그러므로 무용예술의 완전함을 이루기 위해서는 초기의 무용교육 또는 유아기의 무용적 첫 경험을 서두르거나 속단해서도 안 되며 자연스럽고 스스로 효과적인 환경에 적응이 되어 발전시킬 수 있도록 해야 한다.

우리나라의 무용교육의 현장의 일면을 보면 다음과 같다.

무용이 항상 모든 교사와 학생에게 가장 큰 부분을 차지하지는 않는다. 무용에 대한 편견과 상투적인 생각일 수도 있고 또 다른 이유는 무용을 잘 못한다는 느낌에서 비롯되기도 한다. 어린 아동 일 수록 처음부터 마음을 열교 무용을 받아들인다. 그들 자신을 움직임으로 표현하는 것을 당연하게 여긴다. 그러나 아동이 점차 자라면, 자기의식이 생기고 할 수 있는 일과 할 수 없는 일에 목록을 만들어가기 시작하면서 잘 할 수 없는 일이라고 결정한다. 이러한 현상은 교사들에게도 해당이 되며 여러 가지 이유로 무용 수업을 꺼려한다. 그러므로 교사는 아동들의 무용에 대한 부정적인 인식을 극복시켜야 하고 교사 자신도 무용 수업을 할 만큼 충분한 준비가 되어 있지 않다고 느끼게 됨으로 어려움을 겪게 된다(김두련 역, 2001, p.13). 이러한 문제를 극복하기 위한 아동 무용교육의 구체적인 목표는 자신감과 사회 · 정서적 능력을 발달시키며 더불어 신체를 더욱 다양한 방법으로 활용할 수 있게 하며 정신 건강을 증진 시킨다. 아동무용교육은 기본적인 인지능력을 발달시킨다. 아동무용교육은 기초적인 운동능력을 기르며 신체인식, 동작가능성, 공간인식, 조작능력을 발달시킴과 동시에 나아가 심미감과 창의성을 발달시키며 규칙과 질서를 배우고 원만한 대인 관계를 유지하는 방법을 습득할 수 있는 것이다(김영실, 홍예주, 2004, p.19).

이상의 내용을 통해 알 수 있는 것은 유아의 움직임의 교육은 미래의 무용예술 전공생 및 무용가, 무용을 지원하고 후원하는 사회적 협력자로서의 기반을 구축하는 것이다. 대학무용과에 입학하는 학생들이 늦게 무용을 시작하는 경우도 있으나 어릴 때부터 무용을 전공하는 경우가 많이 있음을 참고하여 유아기의 무용의 교육은 무용계 발전에 중요한 부분임을 알 수 있다.

우리나라 초등학교 무용교육을 위한 교과과정개정(bolg.naver.com/eunby88/10032097280)은 1954년에 '교육과정 시간배당 기준령'을 제정하였고 이듬해 교육과정을 공포하였다. 제1차는 생활 중심으로서 미국진보주의 교육사조와 신교육 운동의 영향을 받았고 제2차에서는 1차 과정을 보강하고 무용에서 리듬놀이로, 춤놀이로 변화하였다. 제3차에서는 춤놀이가 다시 무용으로 변경된 후 민속무용과 표현으로 변경 되었다. 제4차에서는 인간중심으로 민속무용교재의 탈춤이 재정되었다. 제5차의 통합중심 교육과정에서는 무용에 대한 내용이 약화되어 있다. 제6차에서는 21세기 미래상을 구축하기 위하여 학교재량으로 무용교육을 하도록 하였으며 움직임에 대한 내용을 구체적으로 제시하였다. 제7차에서는 학생중심으로 현재 교육기관 마다 주5일 수업을 자율적으로 실시하여 교육하도록 하였다. 또한 예체능 교육의 부활과 등급을 점수로 하지 않은 점이 학생들로 하여금 부담감을 줄이고 향유할 수 있는 것으로서의 교과로 인식할 수 있는 한 방법이 될 수 있기에 바람직하다 할 수 있을 것이다. 더욱이 아직 초등교육 6년간 무용교육에 대한 목적과 교과내용이 국가적 차원에서 추진하고 있다는 것은 무용교육의 향상과 효과를 기대할 수 있다는 것이다. 그러나 1954년에 시작된 초등학교 교육목표가 오늘에 이르기까지 이미 대학수학능력시험을 준비하는 중요한 단계로 보고 있기 때문에 특별활동 및 학교재량에 의한 무용 수업이 진행되고 있다. 최근 주5일 수업제로 인한 토요일의 수업을 다시 학교 재량으로 활성화 시키는 과정 가운데 무용수업도 활성화 될 가능성을 갖고 있는 실정이다.

중등교육의 무용은 완전한 인간형성이라는 교육목적을 달성하기 위한 수단으로 무용의 창조과정을 다루는 것이다(하세영, 2008, p.4). 앞서 밝혔던 제1차에서 7차까지의 교과내용의 변화 역시 중등교육에도 적용하도록 제시 된 것이지만 현실적으로는 예술 중, 고등학교 및 교내 행사, 특별활동과 학원 수강 등에 의해 교육되어 지고 있는 실정이다.

하세영의 제7차 교육과정을 중심으로 한 중등무용 교육과정 분석에 관한 연구의결과를 살펴보면 무용은 신체를 단련시키는 것 뿐 만 아니라 단련된 신체로 자기의 사상과 사고를 표현하는 것, 즉 새롭게 창조하려는 창작예술임에도 불구하고 교과로서의 독립이 안 된 아쉬움이 있으며, 중등학교 현장에서 무용 수업을 체육으로 대체하거나 시간 배정이 불합리적이어서 수업이 거의 이루어지기 힘든 실정이라고 하였다(하세영, 2008, p.37).

북미의 경우 1926년 위스컨신 메디슨 대학의 여대생을 위한 체육 프로그램이라는 공식적인 교육과정으로 무용교육이 시작되었다. 이후 1970년대부터 Tile IX, 교육기회 균등법, 체육수업의 남녀 공학화, 학문화운동의 영향으로 체육은 스포츠 과학과 운동적 측면을 강조하게 되었고 무용은 예술적 측면을 강조함으로써 분화가 시작되었다. 1980년대부터는 순수예술 분야에 이관되거나 시설되는 추세를 보였다(Bonbirght, 1999).

국내에서도 시차를 두고 이와 유사한 추이가 전개되어 왔으며, 국내외적으로 무용의 교육적 가치에 대해 무용학자의 지속적인 주장이 그 동안 거듭되어 왔지만 초, 중등교육 현장에서 수용되지 못하였다(박재홍, 2003, p.56). 이는 우리나라의 대학입시 중심교육으로 인하여 무용교육은 관심영역에서 벗어나는 것이 현실이었기 때문이다.

신체적 활동이 부족하여서 오는 질병, 인터넷 사용으로 인한 운동 부족 및 질병, 입시준비로 인한 스트레스, 학군별 학교배정에 의한 운동거리 미흡 등 성장 과정에 신체활동이 절대적으로 부족한 것이 사실이다. 이러한 즈음에 앞서 무용 교육을 개혁하고 전인격 교육을 통한 행복한 삶의 촉구를 위하여 최선의 노력으로 준비하는 모델을 참고하여 수행해 가야 할 것이다. 더불어 미래의 무용예술의 인구 확보 및 대중화에 맞춤형 계획을 세워 자라나는 청소년의 인력을 최대한 확보하며 무용예술의 발전에 기여하여야 한다고 본다.

이상의 유, 초, 중등 무용교육을 살펴보았을 때, 국가적으로는 무용교육을 제도화하고 있으나 실질적으로는 유기성도 없으며 무용교육의 가치관도 교육적으로 부재인 현상을 알 수 있었다. 또한 유아부터 교육되어 미래의 무용예술가를 배출 했을 때 더욱 좋은 인재들을 양성할 수 있는 현실성도 교육적으로는 형성되어 있지 않음을 알 수 있다. 단지 개별적, 부분적으로 개척을 해야 하는 현실인 것이다. 즉, 무용에 대한 학문적 체계나 교과서에 대한 정립도 되어 있지 않은 상태에서 대학교에 입학을 하면 다양한 교과목을 접하며 연구하여 무용예술가 및 무용예술을 창출해야 되는 것이 현재의 실정이다.

우리나라의 교육법 제108조에서의 대학교육 목표는 대학은 국가와 인류사회 발전에 필요한 학술의 심오한 이론과 광범하고 정치한 응용방법을 교수 · 연구하며 인격을 도야하는 것을 목표로 한다고 되어있다. 이에 대학교육의 본질을 보면 첫째가 지식의 획득이며 둘째는 지식의 전달이다. 세 번째는 지식의 응용(김이경, 1996, pp.3~4)으로서 고등교육은 전인격형성 및 발달의 교육목표를 두었다면 대학교육은 지식을 통하여 개인, 국가, 사회 온 세계를 향한 가치를 정립하고 삶과 전문분야에 활용할 수 있느냐에 대한 것이다. 이러한 대학교육의 목적과 목표를 통하여 무용교육은 인간의 몸과 영혼으로, 미적인 내면의 표현과 외면의 표현적 움직임에 조화를 이루어 순수한 미를 성립 시키는 것으로써 무용이 수단이 아니라 목적이며 결정체가 이루기까지 과정을 소중히 여기며 가장 인간적인 모습을 유추해 내는 것이다. 이러한 본질적 목적을 이루기 위해 타 예술과의 적극적 협력 작용을 통하여 대중들과 공감대를 형성하고 아름다움을 전달 또는 의사소통하는 것이다. 그러나 무용교육이 정당하게 존재하기 위해서 무용예술의 특수성을 고려하고 이론의 정립 및 학술적 체계를 갖추어 학문으로서의 위상을 정립해야 한다.

현재 한국의 대학무용학과들의 교육목표는 첫째가 창의적, 전문적 지식을 탐구하는 것이며 둘째는 체계적인 실기와 이론을 바탕으로 전문 무용인을 양성하고 더불어 예술가, 교육자, 이론가등의 전문 인력을 양성하는 것이다(장유빈, 2013, p.14). 이를 위해서는 각 대학에서 무용 프로그램의 중요한 책임은 무용학을 배우고 연구하고자 하는 학생들을 교육시키고 다양한 교과목을 제공하여 무용영역의 지식과 경험을 넓혀주어야 한다. 현재 대학의 무용교육은 정부의 재정지원 부족, 과거의 범주를 벗지 못하는 교육과정의 내용 및 구조, 사회적 시각의 인식 결여 등의 문제가 있다(김이경, 1996, p.12). 앞서 대학무용의 교육을 통해서 공연예술무용이 형성되어 있다고 밝혔다. 또 실기와 이론이 대학교육에 존재하고 있지만 오랜 시간 무용예술은 실기라는 관념에 구속되어 실질적으로 실기와 이론을 격리되어 적용되지 못하는 실정이다.

신은경은 무용교육이 극장 예술로서의 성향을 두드러지게 반영은 하지만 실기 전문 인력으로 학생들을 준비시키지 못하고 있으며 자유주의 예술 교육 안에서 방대한 훈련을 제공하는 경향이 크다고 하였다(신은경, 2004, pp.113-127).

2003년 연구된 김지현의 무용과 학생들의 이론교육에 대한 인식 연구를 살펴보면 이론교육이 실기 및 전공자에게 끼치는 영향에서는 52.6%가 서로에게 영향을 끼친다고 응답하였으나 실기에 이론이 적용되는 것은 15.4%로 가장 적게 대답하였다. 즉, 이론교육의 필요성은 느끼지만 적용이 되어야 하는 것에 대한 타당성은 낮은 것으로 조사되었다(김지현, 2003, p.19). 이러한 현상은 대학무용교육에서 학생들의 편중된 인식의 일부분을 나타내는 좋은 사례이다.

최경희는 제도화된 대학 중심의 무용교육은 순수공연예술로서의 무용의 위치를 부각시키고 다양한 창작 활동과 학문적 제시를 통한 무용의 인식변화 및 저변 확대는 이루었으나 대학 무용교육은 양적인 팽창에 비해 교육의 질적인 성장이 병행되지 못하여 대학무용(학)과는 지적이고 학문적인 전인 교육을 이루기 어렵고, 학생 진로모색에 있어 다양한 분야의 전문 인력을 양성하는데 어려움이 있다고 하였다(최경희, 2000, p.2).

본 연구의 목적에서 다목적, 다기능성의 무용교육 및 무용인재들의 분산을 밝혔던 것처럼 상기의 내용은 이미 부분적으로 융 · 복합 교육 및 타 학문과의 접목 등 무용학과의 변화가 있지만 이즈음 구체적이고 계획적이고 단계적인 모색이 필요한 중요한 사안인 것이다.

대학무용학과 학생들의 의견을 수렴한 연구를 통하여 편중된 대학무용교육에 대한 문제점 제시는 오랜 시간 반복하여 거론되고 있음을 알 수 있으며 그 결과 무용학과 졸업이후의 진로선택에 있어서도 그 선택의 폭이 넓지 못하고 무용예술과 관련한 다양한 분야의 개발 및 발전이 저해되고 있음을 알 수 있다.

박윤희에 따르면 무용학과 졸업 후 활동분야는 무용교육자(교수, 교사, 학원 강사 등) 51.9%로 가장 높았으며 무용수(무용단 단원)가 11.6%, 대학원진학이 7.5%로 나타났다. 무용학과 교과과정의 만족도 및 취업관련성과 기여도에서 무용학고 졸업생들은 무용학과를 전공한 것에만 만족한다고 하였다. 무용과 졸업 후 사회 진출과 관련된 인접과목이 부족하여 교과과정의 개선이 필요하다고 하였는데 이는 직업을 선택할 때에도 제한성을 갖게 되기 때문이다. 새로운 진로로 희망하는 직종은 안무가, 무용수트레이너, 연출자 등의 무용지도자와 무용경영 · 기획 · 마케팅, 무대장치, 의상 등의 공연관련 전문인으로 무용전공과목에서 크게 벗어나지 않았다. 전공실기 외 취업경향에 대해서는 전체 응답자 70%가 활발하지 않다고 응답하였으며 이는 전공과목 이외에 무용과 관련된 정보가 미비하다는 것을 알 수 있다(박윤희, 2012, pp.47-48).

한편 조영인의 연구에 따르면 무용학과에 입학하는 동기는 전문적인 무용수가 되고 싶어서가 43%로 가장 높았으며 무용이론 공부와 무용교사가 되기 위해서 구체적인 전공을 찾기 위해서는 15~16%대로 비슷하게 나타났다. 진학 후 교과과정이 입학동기를 충족시켰는가에 대해서는 35%가 보통이다고 응답했으나 29%인 어느 정도 만족한다와 불만족한다의 21.4%와 큰 격차를 보이지는 않았다. 졸업 후 진로계획에서 대학 교과과정의 영향력은 31.6%가 별로 영향을 주지 않는다고 응답하였고 대학교과과정이 무용발전에 도움이 되었느냐의 질문에서 재학생은 40.2%, 졸업생 35.9%가 보통이라고 응답하였다. 무용학과 교과과정의 만족도는 44%가 보통이다고 응답하였으며 실질적인 도움을 얻지 못한다는 것이 불만족의 첫 번째 이유이다. 무용교과과정 중 실제적으로 가장 도움이 된 항목은 이론적 지식, 신체적인 기능, 지도방법 및 기능, 안무 및 창작능력 순서로 나타났다(조영인, 2012, pp.74-76).

상기의 분석을 통해서 유추할 수 있는 것은 오랜 시간의 습관으로 실기에 치중되어 있음을 알 수 있으며 다양한 무용예술 분야의 개발과 발전을 위하여 교과과정의 변화가 필요함을 알 수 있었다.

대학교 무용과에 진학 시 지원하는 동기나 장래에 대한 목표, 무용에 대한 이해 및 지식에 대한 필요성, 무용에 대중화에 대한 진지한 견해 및 욕구가 점검이 되고 그러한 부분들이 자발적으로 수용하고 연구하여 깨닫는 대학의 무용교육 환경이 요구되고 있다.

지도자는 학생들을 위하여 무엇이 필요하고 중요한 것인지에 대한 판단을 통하여 제시된 학생들의 의욕들을 잘 지도해 주고 인도할 때 예술가로서의 정체성을 실현화 시킬 수 있으며 다양한 무용예술계의 인재들을 양성할 수 있을 것이다. 지도자와 학생간의 일체된 협력이 필요하며 더불어 지도자와 지도자간의 일체성도 필요하다.

이상의 내용을 살펴본 결과 유, 초, 중등, 대학의 무용교육의 현상에 의한 분석은 다음과 같다.

첫째, 우리나라의 유, 초, 중등무용교육은 국가적으로 제도화 하고 있으나 실질적으로는 유기성이 없고 무용교육의 가치관도 교육적으로 부재인 현상을 띄고 있다. 입시위주의 교육 속에서 무용이 단일교과로서 독립이 되지 못하고 무용 수업이 체육으로 대체되거나 불합리적인 시간배정으로 수업이 거의 이루어기 어려운 실정이다. 따라서 무용의 교과지정 및 전인격적 무용교육을 통해 지적, 정서적 균형을 이루며 미래의 무용예술 인구 확보 및 대중화를 이끌 수 있는 무용교육의 방향이 설정되어야 함을 알 수 있었다.

둘째, 대학 무용과 들의 교육 목적은 창의적, 전문적 지식탐구하며 체계적인 실기와 이론을 바탕의 전문무용인 양성하고 예술가, 교육자, 이론가등의 전문 인력을 양성한다는 교육목표 지향한다. 그러나 현재 대학의 무용교육은 앞서 신은경(2004)과 김지현(2003)의 연구에서도 알 수 있듯이 극장 예술로서의 성향이 두드러지는 것에 비해 실기 전문 인력으로 학생들을 준비시키지 못하다고 있으며 이론과 실기의 균형이 잘 이루어 지지 않아 이론과 실기의 적용에 대한 타당성이 낮은 것으로 볼 때 양적인 팽창에 비하여 교육의 질적인 성장이 병행되지 못함을 알 수 있었다.

셋째, 무용과 졸업 후 사회 진출과 관련된 인접과목이 부족하여 교과과정의 개선이 필요하고 하였다. 따라서 무용의 대중화를 위한 무용예술의 특수성을 고려한 이론의 정립과 학술적 체계를 갖춘 학문으로서의 위상을 세울 수 있는 무용교육의 방향 설정이 필요함을 알 수 있다.

넷째, 대학 무용과에 진학하는 전공생들의 입학동기, 무용에 대한 이해 및 지식에 대한 필요성, 장래에 대한 목표 설정, 무용의 대중화에 대한 진지한 견해 및 욕구 등에 대한 점검과 이러한 부분을 자발적으로 수용하고 연구할 수 있는 무용교육의 환경이 요구되고 있음을 알 수 있다.

마지막으로 현재 당면한 무용교육의 문제 중 대학 무용과의 통폐합 문제, 실기와 이론의 이원화와 불균형의 실태, 무용예술의 비대중화, 의사소통을 이루지 못하는 작품의 현상, 많은 전공자들의 진로 부재 현상을 우선적으로 해결해야 할 것으로 보인다. 이를 위해서는 많은 무용인들과 기관들의 노력이 필요하며 미래지향적 무용예술 발전 방안에 따른 대학의 교육목표에 실질적인 변화가 진행되어야 할 것이다.

06 무용교육과 무용예술의 관계

21C 우리 무용예술계는 해방 이후 지속적인 발전을 거듭하며 현재에 이르렀다. 발전된 미래로 나아가기 위해서 우리는 지난 시간을 돌아보고 평가하여 앞으로의 미래를 계획해 더 나은 미래를 구축하도록 노력해야 한다. 이를 위하여 무용사적 고찰에 의한 무용예술의 현상, 비평의 분석을 통한 무용예술의 현상, 무용교육 현상을 분석함으로 무용교육의 방향을 제시하고자 하며 다음과 같은 결론을 내린다.

첫째, 무용사적 고찰에 의한 무용예술의 분석을 통해 오늘날 무용교육에서 본받아야 할 것과 재현해야 할 것, 본받지 말아야 할 것을 알 수 있다. 고대에서 현대에 이르기까지 무용은 종교성을 배제할 수 없었으며 무용예술이 개인의 삶과 국가의 사회적 역할을 수행하며 국 · 내외적으로 대국적 문화의 교육 및 친교, 장려, 교육 등의 역할을 수행 하였다. 또한 제의적, 교육적, 신앙적 능력으로 교육함으로 무용 전수 중심의 사고에서 정서와 지적 활동의 조화를 이룰 수 있는 전인격적 교육과 종합 예술적 체계로의 악 · 가 · 무가 연계되어 유기적으로 교육이 실행되었던 것을 더욱 발전시켜야 할 것이다. 그러나 고려조에 이르러 출현한 권력자에 치중되어 비예술적인 부분이 포함된 무용의 음성적인 부분을 경계하여야 할 것이다. 따라서 이원론적 세계관에서 정신과 몸을 하나로 보는 심신일원론적 무용예술가치관이 회복되어 인간 내면의 생명을 살릴 수 있는 무용교육이 이루어져야 하며 무엇보다도 사적 흐름과 연계를 갖지 못한 단절된 무용예술의 발전은 단면적인 발전에 불과하기 때문에 무용사의 이해, 분석, 논의 및 교육을 통한 유기적 무용교육이 실현되어야 한다.

둘째, 비평의 분석에 의해 무용예술은 종합예술이나 타 예술에 비해 협의적이어서 그 희소가치가 적어 경시의 원인이 되었던 것을 알 수 있듯이 원칙과 보편성을 기반에 둔 인간의 생명을 살리는 목적에 부합한 무용교육이 실시되어야 한다. 또한 무용예술은 1960년대에 접어들면서 한국무용, 현대무용, 발레로 3분화 되어 공연예술 위주의 교육이 실시되어 오던 3분법 교육시스템에서 벗어나 이론과 실기의 이론화, 창작화를 중심으로 지성적 학문적 접근과 사회적 접근이 기반이 된 무용교육의 방향이 설정 되어야 한다.

셋째, 무용예술은 전반적으로 무용의 질적인 면보다 양적인 면이 확대되어 현재 시대적 요구에 따르는 창의적이고 생명력 있는 지적인 창작을 신장하지 못하였다. 그러나 최근 국제문화교류로서의 21세기 문화예술 외교가 대두되면서 무용예술이 개인 차원에서 국가적 차원으로 확대되었다. 따라서 무용예술은 개인의 가치관과 국가관을 확립하여 민족의 단합을 견인하고 무용교육이 정치, 사회, 경제 등의 타 분야와 협력으로 국제적 인류교류, 문화교류 등의 인프라 구축으로 상품화해야 할 필요성을 시사하고 있다. 더 나아가 세대에서 세대로의 가치 있는 것을 보존하고 계승하는 사회적, 국가적 기능을 수행하여야 한다.

21세기의 사회는 좀 더 전문화 되고 실력이 겸비되어 있는 인재를 찾는다. 무용예술은 그 특성상 무용가가 긴 시간을 두고 훈련하고 경험하고 인식하는 결정체임으로 유, 초, 중등, 대학교육이 유기적인 연계성을 가지고 교육되어져야 한다.

넷째, 무용예술의 교육 현상을 통해서 국가적으로는 무용교육을 제도화 하고 있으나 실질적으로는 유기성도 없고 무용교육의 가치관도 교육적으로 부재인 현상을 알 수 있었다. 유아 때부터 교육되어 미래의 무용예술가 및 다양한 관련분야의 인재를 육성하기 위하여 무용예술도 이론과 실기의 논리적, 체계적 균형을 유지할 수 있는 무용학을 발전시키기 위한 교육적 환경을 조성해야 한다.

무용예술이 사회적 반영을 중요시해야 하는 점에 있어 실기중심, 공연중심, 삼분법의 현 대학교육의 성향을 궤도 수정하여 무용과 전공의 인력들이 사회적 역할을 이행할 수 있도록 교과내용 및 그 교육의 변화를 가져와야 한다. 앞서 역사적 현상에서 이미 무용은 무용 자체로서가 아니라 악 · 가 · 무로 형성되었다고 언급하였다. 이는 오늘날 추진코자 하는 융 · 복합 교육이 긴 시간 장려, 성장되어 온 것이다. 이렇듯 현재 도입단계에 있는 타 전공과의 융합 · 통합교육을 역사적 장점에 근거하여 더욱 확대 · 편성한다면 질 · 양적인 면에서 다양한 무용예술의 무용의 사회진출 활로를 마련할 수 있을 것이다.

다섯 째, 전문무용인을 비롯한 다양한 무용예술 인접 분야의 개발을 통한 인력의 분산을 할 수 있는 다양한 교육이 필요하다. 무용학과를 졸업한다고 하여도 모두가 전문무용수가 될 수 있는 것은 아니다. 따라서 지도자적인 사회, 예술적인 기능에 앞서 사회적 리더십을 발휘할 수 있는 다양한 전공에 따른 소수교육제와 멘토제를 실시하여 보다 깊이 있는 무용예술의 다양성을 추구하고 실력과 인성을 겸비한 인재를 육성하는 교육이 필요하다.

여섯 째, 현재 당면한 무용과의 통폐합 문제, 실기와 이론의 이원화와 불균형의 실태, 무용예술의 비대중화, 의사소통을 이루지 못하는 작품의 현상, 많은 전공자들의 진로 부재 현상을 우선적으로 해결하기 위해서는 무용인들의 노력이 필요하며 나아가 과거 국가 차원의 무용교육 기관이 설립되고 교육의 목표가 설정 되어 미래지향적 무용예술 발전 방안에 따른 교육목표에 실질적인 변화가 진행되어야 할 것이다.

무용예술인이라면 누구나 무용예술이 인간에게 얼마나 유익한 것인지에 대해서 알고 있다. 그러나 이러한 생각들을 대중들과 함께 나누지 못한다면 아무리 좋은 예술이라도 도태되고 고립되어 질 수 밖에 없음을 직시해야 한다. 또한 보존해야 할 것과 변화해야 할 것을 시대의 흐름에 맞게 재설정하여 다목적성과 다기능의 역할을 감당할 무용인들을 배출하여 사회적으로 그 책임을 감당하고 소통하는 무용교육을 통해 무용예술인의 인재를 발굴, 육성하여 무용예술계가 더욱 발전하기를 기대한다.

무용예술의 발전을 위한 미래적 제안

21C 새로운 무용교육의 방향에 따른 무용예술의 미래적 제안을 하면 다음과 같다.

첫째, 현재의 무용예술계의 협의적인 진로 진출 영역에 대한 새로운 탐색과 재분류가 이루어 져야 할 것이다. 크게는 자연과학, 인문과학, 사회과학 등으로 분야를 설정하고 예술부분, 기술부분, 기획 및 경영관리, 교육, 행정정책 등으로 대분류하고 예술부분에서는 안무/지도, 무용수, 음악부분으로 기술부분에서는 무대, 분장, 의상, 기록 등으로 소분류 한다. 기획 및 경영관리는 공연지원, 공연장의 인력, 코디네이터로 소분류하며 교육은 이론과 실기를 나누어 직업군의 분류가 필요하다. 행정정책은 정책입안과 정책집행, 비평과 언론부분으로 소분류 하였다. 기타부분에서는 움직임 분석 및 기록, 필라테스나 자이로토닉 등의 응용분야와 기독교, 불교, 천주교 등의 종교무용부분으로 재편성하여 좀 더 구체적이고 다양한 무용직업군을 개발하여야 할 것이다.

상기의 직업군의 재분류는 본 연구자가 학부와 대학원의 이론수업을 통하여 학생들과 무용예술에 대한 전반적인 현상과 교육, 발전방향을 모색하면서 재구성한 것이다. 이러한 직업군을 모색함에 있어 시대적 요청과 관행으로 실기에 치중되어 온 무용교육의 발달 자체를 차기 발달을 위한 중요한 기초로 하되 무용을 위하여 무엇이 필요하고 중요한 것 인지에 대한 다양하고 적극적인 모색이 절실히 요구되는 현실이 되었음을 또한 간과할 수 없기 때문이다.

둘째, 이론과 실기의 균형 잡힌 교과과정 편성에 대한 연구가 필요하다.

순수무용(한국무용, 현대무용, 발레)과 실용무용, 교육무용, 생활무용, 무용공연, 무용의학, 무용지도법, 무용음악, 무용비평, 무용인류학, 무용안무법, 무용창작, 무용철학, 기능학, 역학, 무용미학, 무용 분장법, 무용의 이해, 무용과 문학, 무용경영, 무용미술, 무용과 건강, 춤과 감상, 무용교육, 무용과 종교, 무용치료, 무용의 유형, 예술과 인성, 무형문화재 춤분석 등의 실기와 이론을 편성함으로써 다양한 분야에서의 무용예술을 접목하고 습득하여 무용예술의 활동영역의 확장을 도모해야 할 것이다.

셋째, 이상의 앞으로의 무용예술은 무용인이나 대중에게나 인식의 변화를 추구할 수 있는 내면적 교육의 대한 연구와 다양한 직업군을 개발할 수 있는 연구, 타 분야와의 융합교육에 관한 지속적인 연구가 이루어져 무용예술의 발전을 도모해야 한다.

21c 미래형 무용예술의 발전을 위한 교수진 탐색, 발탁과 교육자와 피교육자간의 배당의 소수화로서의 실현을 추진해야 한다. 한 지도자가 많은 무용학도들을 지도함으로 각 학도들의 적성, 능력을 모색, 발굴하지 못한 채 대학에서는 4년이라는 긴 시간을 학점이수에 몰두하다가 졸업하는 경우가 허다하다. 그러므로 무용예술의 발전을 위한 인력, 개개인은 매우 소중함을 재인식한 교육제도의 변화가 수반되어야 할 것이다.

〔별첨 1〕

서울시에서 운영하는 학교문화예술교육 지원사업 중 무용분야는 2005년 첫해 무용 '강사풀제'를 시작으로 110명의 강사를 100개의 학교에 파견하였으며, 2006년부터 '예술강사 지원사업'으로 명칭이 변경되어, 2013년에는 851명의 예술강사가 1,678개의 학교현장에서 활동하였다.

〈무용분야 예술강사 지원사업 참여 강사수와 학교수〉

년도	2005	2006	2007	2008	2009	2010	2011	2012	2013
강사수(명)	110	154	248	299	595	947	763	807	851
학교수(개교)	100	150	327	392	1,146	1,439	1,557	1,636	1,678

* 한국문화예술교육진흥원 2007~2014 연차보고서 참고

〈연도별 무용분야 예술강사 지원자격 및 선발절차〉

년도	지원자격		선발절차	시험내용
2005	교과/재량활동	특별활동/특기적성	서류전형	학력, 경력 등 자격요건과 이에 대한 심사자 소견
	무용 관련학과 4년제 대학이상 교직이수자	무용 관련학과 4년제 대학이상 졸업(예정)자		
2006	교과/선택/재량활동	특별활동	1차: 서류전형	학력, 경력 등 자격요건
	무용(학)과 4년제 대학 졸업이상 교직이수자	무용(학)과 4년제 대학 졸업자		

〈예술강사 교급별 무용교육과정 지원 현황표〉

초등				중등						
초등학교				중학교			고등학교			
기본 교과	창체	토요 동아리	돌봄 동아리	기본 교과	창체	토요 동아리	기본 교과	선택 교과	창체	토요 동아리
O	O	O	O	O	O	O	X	X	O	O

〈연도별 무용분야 예술강사 지원자격 및 선발 절차〉

<table>
<tr><th>년도</th><th colspan="2">지원자격</th><th>선발절차</th><th>시험내용</th></tr>
<tr><td rowspan="2">2005</td><td>교과/재량활동</td><td>특별활동/특기적성</td><td rowspan="2">서류전형</td><td rowspan="2">학력, 경력 등 자격요건과 이에 대한 심사자 소견</td></tr>
<tr><td>무용 관련학과 4년제 대학이상 교직이수자</td><td>무용 관련학과 4년제 대학이상 졸업(예정)자</td></tr>
<tr><td rowspan="3">2006</td><td>교과/선택/재량활동</td><td>특별활동</td><td rowspan="2">1차: 서류전형</td><td rowspan="2">학력, 경력 등 자격요건</td></tr>
<tr><td>무용(학)과 4년제 대학 졸업이상 교직이수자</td><td>무용(학)과 4년제 대학 졸업자</td></tr>
<tr><td colspan="2">강사풀제 활동 경력자 · 교직이수자 우선선발</td><td>2차: 면접</td><td>교육전문성 등 구술면접</td></tr>
<tr><td rowspan="3">2007</td><td>교과/재량활동</td><td>특별활동/특기적성</td><td colspan="2" rowspan="3">전년도와 동일</td></tr>
<tr><td>무용학과 4년제 대학이상 졸업자(중등교원 2급 자격증 소지자)</td><td>무용학과 4년제 대학이상 졸업(예정)자</td></tr>
<tr><td colspan="2">*교직이수자와 활동경력자 우선선발 및 파견</td></tr>
<tr><td rowspan="3">2008</td><td>교과/재량활동</td><td>특별활동/동아리</td><td colspan="2" rowspan="3">전년도와 동일</td></tr>
<tr><td colspan="2">무용학과 4년제 대학졸업자</td></tr>
<tr><td colspan="2">*초 · 중등 교직과정 이수자 우대</td></tr>
<tr><td rowspan="3">2009</td><td>관련교과/창의적 재량활동</td><td>계발활동/동아리</td><td colspan="2" rowspan="3">전년도와 동일</td></tr>
<tr><td colspan="2">무용학과 4년제 대학졸업자</td></tr>
<tr><td colspan="2">*관련교과 초 · 중등 교원자격증 소지자 우대</td></tr>
<tr><td rowspan="3">2010</td><td>관련교과/창의적 재량활동</td><td>계발활동/동아리</td><td>1차: 서류심사</td><td>학력, 교육활동 경력, 현장경력 등</td></tr>
<tr><td>· 무용학과 4년제 대학 졸업자
· 무용학과 대학원 졸업자</td><td>무용학과 2년제 대학 졸업자로서 최근 2년 이상 현장경력자</td><td>2차: 실기심사</td><td>초등: 외국 민속무용, 한국무용, 즉흥무용
중등: 외국 민속무용, 한국무용, 즉흥무용, 발레</td></tr>
<tr><td colspan="2">*우대자격 전년도와 동일</td><td>3차: 면접심사</td><td>교육전문성 등 구술면접</td></tr>
</table>

2011	관련교과/창의적 재량활동/창의적 체험활동	계발활동/동아리	전년도와 동일
	· 무용 관련학과 4년제 대학 졸업자 · 무용 관련학과 대학원 졸업자	무용 관련학과 2년제 대학 졸업자로서 최근 2년 이상 현장경력자	
	*우대자격 전년도와 동일 *무용 관련 학과: 무용 관련 과목 30학점 이상 이수한 자(체육학과 제외)		
2012	전년도와 동일		전년도와 동일
2013	관련교과/창의적 체험활동/토요동아리	토요동아리	전년도와 동일
	전년도와 동일	전년도와 동일	
	*우대자격 전년도와 동일		
2014	관련교과/창의적 체험활동	토요동아리/초등학교 돌봄동아리	전년도와 동일
	· 문화예술교육사 자격증 소지자 · 무용 관련학과 4년제 대학졸업자 · 무용 관련학과 대학원 졸업자	· 문화예술교육사 자격증 소지자 · 무용 관련학과 2년제 대학 졸업자로서 최근 2년 이상 현장경력자	
	*문화예술교육사 자격증 소지자 우대		

〈예술강사 배치 단계〉

<table>
<tr><th>구분</th><th>단계</th><th>대상</th><th>최대시수</th><th>거주지</th><th>교육과정</th><th>교급</th></tr>
<tr><td>재배치</td><td>step1</td><td>기존강사 상위70%
(하위30% 초과자)</td><td rowspan="2">300
(상위10% 이상:476)</td><td rowspan="4">적용</td><td rowspan="4">적용</td><td rowspan="6">적용</td></tr>
<tr><td rowspan="4">온라인
배치</td><td>step2</td><td>기존강사 상위70%
(하위30% 초과자)</td></tr>
<tr><td>step3</td><td>기존강사 하위30%
이하자</td><td>240
(하위10% 이하:180)</td></tr>
<tr><td>step4</td><td>신규강사</td><td>180</td></tr>
<tr><td>step5</td><td>기존 · 신규강사 전체</td><td rowspan="2">·</td><td rowspan="2">미적용</td><td rowspan="2">미적용</td></tr>
<tr><td>오프라인
배치</td><td>오프라인</td><td>최소시수 미만 배치
강사</td></tr>
</table>

〈초 · 중 · 고등학교 무용교육의 목표〉

교급	학제별 목표
초등학교	· 무용의 요소를 이해한다. · 자신의 느낌이나 생각을 신체로 표현할 수 있다. · 표현의 다양성을 경험하고 개개인의 독창성을 기른다. · 다양한 문화와 시대적 배경에서 무용을 이해한다. · 문화유산으로서 무용의 중요성을 인식한다. · 타 교과의 소재나 내용을 무용에 적용할 수 있다. · 생활로서의 무용을 이해한다.
중학교	· 무용의 요소를 이해하고 활용한다. · 무용즉흥과 창작과정을 통해 문제해결능력을 기른다. · 창작의 원리와 과정 그리고 구조를 이해한다. · 무용을 문화유산으로 학습하여 사물이나 현상에 대한 이해의 폭을 넓힌다. · 다양한 문화와 시대적, 역사적 배경에서 무용을 이해하고 실행한다. · 무용학습을 통하여 예술 감상 능력을 기른다. · 개방적인 사고를 지닌 문화인으로서의 태도를 갖는다.

고등 학교	· 무용의 요소를 자유롭게 활용할 수 있다. · 다양한 장르의 무용 경험을 통해 무용의 예술적 특성을 이해한다. · 안무의 원리와 방법을 이해하고 작품을 예술적으로 표현할 수 있다. · 예술과 문화의 관계를 이해한다. · 무용 감상을 통해 비판적 사고력을 기른다. · 무용을 통하여 창의적 리더십을 기른다. · 다원적 인지가 가능한 문화예술인으로 성장하게 한다.

* 김화숙 외, 무용교육론, pp.57~58, 2013

〈초 · 중 · 고등학교 무용교육의 목표〉

교급	학제별 목표
초등 학교	즉흥적이고 창의적인 놀이를 통해 신체 언어를 체험하고 이해한다. 시각, 청각, 움직임 등의 통합적 표현을 다양한 감각을 발달시킨다. 움직임을 탐색하고 발견하는 과정에서 창의력과 인지력을 개발한다. 문화로서의 무용을 체험함으로써 무용과 문화의 관계를 이해한다.
중학교	문화유산으로서의 무용을 체험하고 이해한다. 무용의 기능 및 가치, 역사, 형식 등을 이해할 수 있다. 자신의 생각이나 느낌을 다양한 움직임으로 표현할 수 있다. 움직임 표현을 통해 타인과 의사소통 할 수 있다.
고등학교	예술형식으로서의 무용을 이해하고 이를 통해 자신의 아이디어를 발전시킨다. 무용과 타예술의 통합작업을 통해 작품을 기획, 창작할 수 있다. 무용교육을 통해 자아를 개발하고 자기 치유적 기능을 실현한다. 무용을 통해 나와 가족, 사회와 문화화의 관계를 이해하고 이들과 소통할 수 있다.

* 무용교재연구회, 초등학교 무용 교수-학습자료, p.9, 2011

〈예술강사 평가 내용〉

<table>
<tr><th>평가
대상</th><th colspan="2">평가방법 및 내용</th><th>평가자</th><th>적용
비율</th><th>내용</th></tr>
<tr><td rowspan="7">예
술
강
사</td><td rowspan="2">교육
현장가</td><td>담당교사
평가</td><td>학교담당교사</td><td>30%</td><td>실제 수업에 참여한 협력수업교사(1인)가 진행</td></tr>
<tr><td>학생만족도
조사</td><td>학생
(수혜학생)</td><td>30%</td><td>담당교사가 조사 진행 후 결과 입력</td></tr>
<tr><td rowspan="2">교육
운영
관리</td><td>수업계획 및
수업일지 평가</td><td>평가위원</td><td>20%</td><td>통합운영시스템 내 등록되어 있는 수업계획 및 수업일지 평가</td></tr>
<tr><td>협조도 평가</td><td>지역운영기관</td><td>20%</td><td>공동지표 적용</td></tr>
<tr><td colspan="3">합계</td><td>100%</td><td></td></tr>
<tr><td colspan="3">도서벽지 출강여부</td><td></td><td></td></tr>
<tr><td colspan="3">교육활동경력</td><td colspan="2">강사별 교육활동 실적 분석 평가를 통해 가점 부여</td></tr>
</table>

*한국문화예술교육진흥원, 2014 예술강사 교육활동 및 운영학교 협조도 평가안내(예술강사용)

〔별첨 2〕

송종건의 인터넷 홈페이지 방명록에 실은 글 중 무용예술에 대해 갖는 생각을 실명은 밝히지 않고 15명의 글을 보고자 한다.

1) 무용단의 정기공연이 나름대로는 관객들을 위한 공연으로 자주 있지만 아직은 관객들에게 멀고 험난한 공연이라고 생각한다. 시각적 예술이라고 무용공연에 대해 배웠으나 공연을 보면 단지 관객들에게 보여주기에만 신경을 쓰지 않았는지 생각해보게 된다. 무용역시 연극, 영화, 뮤지컬, 음악, 미술처럼 시간은 걸리더라도 국민들에게 대중화되기를 바라지만 그러기 위해서는 우선적으로 능력과 신실성이 겸비된 무용수들이 되도록 땀을 흘리고, 무용의 예술적 의미와 무용의 장점인 시각적인 것을 살려야 한다.

2) 포괄적으로 현 무용계, 공연계가 안고 있는 관객유치의 실태를 직 · 간접적으로 체험하면서 문제점과 아이러니한 상황을 실감하였다. 현재 이 분야에 대한 관심은 저

조하고 다른 나라에서 연구하는 대학도 몇 안 된다. 그래서 나의 방향을 잘 잡아가고자 한다.

3) 무용을 전공하는 학생에게도 무용학이라는 것은 벅차고 안하려는 학문 중 하나인데 본문의 내용처럼 무용은 어린 아이들도 이해하기 쉽고 객관적인 것이어야 무용학이 더 발전할 것이라 생각해 본다.

4) 어떠한 무용을 해야 하며 어떤 의식을 가지고 있어야 진정한 무용인이 될 수 있는지에 대하여 금궁하다.

5) 비평에 관심을 가지고 있다. 그러나 어떻게 접근을 해야 할지 모르겠다.

6) 항상 무용은 객관적인 시각에서 질타하고 좀 더 나은 방향으로 새로운 움직임의 세계를 되돌아 볼 수 있었다.

7) 무용의 이론과 실제를 읽고 '우리나라 무용은 서구의 무용에 비해 왜 뒤처지고 발달이 되지 않고 있으며 항상 제자리걸음인가?'라는 생각을 하게 되었다. 무용이 다른 예술에 비해 육체적인 것이라 이유 없이 학문적 접근을 하지 않아서는 안 된다. 무용은 무용에 대한 고정관념들에서 탈피시켜야 하고 새로운 인식을 가지게끔 해 줘야 하는 게 우리의 과제이다.

8) 무용은 특히 초등학교 때는 아예 수업에 들어있지 않았고 중학교에 올라가면 일주일에 한번하고 고등학교 때는 그때의 입시 공부 때문에 무용 수업을 하지 않는다. 무용을 배우기 위해서는 많은 돈을 들여 학원에서 수업을 받아야 하며 대학을 가기 위해 더 많은 시간을 학교보다는 학원에 많이 투자한다.

9) 평론계의 현실이 소수의 권력을 위한 평론으로 다른 일은 묻어지고 때로는 진실한 평론가들이 사라져가는 안타까운 현실이 있다.

10) 무용상해에 대한 연구논문이 없음으로 인해서 상해에 대한 논문자료가 검색결과가 없었기 때문에 이론의 뒷받침이 부족하다는 현실을 깨닫게 되었다.

11) 좋은 춤, 좋은 안무는 안무가의 사상과 감정을 나타내는 언어 메시지인데 안무가는 고정관념을 버리고 창조적 작업을 통하여 미묘한 뭔가를 나타내야 한다. 그럼에도 불구하고 몸에 대한 한계로 인해 내용과 동작이 메시지를 표현하지 못하고 동작

의 나열에 불과할 때가 있다.

12) 무용교과 독립의 당위성이 필요하다. 또한 무용교사의 독립의 필요성도 중요하다. 진정한 무용을 위해서는 경제적 어려움도 극복하고 나라가 경제로 어려워서 무용 전공학생 수가 줄어들고 있지만 이런 문제를 해결할 수 있는 방법은 무용교과가 독립되어 많은 학생들이 배울 수 있는 기회가 많아지면 된다고 본다. 무용을 체육의 일부로 간주하고 있는 것은 순수무용예술을 성립하는 것과는 다르다고 본다. 무용에 대한 조기교육의 부재와 주로 학원에서 배우는 것이 경제적인 부담감도 많다. 학교에서 조기교육을 한다면 좋겠다. 대학입학을 앞두고, 입시 작품비, 의상비, 레슨비등이 없어서 무용을 포기한 적이 있다. 체격조건이 무용수로서는 맞지 않았으나 무용교육자로서의 희망과 열정이 남달랐다. 공교육의 독립교과로 무용이 있다면 사교육비로 인해 무용을 포기하지 않았을 것이다.

13) 우리나라는 무용을 학문으로 보지 않는다. 다만 사람들을 즐겁게 해주는 무용동작들의 연결이라고 보고 있는 것 같다. 그런데 심지어 무용학과 학생들도 그렇게 생각한다. 육체적인 노동만하기 때문에 이론은 상관없고 이론 하는 사람은 실기에 관심이 없는 것이 대부분이다. 무용을 재물의 가치로만 보고 있다. 무용은 타 학문과의 교류가 있어야 하고 생각이 튀어야 하며 세계를 바라봐야 한다.

한국무용의 역사를 바르게 쓰고 연구해야 하며 안무가는 현 시대의 흐름과 예술의 흐름을 관객에게 알려주는 실질적 역할이라고 하지만, 현대에는 그렇지만도 않은 것 같다.

우리나라 대학의 무용과 전공수업에 안무법이 있는 경우가 많지 않다. 3분법의 고정관점에 빠져있다. 사회와 함께 하는 그런 무용예술을 추구해야 한다. 우리나라 사람이 예술을 경시하는 경향이 있는데 한 나라의 예술은 그 나라의 정체성을 밝혀주고 끊임없이 이어주고 있는 매개체이다. 이제는 예술은 마음 편한 사람들이 흥얼대는 상위계층의 전유물은 아니다. 모든 예술은 정치, 사회, 경제, 사회발달등과 밀접한 관련이 있음으로 초중등 교육에도 체계화된 예술 교과로서 예술의 중요성, 가치를 올바르게 가르쳐야 한다.

14) 선진국에서는 무용의 이론적 접근을 높은 학문적 수준으로 하여 무용의 예술적 학문적 사회적 중요성을 사회에 각인시킨다.

오히려 지도자들이 무용교육에서 무엇을 가르쳐야 하는지 정돈되지 않은 상태에서 마치 학생들의 학문적 능력이 떨어져서 책임을 학생들에게 돌려주는 곳도 있다. 학생들에게 근본적인 평상시의 수업을 통해 자신감을 갖도록 해주어서 다양한 직종의 사회진출을 가능케 하고 무용기획자, 행정가, 정치학, 안무학, 정책자, 평론가등 인력을 배출시켜야 한다.

15) 다가올 미래에 직업무용수가 되든 안무가가 되던, 박수와 갈채, 칭찬으로만 힘을 얻으려 하지 않고 배우려하지 않는 그러한 사람이 되지 않아야 한다.

무용의 이해와 실제 라는 책을 통해 참 의와 지식을 동시에 배우게 되었다.

무용인으로서의 가장 기본적인 자세를 가르쳐 준 것이 아닐까 생각하였다.

모든 학생들의 글을 실은 것은 아니지만, 무용예술의 현실을 학생들도 함께 느끼고 있으며 무용예술에 대한 관심과 사랑, 의욕이 많기 때문에 잘 지도를 하면 좋은 결과가 있을 것이라는 것을 예측할 수 있었다.

*출처 송종건(2005), 무용예술의 비평적 조망, 제5부 내용 재정리

〔별첨 3〕

〈교육철학적 견해〉

낭만주의적 혹은 성숙론적 관점	· 아동의 내적 경험 · 감정에 가치를 둠. · 아동에게서 행복감을 발견할 수 있고 자신이 주체가 되고 성숙할 수 있는 자유를 주어야 한다는 관점. · 교사는 아동의 내적 능력을 펼칠 수 있는 환경을 제공하는 역할을 함.
문화 전수적 관점	· 교사가 외형적인 측정 가능한 행동들 즉 수행 행동에 관심을 갖는 것. · 과거의 정보나 규칙 혹은 가치관을 현 세대에게 전달시켜 주는 것.
발달적 – 상호 작용론적 관점	· 아동이 환경 속에서 인지적–정의적 상호작용을 하는 것을 가장 중시함. · 아동의 관점을 인정하면서 다른 관점의 문제도 볼 수 있도록 지적함.

*출처 : 김영실, 홍예주(2004), 아동무용개론

〔별첨 4〕

〈미국, 영국, 일본의 교육비교〉

미 국		영 국		일 본	
19C말	여학교, 여대설립	1885년	오스티 버그가 체조전문학교를 개교함.		
20C초	미적인무용, 체조무용,포크댄스 구성. 존 듀이의 신교육사상을 바탕으로 한 신체육론.	1910년	달크로제의 유리즈믹스, 그리크무용 도입.		
		1920년	루돌프 라반 이론에 입각한 댄스도입. 미국의 신교육사상과 존 듀이의 프레그마티즘의 입각한 교육사상 중심의 교육개혁.		
1930년대	모든 댄스 계통이 무용교육의 주류를 이룸	1930년대	교육사상 중심의 교육개혁.		

				1970년대	평생 스포츠와 Sports for All 시대사조반영.
				1990년	평생교육, 국제화, 개인차의 다양한 학습내용 준비

*출처 : 현희정역 교육학 강의(1995)

〔별첨 5〕

〈우리나라의 교과과정 개정〉

회차	시기		중심목표	내 용
1차	1954. 4. ~ 1963. 1.		생활중심	미국진보주의 교육사조와 신교육운동의 영향
2차	1963. 2. ~ 1973. 1.		경험중심	1차 교과과정의 미흡한 체제 보강 무용→리듬놀이→춤놀이로 변경
3차	1973. 2. ~ 1981. 2.		학문중심	국사교육강화 춤놀이→무용으로 변경, 민속무용과 표현으로 바뀜
4차	1982. 1. ~ 1987. 6.		인간중심	초등교과 중 민속무용교재로 탈춤이 재정 체육, 음악, 미술이 1, 2학년 통합과정으로 통합됨
5차	1987. 7.~ 1992. 9.		통합중심	기술 · 산업(남) 교과와 가정(여) 교과 통합 → 기술 · 가정 신설
6차	1992. 10 ~1997. 12.		21세기 미래상	'국민학교'→'초등학교' 명칭변경. 대학수학능력시험 시행 교과, 특별활동, 학교재량시간의 3대 영역 보강 움직임에 대한 내용을 구체적으로 제시
7차	1998 1. ~	2004	학생중심	주 5일 수업제가 부분적으로 정식 도입
		2005		매월 4번째 토요일 수업을 하지 않는 것이 최초로 도입
		2006		매월 2, 4번째 토요일 대상으로 월 2회 확대 실시
	2007		전면개정에서 대한민국 교육과정 개정 체제를 수시개정으로 바꾸어 개정	
	2009		예 · 체능 등의 과목을 특정학기에 몰아서 수업 학교 자율에 따라 교과과정 20%범위 내에서 증감운영 예 · 체능을 등급 표기하지 않고 우수, 보통, 미흡으로 3단계로 기록	

*출처 : 교육교과과정 http://blog.naver.com/eunby/88/10032097280

VIII

무용교육에 있어서 선교의 필요성

1. 서론 / 2. 성서적 무용의 양상

3. 현 무용교육의 양상 / 4. 결론

서론

본글은 2000 CDFK(Christian Dance Fellowship Korea)의 세미나에서 발표한 강의 자료이다.

예수님을 나의 구주로 영접한 것은 1987년이다. 그전까지는 하나님의 존재, 성령님의 존재를 모르는 가운데 내 중심의 춤, 무의식적인 춤, 신나는 춤, 좋아하는 춤으로 대학 교수의 위치에 이르렀다.

예수님을 만나기 전의 생활은 세상을 향한 무분별한 정열적, 정욕적인 춤으로 다가갔으며, 만나는 동료들과의 인간적인 갈등은 아픔을 자아냈다.

율법과 독선, 교만과 정죄의 마음은 날로 보이지 않는 가운데 마음속 깊이에서 나의 영혼을 부패하게 하였다.

환난을 통하여 '사랑'의 실체이신 하나님, 독생자 예수님을 만났고 그 때 비로소 나의 죄, 내 영혼의 참 모습, 내 삶의 문제, 세상의 미혹한 영 등을 알게 되었고 깊고 진실한 회개의 과정을 통하여 새 삶을 얻게 되었다.

예배와 성경 공부를 통해 나의 사명을 하나님께로부터 새롭게 부여받고 무용 교육계에서 생활한지 올해로 30여 년이 된다. 그간 세상 풍조에 밀리고 나와 같은 청년의 때를 어렵게 살고 있는 사랑하는 후배들을 향해 "너는 말씀을 전파하라 때를 얻든지 못 얻든지 항상 힘쓰라 범사에 오래 참음과 가르침으로 경책하며 경계하며 권하라"(딤후4:2)하는 말씀에 순종하며 무용계의 영혼을 사랑하시는 하나님의 큰 사랑을 전하여 왔다.

하나님으로 인해 변화 받은 나와 나의 삶처럼, 그들에게 구원의 기쁨과 변화된 사람을 영위하게 하기 위해서이다. 선교라는 것은 Mission(소명, 부르심)이다. 우리는 문화를

Cultivation이라고 한다. 문화는 우리의 삶을 더욱 인격적으로 행복하게 효율적으로 살아가기 위해 존재하며, 그 문화는 지속적으로 변화 · 발전하였다.

무용분야도 마찬가지이다. 옛것의 좋은 것을, 본질적으로 좋은 것을 추구하고, 그 원형을 잘 보존하고 계승하는 일은 참으로 중요하다. 이러한 의미에서 무용교육에도 농부가 묶은 밭을 기경하는 마음으로 새롭게 접근해야 한다.

1) 연구의 필요성 및 목적

인생에 있어서 가장 중요하고 필수적으로 인식해야 하는 것은 인간이며, 신체이고 행위이다. 인간은 신체로 말미암아 그 존재를 나타내고 있다. 특히 무용이나 성악은 신체 및 그 기능을 통하여 표현하는 행위이다.

그러한 신체 곧 몸은 누가, 어떻게 만들었는지 그 신체는 무엇을 담고 있는지 알아야 하는데 우리는 일상적으로 모체로부터 태어났고, 생리적으로 성장하며 아름다운 신체를 자연스럽게 무의식 가운데 산다는 극히 무감각한 상태로의 의식을 갖고 있는 것이다.

무용은 이러한 무의식, 무감각에서, 습관적인 생각에서 돌이키고 실체를 근본적으로 알아야 할 것이다.

성경에는 "하나님이 자기 형상 곧 하나님의 형상대로 사람을 창조하시되 남자와 여자를 창조하시고 하나님이 그들에게 복을 주시며 그들에게 이르시되 생육하고 번성하여 땅에 충만하라 땅을 정복하라 바다의 고기와 공중의 새와 땅에 움직이는 모든 생물을 다스리라 하시니라"(창 1:27-28)고 하셨다.

사람은 하나님께서 흙으로 빚으시되 코에 생기를 불어 넣으셔서 생령을 허락하셨고, 자기 형상대로 빚으셨다고 하였다.

그러면 하나님은 어떠한 분이신가?

"하나님이 세상을 이처럼 사랑하사 독생자를 주셨으니 이는 저를 믿는 자마다 멸망치 않고 영생을 얻게 하려 하심이니라"(요 3:16)고 하셨으며 "하나님은 영이시니 예배하는 자가 신령과 진정으로 예배할지니라"(요 4:24)고 하셨다.

또 "태초에 말씀이 계시니라 이 말씀이 하나님과 함께 계셨으니 이 말씀은 곧 하나님이시니라 그가 태초에 하나님과 함께 계셨고 만물이 그로 말미암아 지은바 되었으니 지은 것이 하나도 그가 없이는 된 것이 없느니라 그 안에 생명이 있었으니 이 생명은 사람들의 빛이라"(요 1:1-4)고 하신 것을 볼 때, 하나님은 너무도 우리를 사랑하사 영혼 구원을 위하여 예수님을 믿는 은혜를 주신 분이며, 영이시며, 말씀이시고, 만물을 지으신 분으로서 우리에게 참 생명으로 빛을 허락하신 분인 것을 알 수 있다.

이러한 하나님의 은혜와 사랑으로 받은 몸을 통하여 표현하는 무용인들이 선교의 대상이 되어야 하는 것은 당연한 일이 아닐 수 없다.

나아가 플라톤은 "무용은 육체의 율동과 영혼의 매개체이다"라고 했으며 W. Wagman은 "무용이란 인간의 심신 운동을 통하여 영혼을 표현하는 예술"이라고 하여 신체와 영혼과의 불가분의 관계를 나타내었는데, "그러므로, 형제들아 내가 하나님의 모든 자비하심으로 너희를 권하노니 너희 몸을 하나님이 기뻐하시는 거룩한 산 제사로 드리라 이는 너희의 드릴 영적 예배니라"(롬 12:1)는 말씀으로 미루어 볼 때, 신체를 통한 무용은 영적인 움직임이요, 영혼의 움직임이어야 한다는 것을 명백히 알 수 있다.

본 연구는 이상의 사실로 미루어 보아

첫째, 무용인들에게 하나님을 알게 하고 영생의 확신을 주시고자 하는 하나님의 뜻을 전해야 하며,

둘째, 무용인들의 모든 행위가 하나님의 영과 말씀을 토대로 거룩한 산 제사를 드리는 예배와 같이 이루어져야 되는 것을 실현시키고자 하는 데에 목적을 두고자 한다.

2) 연구 방법 및 내용

본 연구는 성서를 바탕으로 문헌 및 논문 등의 자료 분석과 연구자의 무용계 체험을 토대로 연구하고자 한다. 나아가 연구 내용은 성서적 의미로써의 무용의 접근과 대학 무용 교육의 현실과 그 환경을 중점적으로 다루되 대학생 및 대학 교육의 신뢰성 있는 문제점 지적 및 선교적 활성화 대상 분석을 위해 중고등학생들의 무용 교육의 내용을 아울러 다루고자 한다.

성서적 무용의 양상

성서의 많은 구절은 "우리의 몸을 통하여 여호와를 찬양하라"(박황숙, 1986, p.1)고 명령하고 있다. 구약의 시편에는 특별히 찬양, 송축, 경배의 모습이 다음과 같이 나타나고 있다. 28:7; 29:2; 30:11; 33:1-2; 96:1-2; 98:4-7; 100:4-7; 100:4; 101:1; 106:47-48; 107:8, 21, 22, 31(동일한 시); 117:1; 134:2; 135:1, 3; 146:1-2; 147:1, 7, 12; 148:11-13; 149:1-3, 5; 150:1-6 등이다. 그 내용은 거의 유사하며 호흡이 있는 자마다, 구원을 얻은 자마다, 남녀노소 관계없이 기쁨, 감사, 경배, 기도, 연주, 찬양, 춤으로 하나님께 송축하고 찬양하도록 되어 있다.

또한 신약에서는 "그런즉 너희가 먹든지 마시든지 무엇을 하든지 다 하나님의 영광을 위하여 하라"(고전 10:31)고 했으며 "우리가 살아도 주를 위하여 살고 죽어도 주를 위하여 죽나니 그러므로 사나 죽으나 우리가 주의 것이로라"(롬 14:8)고 했듯이 살아 계신 하나님의 자녀 된 우리들의 행위는 오직 주님만을 위한 것임을 알 수 있다.

"모든 일을 그 마음의 원대로 역사하시는 자의 뜻을 따라 우리가 예정을 입어 그 안에서 기업이 되었으니 이는 그리스도 안에서 전부터 바라던 우리로 그의 영광의 찬송이 되게 하려 하심이라 … 이는 우리의 기업에 보증이 되사 그 얻으신 것을 구속하시고 그의 영광을 찬미하게 하려 하심이라"(엡 1:11-14). 결국 우리의 모든 행위는 하나님께 영광을 올려드려야 되고 우리의 삶은 곧 하나님의 기업이 되어야 하는 것을 알 수 있다.

이상과 같이 성서를 통하여 볼 때, 우리 인간의 행위는 오직 살아 계신 하나님과 그 외아들 독생자 예수 그리스도를 찬미케 하려 하신 것을 알 수 있다.

이러한 진리의 말씀을 따라 성서에 나타난 무용의 유형과 내용을 박황숙의 논문을 통해 요약해 보면 다음과 같다.

1) 구약 시대의 춤

① 행진의 춤

- **사무엘상 6장 13-16절** : 예루살렘 안으로 들어가는 법궤 앞에서 춤추는 이스라엘 사람들과 다윗의 춤.
- **역대상 15장 27-29절** : 다윗의 춤이 가볍게 뛰는 것임을 나타냄.

② 승리의 춤

- **출애굽기 15장 20-21절** : 이집트로부터 이스라엘 사람들의 해방을 이야기하며 홍해를 가르신 구원의 하나님을 미리암 및 일단의 여인들이 소고 들고 추는 춤.
- **사무엘상 18장 6절** : 많은 수의 유대 여인들이 다윗과 사울의 승리로 말미암아 노래와 소고로 춤을 추며 승리의 귀향을 맞이함.
- **사사기 11장 34절** : 입다가 전쟁에서 승리하고 미스바에 돌아왔을 때 그의 딸이 소고를 잡고 영접한 일.

③ 신성한 것을 둘러싸는 춤

- **민수기 21장 17-18절** : 우물을 발견하고 부른 노래가 있었는데 춤이 있었을 것으로 추측함.
- **출애굽기 32장 5-19절** : 특별히 6절 말씀에 이스라엘 사람들이 내일은 여호와께 축하드리기 위한 축일이라고 공포한 아론의 말을 좇아 그날 아침 일찍 일어나 정해진 시간에 번제와 화목제를 옮기고 나서 바친 제물을 놓고 먹고 마시며 노래하고 춤을 춘 것.
- **여호수아 6장** : 여리고 성 함락 시 이스라엘 사람들이 성을 둘러싸고 행진하는 모습

은 종교적 행위였음.

④ 위안의 수단으로서의 춤

- 시편 30장 11절 "주께서 나의 슬픔을 변하여 춤이 되게 하시며 나의 베옷을 벗기고 기쁨으로 띠 띠우셨나이다." 다윗이 음부에서 건져 주심에 대한 하나님께 감사함을 표현.
- 전도서 3장 4절 "슬퍼할 때가 있고 춤출 때가 있다"라고 한 것으로 보아 춤이 고통스런 생활의 해소책이었을 것으로 추측함.

⑤ 절기의 춤

- 사사기 21장 20-21절 "베냐민 자손에게 명하여 가로되 가서 포도원에 숨어 보다가 실로의 여자들이 무도하러 나오거든" 실로의 매년 여호와를 송축하는 절기에 종교적인 춤이 포함되어 있었던 것으로 봄, 여호와를 찬양하고 기운찬 축제임.

2) 신약 시대의 춤

① 서민 생활의 춤

- 마태복음 11장 16-17절 : 아이들이 늘상 하는 놀이나 여가 행위를 나타냄.

② 상류 생활에서의 춤

- 마태복음 14장 6-8절 : 헤롯의 생일에 헤로디아의 딸이 춤추는 장면(생일 축하제).

③ 천국 비유에 나타난 춤

- 누가복음 15장 25-31절 : 탕아였던 아들이 돌아왔을 때 방탕한 아들을 용서하고 돌아온 것을 축하하는 춤.

④ 결혼의 춤

- **마태복음 9장 15절** : 22장 2-9절; 25장 1, 10절.
- **마가복은 2장 19절.**
- **누가복음 5장 34절** : 12장 36절 ; 14장 8절.
- **요한복음 2장 1-11절** : 유대인의 혼인 잔치에서 신부가 신랑 집에 가는 중에 목적지까지 기쁨으로 북, 악기 등, 남자들의 연주와 그에 따른 흥겨운 춤.

결혼 잔치는 여러 날 계속 되고 또는 여러 주일 계속되며 그 잔치에는 노래와 춤이 따름.

⑤ 초대 교회의 춤

3세기에 알렉산드리아의 클레멘트의 "이방인에게 보내는 교서"에 춤이 언급되고 있다. 4세기에 '현안'(Quaesition)이라는 부제가 붙은 문서에 예배에는 춤과 반주가 따라야 한다고 기술하고 있다.

기원 후 160년경에 내려오는 찬송가 "Act of John"이 외경에 남아 있는데 예수님이 제자들과 작별하면서 성찬식 때에 빵과 포도주를 나누며 제자들과 함께 손을 잡고 둥글게 돌아가는 모습을 표현하였다고 함."(박황숙, 1986, pp.12~32)

이상의 분류를 분석하여 보면, 구약 시대에는 신분이나 성별에 제약이 없었고, 집단 무용이었음을 알 수 있으며 공동체 의식으로써 마을이나 국가를 위한 목적이 강하였음을 알 수 있다. 기념, 기쁨, 위안, 승리, 축하 등의 목적으로서 실용화, 생활화 되어 있는 것을 알 수 있다.

또 신약 시대에는 다소 신분, 성별, 연령의 차이가 있었음을 알 수 있었다. 역시 구약 시대와 같이 생활적인 무용, 실용적인 무용으로서의 목적과 내용을 다루고 있으나 역사적인 시간의 흐름으로 인하여 삶의 형태가 바뀌면서 다소 고급화 되어 있는 부분을 엿볼 수 있었다. 특히, 초대 교회의 춤에서 예수님과 제자들 간의 격이 없는 원형의 윤무 형식은 공동체 의식의 가장 아름다운 춤의 형태였을 것으로 보인다. 이스라엘 성지 순례 중 교회에서 직접 본 것인데, 강대상 주변을 방문한 성도들이 손을 잡고 돌면서 찬송을 하던 것을 기억한다. 큰 움직임이 있었던 것은 아니었으나, 몸과 마음을 합치고 사랑으로 하나를 이루었던 아름다운 모습으로 남아 있다.

Curt Sachs는 "무용은 헌신(Sacncificial nite)이요, 주문이요, 기도요, 예언이 된다. 춤은 자연의 힘을 불러일으키기도 하며 아픈 사람을 치료하기도 하고 죽은 사람을 그의 후손과 연결하기도 한다. 춤은 먹을 것과 사냥에서의 행운과 싸움에서의 승리를 보장해 준다. 춤은 들판과 거기 살고 있는 부족에게 축복을 내려준다. 춤은 창조자이며, 수호자이다"(C.작스, 1983, p.16) 라고 했는데 다소 정령적인 표현이 있으나 춤이 삶 속에서 얼마나 소중하고 능력이 있으며 절대적인 것인지를 잘 나타낸 말이라고 보여 진다. 성서상 나타난 춤의 양상 또한 대상은 항상 하나님이시고 이웃이었다. 삶이 바로 예배이며, 기도요, 기쁨이고 가장 큰 목적이었음을 잘 나타내주고 있다.

03

현 무용 교육의 양상

1963년을 기점으로 이화여자대학교의 무용과가 처음 신설 되었다. 이후로 약 40년간을 전국적으로 각 대학에서 무용 교육을 실시하여 왔다.

각 대학, 지방별 콩쿠르와 70년대 이후로 급격히 늘어난 창작 활동 및 공연 활동이 각 대학의 무용 교육을 강화시켜 나갔다. 8,90년대 이르러, 공연할 장소가 없다고 할 정도로 공연 횟수가 많아지고 더불어 각 대학은 공연을 위한 대학이라고 해도 무방할 정도로 공연 참가 및 창작 활동이 왕성하여졌다. 그 대표적 성향이 각 대학 동우회 모임이요, 각 교수님들의 제자들과의 공연이다. 나아가 대학 입시 열풍을 가하기 시작하였다.

무용 전문 고등학교도 점차 늘어나기 시작했으며, 학원 문화가 대학 문화와 손을 잡기 시작하고 시 · 도별 무용단 및 무용제가 곳곳에 정착하였다. 짧은 시간 동안 무용은 시각적으로 크게 발전하였다고 본다.

그러나 서론에서 밝혔듯이, 하나님의 존재에 대한 인식과 진리 말씀의 부재 현상, 하나님이 주신 신체와 기능, 표현, 은사라는 것을 인식하지 못한 채, 인본주의적, 학문적 풍토가 형성되었다고 보아야 할 것이다.

무용 교육 및 대학 무용의 정체성이 모호해지기 시작하였다고 해도 과언은 아닐 것이다.

무용과 대학의 목표를 보면, "이화여자대학은 무용 예술에서의 학문적 기여, 무용을 통한 학생들의 창의력과 표현력을 함양하며 진선미의 교육 목표를 바탕으로 국제화 시대에 부응할 수 있는 유능한 교육자, 예술가, 이론가를 양성하여 무용 각 분야에서 고급 인력으로 활동 할 수 있도록 한다고 하였다.

세종대 무용과는 무용 예술의 전문가로 육성하는데 그 궁극적인 목적을 가지고 있으며 이러한 교육 목적을 위해 완벽한 교과 과정과 시설을 갖추고 학생들의 자질 향상과 이론 및 실기 교육에 중점을 두어 예술적 지도 능력 함양과 품격 높은 전문 무용 예술인의 육성을 목적으로 두고 있다.

한양대 무용과는 오늘날 사회에서 요구되고 있는 인격 함양에도 게을리 하지 않으며, 특히 학생들의 창의력 개발에 중점을 두고 개개인의 특성 있는 성장을 촉구하기 위해 무용학에 관한 학과목을 고루 형성하여 무용 교육자, 무용예술가, 무용 이론가, 무용 평론가로서의 역할을 담당케 한다."(권경화, 1999, p.6)고 교육 목표를 밝히고 있다.

3개 대학의 교육 목표는 크게 세 가지의 공통성을 갖고 있는데 전인적 교육, 창의력 교육, 다방면의 무용 인재 양성으로 꼽을 수 있다.

그런데 실질적으로 김이경의 무용 교육의 질적 향상을 위한 교육 과정 개선 방안에 관한 연구의 결과에 의하면

첫째, 5개 대학 학생들 83.7%가 현행 교육 과정의 개선을 원하고,

둘째, 무대 공연 작업 및 관련된 교과목의 개설 및 보강을 47.3% 원하며,

셋째, 실기 과목 중 창작 과목의 실제적 수업을 원하며 반드시 보강이 필요한 과목으로 53.6%로 나타내고 있으며,

넷째, 타 대학 및 전문적인 사회단체와의 상호 교류 수업을 원하는 것이 81.2%로 나타난 것(김이경, 1996, p.43) 으로 보아 잘 만들어진 교육 목적과 실제가 현저하게 차이를 나타내고 있어서 학생들의 만족도가 높지 않은 것을 알 수 있었다.

최경희는 "무용의 교육적 목적은 신체 단련, 기능 학습과 같은 체육적인 요소뿐만 아니라 정서 순화, 표현, 창조성 육성이라는 예술적 영역을 공유한다. 목적과 필요에 맞는 단계별 무용 교육 과정의 개발을 위해 학습자들이 다양한 배경과 개성을 이해 할 수 있는 교육 환경을 제공하고 무용 교육에 필요한 이론과 실기를 겸비하여 전문적인 무용 교육자를 양성하는 데 있다"(최경희, 1999, p.101)고 보았다. 나아가 "예술, 교육, 이론 영역을 전반적으로 강조하고 동시에 다방면의 전문 인력을 배출하려 하기 때문에 특성화된

교육 과정 수립을 이루지 못하고 있다. 무엇보다도 현재의 복잡한 삶의 양태와 행동 양식은 교육의 다원성과 차별성을 요구하고 있다. 무용 학문의 균형적인 발전과 무용 전공 영역의 확대라는 측면에서, 전문 무용가, 무용 교육자, 무용 이론가와 같이 학제를 특성화하는 것이 필요하다"(최경희, 1999, p.98)고 함으로써, 논문 결과에서 공연 중심의 교육 과정, 교사 양성 중심의 교육 과정, 이론 중심의 교육 과정을 각각 교육 목표, 내용, 운영면을 달리하면서 새로운 교육 과정으로 무용 교육의 특성화를 이루어야 한다고 하였다.

목적과 필요에 따른 개별적 고려에 의한 창의적이고, 전문적인 무용 교육자를 양성하며 그 목적을 이루려 하기 보다는 다원화, 차별화의 작업을 통하여서 무용이 갖고 있는 특성을 살려야 한다는 것이다.

이상으로 무용 교육 목적과 학생들의 실태, 그리고 무용 교육의 특성화 작업에 따른 문제 분석을 통하여 무용 교육의 양상을 살펴보았다.

다음은 체험적 무용 교육의 양상을 크게 대학 입시 전후와 대학 진학 중으로 나누어 살펴보겠다.

1) 대학 입시 전후 양상

입시 동기의 정체성 결여, 입시 준비의 단기성, 입시의 과다한 경쟁, 입시 준비를 위한 비논리적 연습, 입시 준비를 위한 다이어트, 입시와 콩쿠르 간의 복잡한 이해관계, 입시 준비를 위한 지도자 자질 문제, 입시 준비와 학원 문화, 입시의 부정(뇌물, 인맥, 변칙적인 입시 준비), 입시 준비를 위한 과다한 재정 소모, 중앙 진출 선호에 따른 지방학생들의 유학과 그에 따른 정서적 불안정 및 탈선, 입시 전형 방법 및 기준의 모호성 등이다.

2) 대학 진학 중의 양상

비정상적인 입시 준비로 인한 불신감, 예고 출신과 일반 출신고와의 갈등, 지방학생들의 불안정, 학원 내의 선후배 간의 비인격적인 관계, 친구 관계, 고려치 않은 적성과 교육

효과의 관계, 무용 예술 및 무용 교육에 대한 고등학교와 대학 간의 갈등, 무용과의 잦은 공연 및 해외 연수, 다수의 학생과 소수 지도 교수와의 지도의 미흡함, 무용과의 실기와 이론 간의 의식 구조의 갈등, 어긋난 축제 문화, 무용과 학생들의 아르바이트 및 취업, 대학생들의 음주 · 흡연 문화, 무용과생들 식습관 및 일과의 불균형, OT와 MT의 비정체성, 교수들의 실기 중심의 사고, 입시 전형 공동 관리 위원회의 구속, 불분명한 예술의 정체성, 외모 중심의 사고, 교수님들의 인정과 자신감, 장래 진로에 대한 불안정, 쉼의 부족, 전공별 차등.

이상의 내용은 그간 본교 및 무용계에 종사하면서 체험된 교육 현장의 현상이다. 통계적 자료에 의한 것이 아니라 편견적인 것이 다소 있겠으나, 대체적으로 긴 시간 주목되고 관심을 가져왔던 부분들이며 무용 발전에 중요하게 생각되어져야 할 것이라고 본다.

실제로 무용이라는 학문은 그 환경에 갈등과 복선이 깔려 있다. 교수와 교수 간에, 실기와 이론 간에, 학생과 교수 간에, 선후배 간에, 전공별 간에, 학교와 학생 간에, 친구 간에 등으로…

이러한 구체적이고 실제적인 교육 환경은 교육 이전에 해결되어야 할 선교적 대상이라고 본다. "주의 성령이 내게 임하셨으니 이는 가난한 자에게 복음을 전하게 하시려고 내게 기름을 부으시고 나를 보내사 포로 된 자에게 자유를 눈먼 자에게 다시 보게 함을 전파하며 눌린 자를 자유케 하고 주의 은혜의 해를 전파하게 하려 하심이라"(눅 4:18-19)는 말씀과 "집을 짓되 깊이 파고 주초를 반석 위에 놓은 사람과 같으니 큰물이 나서 탁류가 그 집에 부딪히되 잘 지은 연고로 능히 요동케 못하였거니와"(눅 6:48)라는 말씀으로 하나님께서는 심판하러 오신 것이 아니라 죄인들을 부르러 오셨다는 것을 알 수 있다. 또 어두움에 매여 있는 자들에게 빛과 소망을 주시려고 육체의 모습, 즉 그리스도로 오신 것이다. 또한 우리로 하여금 서둘러 인생을 살다가 실망하지 않게 하시려고 주님을 반석으로 세우고 그 위에 인생을 쌓도록 하신 것이다.

무용 교육도 마찬가지다. 양적인 확장, 세상적 풍조에 밀려 흔들거리는 집과 같이 제 소견에 옳은 대로 행할 것이 아니다. 주님의 진리의 말씀을 붙들고 다져나가야 할 것이다.

서론에서 창세기 1장 27-28절 내용과 같이 이 땅을 다스리고 지배하고 정복할 수 있는 주님만을 붙들고, 세례 요한이 광야에서 외친 것처럼 "…나는 선지자 이사야의 말과 같이 주의 길을 곧게 하라고 광야에서 외치는 자의 소리로라 하니라"(요1:23)한 것처럼 무용 교육의 현장과 내용과 그 주인공인 후배들을 향하여 우리는 예수 그리스도의 복음 그 진리를 뿌려야 한다. 신지혜는 무용 전공자들의 적성 및 직업 선호도 분석이라는 논문에서 "무용과 여대생들 중 전공과 일치하는 능력 적성 유형을 나타낸 경우는 3%에 불과하다"(신지혜, 1999, p.33)고 분석 되었다.

이러한 사실은 무용 전공 여대생들의 잠재적 능력 적성과 실제적 전공이 불일치함을 시사한다. 이 결과는 무용을 전공함에 있어 환경적으로나 개인적 조건으로 보았을 때 좋은 상황이 아닌 것을 알 수 있다. 따라서 무용의 예술적, 창작적 특징을 발달시키는데 바람직하지 못한 일인 것이다.

입시 무용에서는 기본기 위주의 기능 연습과 타인의 창작에 의한 작품 연습을 많이 습득한 결과 대학에서의 무용 전공을 위해 무용을 연습하는 과정에서 개인의 잠재적 능력 적성이 올바로 식별되지 못했기 때문인 것으로 사료된다고 하였다. 적성을 고려하지 않고 획일적으로 대학 입시 준비를 하였기 때문에 개인적인 능력 창의성 발휘가 더욱 약화될 수밖에 없음을 알 수 있는 것이다.

"48% : 카피라이터, 배우, 코디네이터
25% : 무용가, 조각가, 화가 및 관련 예술가
13% : 간호사, 의사, 마케팅 전문"(신지혜, 1999, p.98) 으로 나타났다.

교육 목적 이념과 실제가 부합이 되지 않으며 현실적으로 큰 괴리 현상을 낳고 있는 심리적, 환경적 부담과 더불어 적성의 비효과적, 비능률적 결과 또한 심한 스트레스를 낳고 정상적인 발전을 도모할 수 없는 것이 무용 교육의 현실이 아닌가 싶다.

손경순은 10명을 1군으로 하여 초중고등생의 무용 경험의 묘사와 분석을 통한 심리 분석을 하였는데

"초등학생은 1) 즐거움 · 유희, 2) 기쁨, 3)고통, 4) 인내, 5)경쟁심, 6)기대감, 7) 목적성

순서이며

중학생은 1)기쁨, 2)고통, 3)인내, 4)자기 인식, 5)허무감, 6)외부와의 일체감, 7)자기 초월, 8)의식과 신체의 다변성, 9)경쟁심, 10)기대감, 11)목적성 순서로 나타냈고

고등학생은 1)기쁨과 희열, 2)고통, 3)인내, 4)자유로움, 5)자기 인식, 6)허무감, 7)공감 및 시간 의식, 8)자기 추월(의식, 신체초월), 9)외부와의 일체감, 10)의식과 신체의 다변성, 11)기대감 순으로 응답하였다."(손경순, 1982, pp.21~32)

응답된 순으로 보아 고등학생 시절은 잘 관리, 운영, 지도하면 무용 교육이 이루고자 하는 목적을 성취할 수 있다는 것을 입증할 수 있는 자료인데, 실제로 앞서 밝혔듯이 입시 위주의 획일적인 교육으로 말미암아 개인적인 재능과 창의성들이 성장 발달하지 못함을 재확인해 준 것이다. "무용수들이 받는 스트레스의 원인은 대체로 임금(경제적 여건)에 따른 문제, 집단 내 인간 관계에서 오는 문제 등이다"(강미선, 1986, p.16)라고 했으며 "무용수들은 무용의 본질인 자기표현 그 표현을 통한 정신의 통일과 창작이란 가치 있는 활동을 하고자 하는 욕구가 집단생활을 직면하게 되면서, 사회적 환경에 접하게 되면서 여러 가지 제반 여건들 때문에 충족시키지 못하고 좌절되는 수가 있다. 이러한 환경적 여건은 보다 나은 무용 생활을 하는데 저해가 되므로 무용수들이 외적, 내적으로 받는 심리적 스트레스에 대하여 해소할 수 있는 대응책을 마련할 수 있다면 무용의 발전에 큰 도움이 될 것으로 생각한다."(메들린 배리, 1993, pp.6~7)고 하였다. "하나님은 우리가 전인격적인 사람이 되기를 원하신다. 즉, 몸과 마음과 영혼이 서로 다른 활동을 위해 구분되는 것이 아니라 그 모든 것이 하나로 그 분의 목적에 헌신되기를 바라신다."(진 에드워드 비이스, 1994, p.169) 또한 "천직(vocation)이라는 단어는 소명(calling)을 의미한다. 우리는 소명하면 목회자나 선교사로 부름 받은 사람들을 떠올리지만 종교개혁은 세속적인 직업도 하나님께서 주신 참된 소명일 수 있으며 하나님과 이웃을 섬기기에 합당하다는 것"(진 에드워드 비이스, 1994, pp.167~169) 을 역설한다.

곧 전인격적으로 온몸과 마음과 정성과 뜻을 다해 하나님께 마치 목회자가 헌신하듯 하는 것이 예술이라는 것이다. 곧 그것이 천직이오, 소명자의 길인 것이다.

"…건강한 자에게는 의원이 쓸데없고 병든 자에게라야 쓸데있나니, 내가 의인을 부르러 온 것이 아니요 죄인을 불러 회개시키러 왔노라"(눅 5:31-32)

나도 과거에 이렇게 부르심을 받았듯이 아름답게 기쁨과 감사로 추어야 할 무용이 복잡한 교육 환경과 스트레스, 공연 현장감 등 불안과 초조, 긴장감 등으로 평강을 누리지 못하는 교육 및 공연을 하고 있다는 것은 바로 선교의 대상인 것이다. 하나님의 시대에 집단으로 기쁨과 감사, 즐거움으로 우리의 주인 되신 하나님께 나아갔던 것처럼 세상 풍조로 인하여 형성된 예술이라는 명목하에 움직임과 표현과 인체의 자유함을 잃어버렸다면 우리는 곧 회복을 기해야 할 것이다. 병든 자가 어떻게 세상에 나가서 표현을 할 수 있으며, 메시지를 전달할까, 예수님으로 인하여 치유함을 받고, 또 세상의 병든 자를 향하여 무용인들이 세상의 예배자로, 기도자로, 치유자로 서야 될 것이다.

3) 현 무용 교육의 영적 상태

진 에드워드 비이스는 "그리스도인에게 예술의 역할은 무엇인가"에서 예술에 대한 성경의 원칙을 다음과 같이 나타냈다.

"· 예술은 하나님의 뜻 안에 있다.

· 예술가라는 직업은 하나님께 부여 받은 천직이라 할 수 있다.

· 예술적 재능은 하나님의 은사이다.

또한 하나님께서 예술가들을 위한 은사를 주셨다고 했는데, 다음과 같다.

· 성령 충만(출 35:31)

· 재능(출 35:31)

· 총명(출 35:31)

· 지식(출 35:31)

· 솜씨(출 35:31)

· 가르침(출 35:34)"(진 에드워드 비이스, 1994, pp.167~169) 이다.

성서적 배경을 통한 무용과 현 무용 교육의 양상을 통해서 무용 교육의 영적 상태를 진 에드워드 비이스의 분석과 같이 하나님 말씀에 비추어보면 현재 무용계는 성령 충만함, 재능, 총명, 지식, 솜씨, 가르침의 은사나, 하나님께로 부터 모든 것이 말미암았다는 인식이 그리스도인이나 비그리스도인에게 부족하다는 것을 알 수 있다. 무용 교육의 양상은 대체적으로 외모 중심 교육, 물질 중심 교육, 기술 중심 교육, 입시 중심 교육 등으로 치우쳐 있으며 살아가기 위한 목적으로 인하여 생명 존중, 삶의 사랑, 이웃 사랑이 결여되어 있으므로 하나님의 참 사랑에서 벗어나고 있음을 알 수 있다.

경제 대국의 꿈이 IMF로 무너졌다. 최근에는 중국과 미국과의 다방면의 견제로 전 세계의 경제와 생활권과 산업이 침체 위기에 있다고도 한다. 마치 잘 세워진 건물 속에 낙담하는 우리들의 현실처럼 외관적으로 화려하게 때로는 멋있게, 예술적으로 다듬어진 무용인들의 내면은 영혼의 안식과 평강, 기쁨과 사랑을 잃어버리고 있는지도 모른다.

"예술은 유례없는 성공을 거두며 위세를 누리고 있음에도 불구하고 바람직하지 못한 길로 가고 있다. 예술은 엘리트주의가 되어 실제적인 인간 삶에서 절연되고 말았다. 그 결과 보통 사람들은 아름다움과는 관계없는 사람들로 방치되고, 예술가 진영은 선택된 소수들에게만 전수되는 비의적(秘義的) 실험을 하는 자들이 되었다. 미적 탁월함은 상업주의, 사회적 신분 상승, 새로움만을 위한 새로움보다 열등하게 취급받았다. 나쁜 예술이 좋은 예술을 몰아내었다."(진 에드워드 비이스, 1994, pp.167~169)고 하였다. 또한 "현실적인 표층 생명만으로는 미를 발견해 낼 수 있는 창조 활동을 할 수 없다. 왜냐하면 미를 찾아낸다던가, 창조한다던가 하는 생명은 우리가 태어나면서부터 지니고 있는 순수하고 소박한 자유로운 생명이기 때문이다. …자유로운 생명에는 표상적인 창조 활동력이 있고, 현실적인 생명에는 창조성을 뒷받침해주는 표현력이 있다. 예를 들어 자유로운 생명을 생명의 두뇌라고 한다면, 현실적 생명은 생명의 수족이라고 볼 수 있다"(소림신차, 1990, p.12)고 한 것처럼 현실성의 확대로 인해 진정한 생명이 위축되고 있음을 잘 나타내고 있다.

이렇듯 하나님께서는 "이는 하나님께서 외모로 사람을 취하지 아니하심이니라"(롬 2:11) 하시며 사람의 외관 또는 형식적인 행동이 그리 중요치 않음을 나타내셨다.

또한 "너희 몸은 너희가 하나님께로부터 받은 바 너희 가운데 계신 성령의 전인 줄을 알지 못하느냐 너희는 너희의 것이 아니라 값으로 산 것이 되었으니 그런즉 너희 몸으로 하나님께 영광을 돌리라"(고전 6:19-20)고 하시어 우리는 하나님의 것이며 우리의 행위, 표현 일체가 하나님께 있음을 말씀하셨다.

또 제자들에게 이르시되 "…그러므로 내가 너희에게 이르노니 너희 목숨을 위하여 무엇을 먹을까 몸을 위하여 무엇을 입을까 염려하지 말라 목숨이 음식보다 중하고 몸이 의복보다 중하니라 까마귀를 생각하라 심지도 아니하고 거두지도 아니하며 골방도 없고 창고도 없으되 하나님이 기르시나니 너희는 새보다 얼마나 더 귀하냐 또 너희 중에 누가 염려함으로 그 키를 한자나 더할 수 있느냐 그런즉 지극히 작은 것이라도 능치 못하거든 어찌 다른 것을 염려하느냐"(죽 12:22)하시므로 무용 교육에서 외관의 염려, 장래의 염려, 세상적 염려에 치우치지 않도록 하셨다.

"고운 것도 거짓되고 아름다운 것도 헛되나 오직 여호와를 경외하는 여자는 칭찬을 받을 것이라"(잠 31:30) 하셨는데 무용의 참 본질을 정립하는데 필요한 말씀이다.

또한 "사람의 마음의 교만은 멸망의 선봉이요 겸손은 존귀의 앞잡이니라"(잠 18:12)는 말씀을 통해 예술적 교만을 제어해야 할 것이다.

"가난한 자를 조롱하는 자는 이를 지으신 주를 멸시하는 자요…"(잠 17:5)라는 말씀에서 알 수 있듯이 물질 중심, 또는 돈의 노예가 되어 있는 듯 한 무용 환경을 깊이 생각해 보아야 할 것이다.

"지식을 미워하며 여호와 경외하기를 즐거워하지 아니하며 나의 교훈을 받지 아니하고 나의 모든 책망을 업신여겼음이라 그러므로 자기 행위의 열매를 먹으며 자기 꾀에 배부르리라"(잠 1:29-31)라는 말씀처럼 지난날 무용의 동 · 서양 역사는 순탄한 길이 아니었다. 인류의 역사가 그러했던 것과 비슷하다고 보여 진다. 썩어질 것을 위하여 수고하기보다 영원한 것을 위하여 수고해야 한다. 사람은 죽으면 이름을 남기고, 호랑이는 죽으면 가죽을 남긴다고 한 것처럼, 우리의 행위의 결과는 무엇일까 깊이 생각해야 할 것이다.

보이는 것은 잠시이다. 보이지 않는 것이 영원한 것임을 우리는 역사를 통해서, 선진들이 애쓰고 힘쓴 헌신을 통해서, 가깝게는 부모님들의 헌신을 통해서 알 수 있다.

“사람아 주께서 선한 것이 무엇임을 네게 보이셨나니 여호와께서 네게 구하시는 것이 오직 공의를 행하며 인자를 사랑하며 겸손히 네 하나님과 함께 행하는 것이 아니냐”(미 6:8).

“인자가 온 것은 섬김을 받으려 함이 아니라 도리어 섬기려하고 자기 목숨을 많은 사람의 대속물로 주려 함이니라”(마 20:28)고 하셨다.

가정에서 부모, 자녀 간의 행하는 참 사랑의 본질이 교육 현장에서도 이루어져야 한다. 자녀가 잘 되기 위해서 부모가 헌신하고, 경책하며, 인내하며 섬기듯, 분명한 진리로 사제지간이, 선후배 간이, 동료 간의 모든 만남과 무용계가 그러해야 할 것이다.

“가로되 나는 선지자 이사야의 말과 같이 주의 길을 곧게 하라고 광야에서 외치는 자의 소리로라 하니라”(요 1:23).

깊은 영적으로 골이 패어 있는 무용계를 평탄케 하기 위해 교육의 현장에서 만나는 자녀와 같은 그들에게 진리로 외쳐야 할 것이다.

톨스토이는 “예술이라는 것은 많은 사람들의 노력과 생명을 요구할 뿐만 아니라 경우에 따라서는 인간 상호 간의 애정까지 파괴하면서도 그 본질이 무엇인지는 명확하게 규정되어 있지 않을 뿐만 아니라 예술을 애호한다는 사람들 사이에서도 그 해석이 모순되기 때문에 일반적으로 예술이 무엇을 의미하는지 알 수 없다. 특히, 훌륭하고 유익한 예술, 그것을 위해서는 지금 치르고 있는 만큼의 희생을 바쳐도 좋다고 생각될 예술이란 과연 무엇을 의미하는지 쉽게 말할 수 없다”(톨스토이, 1989, p.22)고 하였다.

또 톨스토이는 진정한 과학을 정의하기를 “참으로 존경할만한 가치를 지닌 것은 무엇을 믿어야 하고 무엇을 믿어서는 안 된다는 것을 아는 일, 사람들의 공동생활은 어떻게 조직해야 하며 또 어떻게 조직해서는 안 된다는 것을 아는 일, 성관계를 어떻게 취급해야 할 것인가, 아이는 어떻게 교육할 것인가, 토지는 어떻게 이용할 것인가, 외국인을 대하거나 생물을 다룰 때는 어떻게 해야 할 것인가 하는 것 외에도 인간 생활에 중요한 것을 좀 더 많이 아는 일이다. 진정한 과학은 항상 이와 같은 것이었으며 또 당연한 그런 것이어야 한다”(톨스토이, 1989, p.225)고 하였듯이 인간의 행위와 삶을 진정으로 조정하고 지배하는 것은 우리의 가치 있는 의미 있는 생각, 마음, 즉 영혼의 발로라고 볼 수 있는 것이다.

"그런즉 누구든지 그리스도 안에 있으면 새로운 피조물이라 이전 것은 지나갔으니 보라 새것이 되었도다"(고후 5:17).

무용계의 구습의 썩어질 것들은 버리고 새 마음으로 새 영으로 거듭나기를 소망한다.

결론

무용 교육에 있어서 선교의 필요성을 제시하기 위해 성서적 배경의 무용, 현재 무용 교육의 상태, 영적 분석 등을 통하여 연구한 결과 다음과 같은 결론을 맺는다.

첫째, 성서적 무용은 우리의 참 주인이신 하나님께 영광을 돌리며 기쁨과 감사, 경배와 찬양, 기도와 간구, 집단적 사랑과 나눔을 표현했지만 현재 무용 교육은 하나님을 인식하지 못하고 있으며 세상적인 소기의 목적과 개인적인 목적을 이루려는 과정 속에 있다.

둘째, 무용은 표현 예술이며 신체와 인격이 통합하여 이루는 종합 예술이기에 내면적 영적 상태를 무시한 결과는 인류, 사회, 개인 등의 발전에 효과를 기대할 수 없다. 무용을 배우는 학생들에게 있어 영적 황폐화는 다방면의 스트레스를 일으키고 결국 선교는 해결책의 하나로써 필수적인 것임을 알 수 있다.

셋째, 이론적 배경에서 언급하였듯이 현 무용 교육의 문제점들(이론과 실제의 부조화, 개념과 현상과의 괴리 등)을 해소하여 많은 대학 및 교육 기관, 그리고 인력이 투자되고 있는 좋은 여건들을 재생산해야 한다. 그리하여 좋아하는 춤에서 좋은 춤으로의 현상과 관객을 위한 국가관, 민족관, 사회관이 깃들어 있는 신앙적 총체성이 정립되어야 함을 알 수 있다.

이상의 결론을 통하여 온 세상에 복음을 전하는 것이 마땅하며 우리가 서 있는 곳에서 복음을 전하는 것이 또한 마땅하다는 하나님의 진리의 전제 하에, 기독교 및 천주교를 포함하여 기독인이 평균 30% 이상이라고 볼 때, 특별히 하나님께서 주신 신체와 영으로 삶과 무용 예술 속에 선교적 자세로 임하는 것은 당연하다고 볼 수 있을 것이다.

IX

예술관련 자격증

01

예술관련 자격증

◎ 문화예술교육사

■ 도입 배경

국가자격 제도를 도입함에 따라 문화예술교육 전문 인력의 자격요건을 보다 명확히 하여 사회적 신뢰기반을 구축하고자 합니다. 이를 통해 활동근거와 위상을 재고하여 관련 인력의 자긍심과 자존감을 고취할 수 있을 것으로 기대됩니다. 또한 국제화, 다양화 시대를 맞아 문화예술교육 인력양성 기관을 다원화하고자 합니다.

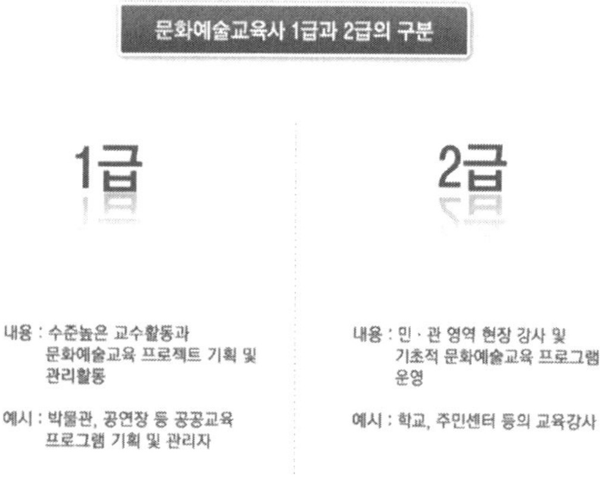

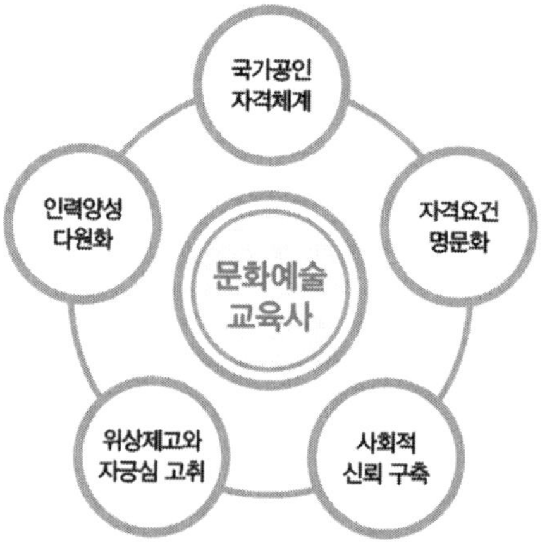

■ 개념

문화예술교육사는 문화예술교육 관련 외에 문화예술교육에 관한 기획 · 진행 · 분석 ·

평가 및 교수 등의 업무를 수행하는 사람으로서 법에 따라 자격이 부여된 사람을 말합니다.

개정 전 「문화예술교육 지원법」 에 따르면 '문화예술교육 전문인력'은 '교수'활동을 핵심직무에 포함시키지 못하고 있으며 문화예술교육 전문인력에 대한 역량 및 자격기준이 제시되어 있지 않았습니다.

문화예술교육이 교수활동을 기반으로 추진되고 있는 현실을 고려할 때, 문화예술교육 전문인력에게는 예술가로서의 전문성뿐 아니라 교육자로서의 역량과 자질을 필요로 합니다

> 2급 교육과정 : 19과목 48학점 720시간

2급 교육과정은 다음과 같으며, 이 과정을 이수하고자 하는 사람은 ① 「고등교육법」 제2조제1호 · 제2호 · 제4호 · 제6호 · 제7호에 따른 대학 · 산업대학 · 전문대학 · 기술대학 · 각종학교, 「고등교육법」 제29조에 따른 대학원, 그 밖에 다른 법률에 따라 설치된 문화예술 관련 대학이나, ② 문화체육관광부에서 지정한 문화예술교육사의 교육기관에서 이수할 수 있습니다.

※ 단, ① 번에 열거된 학교에서 예술 관련 분야(미술, 음악, 무용, 연극, 영화, 국악, 사진, 만화 · 애니메이션, 디자인, 공예)를 전공하여 졸업한 사람의 경우 예술전문성 교과영역은 제외

교과영역	교과목	최저 이수 시간 또는 학점
교수역량	교육학개론, 교육심리, 교육평가 (선택 2과목)	60시간(4학점)
	예술 관련 분야별로 문화체육관광부령으로 정하는 교수역량 교과목 (선택 5과목)	150시간(10학점)
직무소양	문화정책 및 문화예술교육의 이해, 문화행사기획 (선택 1과목)	30시간(2학점)
	커뮤니케이션기법, 예술교육 상담 (선택 1과목)	30시간(2학점)
예술 전문성	예술 관련 분야별 해당 분야의 전공 과목 (10과목 이상)	450시간(30학점)

교육과정의 각 교과목 명칭이 같지 아니하더라도 교과의 내용이 같다고 문화체육관광부장관이 인정하는 경우에는 같은 교과목으로 본다. 위 표 교수역량 교과목(선택 5과목)과 예술전문성 교과목이 같지 않아야 한다.

무용	무용 교육론, 무용 교수 학습방법(유아, 초등, 중등, 일반), 무용 감상 및 비평, 창의적 방법을 통한 무용 교수법, 무용 교수학습 프로그램 개발, 무용 교육교재 · 교구 개발 및 활용, 통합 예술교육프로그램 이해, 기획 · 제작 및 시연

◎ 체육임용고시과목

■ 1차 시험 - 필기 시험 : 일반 교육학, 전공체육

전공체육	
체육교육학	체육내용학
7차교육과정, 체육교육학, 체육수업모형, 체육교수법등 지도 기술과 관련된 내용	스포츠심리학, 스포츠사회학, 운동생리학 및 트레이닝법, 운동역학, 체육학, 체육원리, 체육측정평가, 보건, 운동실기 등

■ 2차 실기 - 지역차 있음. 대부분 육상 체조 등에서 시험(2015년 서울지역)

평가영역	과제명	배점	평가요소(2014)	소요시간	비고
체육실기	육상	6	기초 및 응용기능의 동작적 요소와 기록적 요소	세부내용에따라	공통종목
체육실기	체조	6	기초 및 응용기능의 동작적 요소와 기록적 요소	세부내용에따라	
체육실기	수영	6	기초 및 응용기능의 동작적 요소와 기록적 요소	세부내용에따라	
체육실기	배구	6	기초 및 응용기능의 동작적 요소와 기록적 요소	세부내용에따라	

체육실기	축구	6	기초 및 응용기능의 동작적 요소와 기록적 요소	세부내용에따라	지정선택종목 (남녀택일)
	무용		기초 및 응용기능의 동작적 요소와 기록적 요소	세부내용에따라	
계		30			

■ 3차 - 면접

◎ 생활스포츠지도사

■ 2급

※ 자격정의 및 관련근거

1. 자격정의

- 자격종목에 대하여 전문체육이나 생활체육을 지도하는 사람

2. 관련근거

- 국민체육진흥법 제11조(체육지도자의 양성) 내지 제12조(체육지도자의 자격취소) 등
- 국민체육진흥법 시행령 제8조(체육지도자의 양성과 자질향상) 내지 제11조의 3(연수계획)
- 국민체육진흥법 시행규칙 제4조(자격검정의 공고 등) 내지 제23조(체육지도자의 자격취소)등

※ 자격요건 및 제출서류

응시자격 공통사항

- 각 요건 중 어느 하나에 해당되는 자격 구비 및 서류 제출

- 만 18세 이상 응시 가능

응시자격	취득절차	제출서류(인정요건)
① 만 18세 이상인 사람	필기-실기-구술-연수(90)	-
② 2급 생활스포츠지도자 자격을 가지고 보유한 자격 종목이 아닌 다른 종목의 자격을 취득하려는 사람	실기-구술	
③ 유소년 또는 노인 스포츠지도사 자격을 가지고 동일한 종목의 자격을 취득하려는 사람	구술-연수(40)	

※ 필기시험과목(7과목 중 5과목 선택)

스포츠 심리학, 운동 생리학, 스포츠 사회학, 운동역학, 스포츠교육학, 스포츠 윤리, 한국체육사

※ 자격종목-생활스포츠지도사(54개 종목)

검도, 게이트볼, 골프, 복싱, 농구, 당구, 라켓볼, 럭비, 레슬링, 레크리에이션, 리듬체조, 배구, 배드민턴, 보디빌딩, 볼링, 빙상, 자전거, 등산, 세팍타크로, 수상스키, 수영, 스킨스쿠버, 스쿼시, 스키, 승마, 씨름, 야구, 에어로빅, 오리엔티어링, 요트, 우슈, 윈드서핑, 유도, 인라인스케이트, 정구, 조정, 축구, 카누, 탁구, 태권도, 테니스, 행글라이딩, 궁도, 댄스스포츠, 사격, 아이스하키, 육상, 족구, 철인 3종, 패러글라이딩, 하키, 핸드볼, 풋살, 파크골프

※ 자격검정기관 및 연구시관 지정현황

필기검정기관-국민체육진흥공단
실기 및 구술검정기관-국민생활체육회(태권도를 제외한 전종목), 국기원(태권도 단일종목)
연수기관(21) - 수도권(6) : 경기대, 경희대, 용인대, 인천대, 중앙대, 한양대
경 상(6) : 경남대, 경상대, 계명대, 부경대, 안동대, 영남대
충 청(4) : 건국대, 충남대, 충북대, 호서대
전 라(3) : 군산대, 전남대, 전북대
강 원(1) : 강릉원주대
제 주(1) : 제주대

※ 유의사항

일반사항

- 동일 자격등급에 한하여 연간 1인 1종목만 취득 가능
- 종목별 실기능력 대체인정요건은 추후 체육지도자 자격검정 · 연수원 홈페이지에 공지 예정
- 필기 및 실기 · 구술시험 장소는 추후 체육지도자 자격검정 · 연수원 홈페이지에 공지 예정
- 필기시험에 합격한 사람에 대해 다음에 실시되는 필기시험 1회 면제
- 필기시험에 합격한 해의 12월 31일부터 3년 이내에 연수과정을 이수하여 함
(병역 복무를 위해 군에 입대한 경우 의무복무 기간은 불포함)

※ 자격검정 합격기준

- 필기시험 : 과목마다 만점의 40% 이상 득점하고 전 과목 평균 60% 이상 득점
- 실기 · 구술시험 : 실기시험과 구술시험 각각 만점의 70% 이상 득점
※ 실기시험에 합격한 사람에 한하여 구술시험에 응시할 수 있음을 원칙으로 하되, 자격종목 및 현장 상황 등을 고려하여 자격검정기관이 정한 바에 따라 실기 및 구술시험을 통합 시행한 후 합격 및 불합격 결정 가능(수수료는 환불하지 않음)

※ 기타사항

- 체육지도자 자격응시와 관련하여 모든 지원 및 등록 절차는 체육지도자 자격검정 · 연수원 홈페이지 (www.insports.or.kr)를 통하여 확인 가능하므로 수시로 홈페이지 확인 요망
- 체육지도자 자격 원서접수는 온라인 홈페이지를 통해서만 접수가능

※ 응시결격 사유

- **결격사유**
  - 금치산자 또는 한정치산자
  - 금고 이상의 형을 선고받고 그 집행이 종료되거나 집행을 받지 아니하기로 확정된 후 2년이 경과되지 아니한 사람
  - 금고 이상의 형의 집행유예를 선고받고 그 유예기간 중에 있는 사람
  - 자격이 취소되거나 자격검정이 중지 또는 무효로 된 후 3년이 경과되지 아니한 사람

• 취소사유
- 거짓이나 그 밖의 부정한 방법으로 체육지도자의 자격을 취득한 경우
- 자격정지 기간 중에 업무를 수행한 경우
- 체육지도자 자격증을 타인에게 대여한 경우
- 상기 결격사유에 해당하는 자

■ 1급

※ 자격정의 및 관련근거

1. 자격정의
   - 자격종목에 대하여 전문체육이나 생활체육을 지도하는 사람
2. 관련근거
   - 국민체육진흥법 제11조(체육지도자의 양성) 내지 제12조(체육지도자의 자격취소) 등
   - 국민체육진흥법 시행령 제8조(체육지도자의 양성과 자질향상) 내지 11조의 3(연수계획)
   - 국민체육진흥법 시행규칙 제4조(자격검정의 공고 등) 내지 제23조(체육지도자의 자격취소) 등

※ 자격요건 및 제출서류

응시자격 공통사항

- 각 요건 중 어느 하나에 해당되는 자격 구비 및 서류 제출
- 만 18세 이상 응시 가능

- 경기실적은 각종 대회 등에 참가한 실적(입상여부와 무관)을 의미하며, 대회참가확인서등으로 대체 가능합니다.

- 1년(1.1~12.31)에 1회 이상 대회 참가실적이 있는 경우 해당년도 경기실적 인정
- 경기실적증명서 및 대회참가확인서 등 각종 실적증명서 제출시 대한체육회 가맹 중앙경기단체

(준가맹 또는 인정단체 포함)

응시자격	취득절차	제출서류(인정요건)
① 2급 생활스포츠지도사 자격을 취득한 후 3년 이상 해당 자격 종목의 지도경력이 있는 사람	서류전형 – 필기 – 실기 – 구술 – 연수(120)	지도경력증명서(3년이상,홈페이지자료실), 사업자등록증 사본
② 종전 3급 생활체육지도자 자격을 가진 사람으로서 선수 경력이 3년 이상인 사람 ※ 적용시한 : 2017년 12월 31일까지(2015.1.1 이후「병역법」에 따른 군 의무복무를 마친 사람에 대해서는 2020년 12월 31일까지)	서류전형 – 필기 – 실기 – 구술 – 연수(120)	경기실적증명서(3년이상) 선수등록확인서(3년이상)
③ 종전 3급 생활체육지도자 자격을 가진 사람으로서 해당 자격 종목의 체육에 관한 행정 · 연구 · 지도 분야 경력이 3년 이상인 사람 ※ 적용시한 : 2017년 12월 31일까지(2015.1.1 이후「병역법」에 따른 군 의무복무를 마친 사람에 대해서는 2020년 12월 31일 까지)	서류전형 – 필기 – 실기 – 구술 – 연수(120)	체육에 관한 행정 · 연구 · 지도분야 경력증명서(3년 이상, 홈페이지자료실), 사업자등록증사본
④ 체육 분야에 관한 학사학위를 취득한 사람 ※ 적용시한 : 2017년 12월 31일까지(2015.1.1 이후「병역법」에 따른 군 의무복무를 마친 사람에 대해서는 2020년 12월 31일까지)	서류전형 – 필기 – 실기 – 구술 – 연수(120)	체육분야 학사 학위증명서
⑤ 대학의 체육 관련 학과 또는 전문대학의 체육 관련 학과를 졸업하고 선수 경력이 2년 이상인 사람 ※ 적용시한 : 2017년 12월 31일까지(2015.1.1 이후「병역법」에 따른 군 의무복무를 마친 사람에 대해서는 2020년 12월 31일까지)	서류전형 – 필기 – 실기 – 구술 – 연수(120)	체육관련학과 학사 또는 체육관련학과 전문학사 졸업증명서, 경기실적증명서(2년이상), 선수등록확인서(2년이상)
⑥ 대학의 체육 관련 학과 또는 전문대학의 체육 관련 학과를 졸업하고 체육에 관한 행정 · 연구 · 지도분야의 경력이 2년 이상인 사람 ※ 적용시한 : 2017년 12월 31일까지(2015.1.1 이후「병역법」에 따른 군 의무복무를 마친 사람에 대해서는 2020년 12월 31일까지)	서류전형 – 필기 – 실기 – 구술 – 연수(120)	체육관련학과 학사 또는 체육관련학과 전문학사 졸업증명서, 체육에관한 행정 · 연구 · 지도 경력증명서(2년이상, 홈페이지자료실), 사업자등록증 사본

⑦ 2015.1.1. 당시 「고등교육법」 제2조 각 호의 학교(같은 법에 따라 학사학위를 수여하는 학교로 한정한다)의 체육 관련 학과에 재학 중인 사람이 2015.1.1. 이후 체육 분야에 관한 학사학위를 취득한 사람(접수일 이전까지 졸업(학위)증명서 제출가능한 자) ※ 적용시한 : 2015년 1월 1일 이후 체육 분야 학사 학위 취득자는 2018년 12월 31일 까지 (2015.1.1 이후 「병역법」에 따른 군 의무복무를 마친 사람에 대해서는 2021년 12월 31일까지)	서류전형 - 필기 - 실기 - 구술 - 연수(120)	체육관련학과 학사 학위증명서
⑧ 학교체육교사로서 「초 · 중등교육법」 별표 2에 따른 중등학교 정교사(체육 과목) 자격을 가지고, 같은 법 제2조에 따른 학교에서 해당 자격 종목의 지도경력이 3년 이상일 것	서류전형 - 연수(40)	교사재직증명서 또는 학교장 발급 교사경력증명서, 중등학교 정교사 체육과목 자격증 사본 및 학교장 발급 지도 경력 증명서(3년이상, 홈페이지자료실)
⑨ 국가대표선수(국가대표선수이었던 사람을 포함)로서 해당 자격 종목의 국가대표선수로 국제올림픽 위원회, 아시아올림픽평의회, 종목별 국제연맹, 종목별 아시아연맹에서 주최하는 국제대회 중 어느 하나에 참가한 경력이 있을 것	서류전형 - 연수(40)	국가대표선수 확인서 및 해당 국제대회참가 확인서
⑩ 문화체육관광부장관이 지정하는 프로스포츠 단체에 등록된 프로스포츠선수로서 해당 자격 종목의 프로스포츠단체 선수경력 3년이상 또는 정회원 경력이 3년 이상일 것	서류전형 -구술 - 연수(40)	문체부 장관 지정 프로스포츠 단체 발급 해당종목 프로스포츠선수 경력증명서(3년이상, 홈페이지자료실) 또는 정회원 확인서(3년이상, 홈페이지자료실)
⑪ 1급 생활스포츠지도사 자격을 가지고 보유한 자격 종목이 아닌 다른 종목의 자격을 취득하려는 사람	서류전형 - 실기-구술	
⑫ 1급 전문스포츠지도사 자격을 가지고 동일한 종목의 자격을 취득 하려는 사람	구술	
⑬ 2급 전문스포츠지도사 자격을 가지고 동일한 종목의 자격을 취득 하려는 사람	필기-구술 -연수(40)	

※ 필기시험 과목

운동상해, 체육측정평가론, 트레이닝론, 건강교육론

※자격종목-생활스포츠지도사(54개 종목)

검도, 게이트볼, 골프, 복싱, 농구, 당구, 라켓볼, 럭비, 레스링, 레크리에이션, 리듬체조, 배구, 배드민턴, 보디빌딩, 볼링, 빙상, 자전거, 등상, 세팍타크로, 수상스키, 수영, 스킨스쿠버, 스쿼시, 스키, 승마, 야구, 에어로빅, 오리엔티어링, 요트, 우슈, 윈드서핑, 유도, 인라인스케이트, 정구, 조정, 축구, 카누, 탁구, 태권도, 테니스, 행글라이딩, 궁도, 댄스스포츠, 사격, 아이스하키, 육상, 족구, 철인3종, 패러글라이딘, 하키, 핸드볼, 풋살, 파크골프

※ 자격검정기관 및 연수기관 지정현황

필기검정기관 – 국민체육진흥공단
실기 및 구술검정기관 – 국민생활체육회(태권도를 제외한 전종목), 국기원(태권도 단일종목)
연수기관(2) 경 상 – 경북대, 전 라 – 원광대

※ 유의사항

일반사항

- 동일 자격등급에 한하여 연간 1인 1종목만 취득 가능
- 종목별 실기능력 대체인정요건은 추후 체육지도자 자격검정 · 연수원 홈페이지에 공지 예정
- 필기 및 실기 · 구술시험 장소는 추후 체육지도자 자격검정 · 연수원 홈페이지에 공지 예정
- 필기시험에 합격한 사람에 대해 다음에 실시되는 필기시험 1회 면제
- 필기시험에 합격한 해의 12월 31일부터 3년 이내에 연수과정을 이수하여 함 (병역 복무를 위해 군에 입대한 경우 의무복무 기간은 불포함)

※자격검정 합격기준

- 필기시험 : 과목마다 만점의 40% 이상 득점하고 전 과목 평균 60% 이상 득점
- 실기 · 구술시험 : 실기시험과 구술시험 각각 만점의 70% 이상 득점
  ※ 실기시험에 합격한 사람에 한하여 구술시험에 응시할 수 있음을 원칙으로 하되, 자격종목 및 현장 상황 등을 고려하여 자격검정기관이 정한 바에 따라 실기 및 구술시험을 통합 시행한 후 합격 및 불합격 결정 가능(수수료는 환불하지 않음)

※ 기타사항

※ 경력증명서 인정범위

○ 해당 종목 : 해당 자격종목의 경력에 한해 인정

(단, 법령에 별도 기준이 있을 경우 해당 법령에 의함)

○ 종류 및 발행 기관

구분	내용	발행기관 인정범위
경기 경력	선수 활동 경력 (동호인 및 비선수 불인정)	대한체육회 가맹 중앙경기단체, 문화체육관광부지정 프로스포츠단체
지도 경력	선수 또는 일반인 지도 경력	체육시설 또는 학교, 직장
국가대표선수	국제대회 참가 경력	대한체육회 또는 대한체육회 가맹 중앙경기단체
학교체육교사	중등학교 정교사 체육과목 자격증 소지자로서 활동한 지도경력	「초 · 중등교육법」 제2조에 따른 학교
프로스포츠선수	프로스포츠단체 등록 프로스포츠선수로서 프로스포츠단체 선수경력 또는 정회원 경력	문화체육관광부 지정 프로스포츠단체

※ 체육시설 : 「체육시설의 설치 · 이용에 관한 법률」 제5조부터 제7조까지의 규정에 따른 체육시설과 제10조에 따른 체육시설업의 시설

※ 대한체육회 가맹 준가맹단체 또는 인정단체는 대한체육회 가맹 중앙경기단체에 포함.

○ 행정 · 연구 · 지도분야 경력

<table><tr><td>
– 해당 자격종목의 체육에 관한 행정 · 연구 · 지도 경력에 한해 인정
– 인정기관
· 행정 : 공공기관, 체육(경기)단체 등
· 연구 : 학교, 행정기관, 연구소(법인) 등
· 지도 : 학교, 체육시설, 직장
– 제출서류
· 경력증명서 : 지정양식 활용(홈페이지자료실 참고)
· 사업자등록증 사본 : 폐업사업장은 폐업사실증명원 사본 제출
※ 학교 등 사업자등록이 불필요한 단체는 사업자등록증 사본 제출생략
</td></tr></table>

□ 학위증명서 인정범위

○ 졸업증명서는 학위증명서로 제출 가능.

□ 국가대표선수 및 체육분야 인정범위

○ 국가대표선수

- 대한체육회 또는 경기단체가 국제경기대회(친선경기대회 제외)에 우리나라의 대표로 파견하기 위하여 선발 · 확정한 사람

- 청소년(주니어)대표선수 및 후보선수(상비군) 불인정

○ 체육분야 또는 체육관련학과

- 학위(학과, 전공)명에 체육, 스포츠, 운동이 포함되면 인정(2016.12.31.까지)

- 2017. 1. 1부터 '체육학 전문학사 이상의 학력이 있는 자'로 한정

- 복수전공은 인정하나, 부전공은 불인정

□ 기준일 및 첨부서류 등

○ 연령 및 경력, 자격 등 각종 응시자격은 각 자격증별 접수일 전일 기준임
단, 법령에 별도 기준일이 있을 경우 해당 법령에 의함.

○ 각종 증명서 및 확인서는 원본, 자격증은 사본 제출

○ 2개 이상 근무처 경력 제출시 근무처별로 각각 작성

○ 경력관련 진위여부 증명을 위해 유선 등 확인 가능

○ 선수의 코치 또는 감독 겸직기간 포함하여 지도(경기지도) 경력 인정

□ 프로스포츠단체 ('15.1.14 문화체육관광부장관 지정)

구분	축구	야구	농구		배구	골프	
지정단체	(사)한국프로축구연맹[K League]	(사)한국야구위원회[KBO]	(사)한국농구연맹[KBL]	(사)한국여자농구연맹[KWBL]	(사)한국배구연맹[KOVO]	(사)한국프로골프협회[KPGA]	(사)한국여자프로골프협회[KLPGA]

※ 기타

- 체육지도자 자격응시와 관련하여 모든 지원 및 등록 절차는 체육지도자 자격검정 · 연수원 홈페이지 (www.insports.or.kr)를 통하여 확인 가능하므로 수시로 홈페이지 확인 요망
- 체육지도자 자격 원서접수는 온라인 홈페이지를 통해서만 접수가능

※ 응시결격 사유

• **결격사유**
- 금치산자 또는 한정치산자
- 금고 이상의 형을 선고받고 그 집행이 종료되거나 집행을 받지 아니하기로 확정된 후 2년이 경과되지 아니한 사람
- 금고 이상의 형의 집행유예를 선고받고 그 유예기간 중에 있는 사람
- 자격이 취소되거나 자격검정이 중지 또는 무효로 된 후 3년이 경과되지 아니한 사람

• **취소사유**
- 거짓이나 그 밖의 부정한 방법으로 체육지도자의 자격을 취득한 경우
- 자격정지 기간 중에 업무를 수행한 경우
- 체육지도자 자격증을 타인에게 대여한 경우
- 상기 결격사유에 해당하는 자

◎ 유아심리지도사

민간자격등록(등록번호 2013-1257)

유아율동심리지도사

몸이랑 맘이랑 리듬쑥쑥

한국예술심리교육개발원
Arts Psychology Education

아이가 산만해요

이유없이 떼를 써요

친구들을 때리고 물건을 던져요

불안해 보이고 집중을 못해요

친구들과 못 어울려요

정서적으로 안정된 아이

자신의 신체와 정서를
잘 조절하고 표현하는 아이

의지가 강하고
집중력과 성취욕이 높은 아이

자신감 넘치고 창의적인 아이

또래 관계가 좋은 아이

유아율동 심리교육

찾아오시는 길

- 주소 : 경기도 성남시 분당구 정자동 정자일로 177 인텔리지 II B동 1206호
- 전화 : 031-782-5151
- 이메일 : apedu@naver.com
- 홈페이지 : http://www.apedu.co.kr

한국예술심리교육개발원
Arts Psychology Education

한국예술심리교육개발원 소개

한국예술심리교육개발원은 유아의 전인적인 발달을 위한 예술심리교육프로그램을 지속적으로 연구·개발하고 있습니다.

예술심리 교육	유아의 심신건강과 전인적인 발달을 위한 예술심리교육 연구·개발
전문 연구진	유아 아동교육, 예술심리치료 전문가로 구성된 전문 연구진
교육현장 적용	현장에서 적용할 수 있는 체계적이고 전문적인 교육지원
자격 과정	교사역량강화 전문성 향상을 위한 등록된 민간자격운영

주요사업

- 강사양성 및 파견
- 교사연수 및 보수교육
- 예술심리교육 연구개발
- 유아예술심리 교재교구개발
- 등록된 민간자격과정운영

유아율동심리지도사 자격과정

등록된 민간자격증(등록번호 2013-1257)

자격과정

- 유아율동심리지도사 1급
- 유아율동심리지도사 2급

교육과정

1. 교육이수

- 유아율동심리지도사 1급 - 48시간
(교육비:96만원, 교재비포함)
- 유아율동심리지도사 2급 - 24시간
(교육비:36만원, 음악CD:15,000원)

2. 교육내용

- 유아발달리듬움직임 이해
- 유아 기질적 특성이해
- 유아율동심리교육 : 10가지 발달리듬율동
- 소도구를 이용한 유아율동
- 정서표현율동
- 창의적 신체표현율동
- 유아심리율동 교육계획안

자격검정

등급	검정 방법	검정료	검정합격점수
1급	필기	5만원	70점 이상
	실기	5만원	
2급	실기	5만원	60점 이상

자격취득절차

STEP 01 / 교육 과정 이수
STEP 02 / 검정 신청
STEP 03 / 자격시험 응시
STEP 04 / 합격자 발표
STEP 05 / 자격증 교부

유아율동심리지도사 자격과정

교육신청 및 환불규정

- 교육신청 : 한국예술심리교육개발원
- 신청 및 문의 : 031-782-5151
- 이메일 : apedu@naver.com
- 환불규정

구분	환불액
개강전	수업료 전액
총수업시간의 1/3경과전	이미 낸 학습비의 2/3 해당액
총수업시간의 1/2경과전	이미 낸 학습비의 1/2 해당액
총수업시간의 1/2경과후	반환하지 않음

주요 교육프로그램

교사 교육

- 교사의 자기이해, 자기성장 경험
- 교사역량강화
- 유아의 심리발달 이해
- 프로그램 교육을 통한 현장적용

부모 교육

부모교육 / 엄마랑 아이랑 / 아빠랑 아이랑

- 긍정적 애착형성
- 공감적 정서교류
- 상황대처능력향상
- 긍정적 의사소통

유아 교육

유아의 신체, 인지, 정서, 사회 영역의 통합적 성장 발달.

강사 교육

- 유아관련 수업 종사자를 위한 전문 교육
- 보육, 유아교육, 무용교육, 특수교육, 체육교육 관련학과 및 전공자
- 문화예술교육, 예술강사 역량강화

『몸이랑 맘이랑 리듬쑥쑥』 개발

- 누구나 쉽게 배우고 적용하는 10가지 발달리듬율동
- 신체심리 표현활동을 통한 자기경험

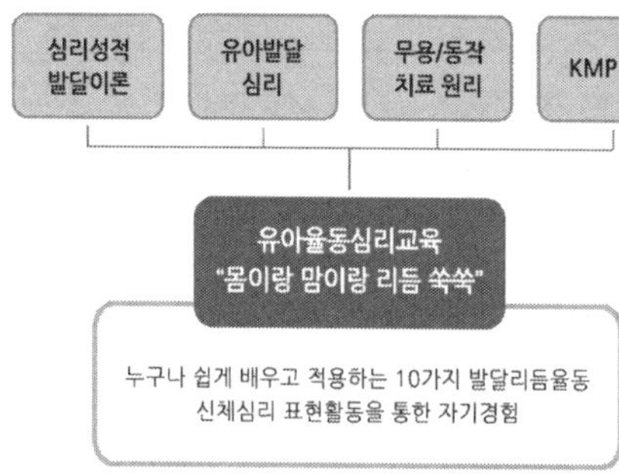

『몸이랑 맘이랑 리듬쑥쑥』 목표

유아의 신체 · 심리 발달이론을 바탕으로, 유아의 신체, 인지, 정서, 사회 영역의 통합적인 성장과 발달증진을 도움으로서 유아의 전인적인 발달을 돕는다.

신체
- 신체발달
- 운동기능발달
- 신체조절
- 신체협응력

인지
- 신체인지
- 공간인식
- 시간개념
- 리듬감

정서 사회
- 정서적 안정
- 또래관계향상
- 자발성
- 집중력
- 창의력 향상
- 공격성해소
- 성취감
- 심리발달

◎ 예술관련 자격증

(2014년 조사)

1. 국가 공인 자격증

자격명	무대예술전문인	소관부처	문화체육관광부 http://www.mcst.go.kr/main.jsp
시행기관	무대예술전문인 자격검정위원회 http://www.staff.or.kr/	관련법령	공연법
자격분야	무대기계전문인 : 무대기계 또는 설비의 조작·운영, 무대장비의 설치·전환 무대조명전문인 : 조명기 또는 특수조명기의 설치·조작·운영, 조명제어 무대음향전문인 : 음향기기 도는 특수음향기기의 설치·조작·운영		
자격등급	1급, 2급, 3급 지정된 무대예술전문인 검정기관의 검정에 합격한 사람에게만 자격부여 – 자격검정에서 부정행위를 하였을 때에는 취소·중지 또는 무효로 된 날부터 3년간 자격검정을 받을 수 없음.		
1급	1. 교육과정을 이수하고 2007년 1월 1일 이전부터 검정기관이 인정하는 해당 분야 실무경력이 4년 이상인 자 2. 2007년 1월1일 이전부터 검정기관이 인정하는 해당 분야 실무경력이 5년 이상인 자 3. 2급 응시자격 중 1호, 2호 또는 3호 가목의 응시자격으로 해당 분야 2급 자격을 취득한 자 4. 「국가기술자격법」에 의한 기계·전기·전자·건축·안전관리·통신 직무 분야의 기사 이상 자격증 소지자로서, 2009년도에 해당 분야 2급 자격을 취득한 후 검정 기관이 인정하는 해당 분야 실무경력이 2년 이상인 자		
2급	1. 교육과정을 이수하고 2007년 1월 1일 이전부터 검정기관이 인정하는 해당 분야 실무경력이 2년 이상인 자 2. 2007년 1월 1일 이전부터 검정기관이 인정하는 해당 분야 실무경력이 3년 이상인 자 3. 무대예술전문인 3급 자격증소지자 중 다음 각 목의 어느 하나에 해당하는 자 가. 3급 응시자격 중 1호 또는 2호의 응시자격으로 해당 분야 3급 자격을 취득한 자 나. 3급 응시자격 중 3~6호의 응시자격으로 2007년도, 2008년도 또는 2009년도에 해당 분야 3급 자격을 취득한 후 검정기관이 인정하는 해당 분야 실무경력이 2년 이상인 자 다. 「국가기술자격법」에 의한 기계·전기·전자·건축·안전관리·통신 직무 분야의 산업기사 이상 자격증 소지자로서, 2007년도, 2008년도, 2009년도 또는 2010년도에 해당 분야 3급 자격을 취득한 후 검정기관이 인정하는 해당 분야 실무경력이 1년 이상인 자		

3급	1. 교육과정을 이수한 자(문화체육관광부에서 지정한 지정교육기관을 이수한 자) 2. 2007년 1월1일 이전부터 검정기관이 인정하는 해당 분야 실무경력이 2년 이상인 자 3.「초 · 중등교육법」에 따른 고등학교 졸업자(또는 졸업예정자) 4. 고등학교 졸업 이상의 학력이 있다고 인정되는 자 5. 검정기관이 인정하는 해당 분야의 실무경력이 1년 이상인자 6.「국가기술자격법」에 따른 기계 · 전기 · 전자 · 건축 · 안전관리 · 통신 직무 분야의 기능사 이상 자격증 소지자
응시자격	1.「교육과정을 이수한 자」는 다음 어느 하나에 해당하는 자 – 지정교육기관이수자(2006년 입학자까지만 해당) · 지정교육기관 : 계원조형예술대학 공간예술학과/ 전남과학대학 모델이벤트학과/나주대학 방송연예제작과/ 무대예술아카데미 무대미술, 무대조명, 무대음향 – 단기과정 150시간 이수자(2006년도까지 재직기간 중 150시간 이수자만 해당) · 해당 분야 재직기간 중 단기과정 150시간 이수자 2. 졸업자 :「초 · 중등교육법」에 따른 고등학교를 졸업한 자 또는 이와 동등 이상의 학력이 있다고 인정되는 자 3. 졸업예정자 : 자격검정의 필기시험일 현재「초 · 중등교육법」에 따라 정해진 학년 중 최종학년에 재학 중인 자(법령에 의하여 동등한 학력이 인정되는 경우를 포함한다)

자격명	예술심리상담사	민간자격관리자	한국인간과학연구회 ㈜ (TEL : 033-647-0135)
심리상담 및 예술심리 이론과 실제기법을 바탕으로 상담현장에서 개인, 가족, 집단의 심리진단과 상담을 수행할 수 있는 책임자로써 갖추어야 할 능력을 갖춘 고급 수준			

1급	
직무내용	심리상담 및 예술심리 이론과 실제기법을 바탕으로 상담현장에서 개인, 가족, 집단의 심리진단과 상담을 수행할 수 있는 책임자로써 갖추어야 할 능력을 갖춘 고급 수준
검정과목	예술심리상담, 정신병리, 집단상담, 심리평가
합격기준	60점 이상 / 100 만점
응시자격	[연령]해당없음, [학력]학사 이상, [기타]
면제요건	해당없음

2급	
직무내용	심리상담 및 예술심리 이론과 실제기법을 바탕으로 상담현장에서 개인, 가족, 집단의 심리진단과 상담을 수행할 수 있는 책임자로써 갖추어야 할 능력을 갖춘 수준
검정과목	예술심리상담, 정신병리, 집단상담, 심리평가
합격기준	60점 이상 / 100 만점
응시자격	[연령]해당없음, [학력]전문학사 이상, [기타]
면제요건	해당없음

동명기관	한국예술심리상담협회 (02-2661-2255) / 한국표현예술심리치료학회 (02-3481-5393)

자격명	예술분장사 (ART STAGE MAKEUP ARTIST)	민간사격관리자	사)한국미용문화연구협회 Tel.02-326-2485

예술분장사자격검정은 연극, 오페라, 뮤지컬, 콘서트, 이벤트, 무대 퍼포먼스 등 무대 공연 예술 작품에서 캐릭터 연출에 대한 전문적인 이론과 기술을 응용하여 작품을 창작하고 논리적으로 설명하며 다양한 재료를 사용한 실기 작업으로 캐릭터를 표현할 수 있는 능력을 필기시험과 실기시험을 통해 검정한 후 그 자격을 취득하게 된다. 자격을 취득한 이후, 영상분장, 스튜디오분장, 무대 퍼포먼스, 무대공연의 전문적인 분장사 또는 중·고등학교 메이크업 및 분장 실기교사, 학원, 대학 강사 및 교수 등으로 활동이 가능하다.

1급	
직무내용	분장에 예술성을 접목하여 아트작품에 필요한 전문적인 이론과 실기능력을 고급이상 보유하도록 검정한다
검정과목	필기,실기
합격기준	42점 이상 / 60 만점
응시자격	[연령]해당없음, [학력]해당없음, [기타]관련협회 2급자격증 소지자
면제요건	해당없음

2급	
직무내용	무대공연에 필요한 전문적인 분장의 이론과 실기능력을 중급이상의 능력을 보유하여 무대공연의 전문적인 분장사 및 분장전문 교육기관의 강사 등으로 활동을 한다.
검정과목	필기, 실기
합격기준	42점 이상 / 60 만점
응시자격	[연령]해당없음, [학력]해당없음, [기타]관련 협회 메이크업자격 3급 소지자
면제요건	해당없음

3급	
직무내용	영화, 영상, 광고에 필요한 분장의 전문적인 이론과 기술능력을 초급이상 보유하여 방송, 영화현장, 스튜디오 등 방송예술 산업분야의 종사가 가능하도록 한다.
검정과목	필기, 실기
합격기준	42점 이상 / 60 만점
응시자격	[연령]해당없음, [학력]해당없음, [기타]
면제요건	국가미용사자격(헤어, 피부)소지자 필기시험 면제

동명자격증 및 기관	사)한국메이크업전문가직업교류협회 (02-3442-6177)

자격명	문화예술코칭지도사	민간자격관리자	한국다중지능적성평가원 (042-471-9345) http://www.kmif.co.kr/newsite/index_main.php

1급 : 전문적인 지식을 갖고 있으며 문화예술프로그램을 기획하고 공연책임자로써 갖추어야 할 실무 능력을 갖춘 최고급 수준
2급 : 다양한 영역(미술, 음악, 무용, 연극 등)의 통합적인 사고를 바탕으로 창의적인 자아표현을 통해 타인들과 소통할 수 있도록 주도성을 부여해주고 상처까지 치유할 수 있도록 지도
3급 : 학습자들의 강점지능을 파악하여 잠재된 능력들을 바탕으로 자기를 이해하고 자유로운 표현을 할 수 있도록 지도

자격명	공연예술지도사	민간자격관리자	사) 한국무용지도자협회 (TEL.02-2294-6951) http://www.kdla.or.kr/

*본 강의는 공연 기획과 연출이 이루어지고 있는 공연예술교육의 이론과 실제를 익히는 수업이다.
*공연 기획 의도를 이해하고, 연출의 교육적 효과와 중요성을 인식하여, 현장에서 요구하는 실질적인 능력을 배양한다.
*특히, 본 강의는 「공연예술지도사자격증」을 취득할 수 있으므로 졸업 후 진로에 큰 도움이 될 수 있다.
*강의방법 : 이론 40% 실험/실습 40% 기타 20%

1급	
직무내용	대학교, 평생교육기관, 학교 방과후 등 강사, 공연프로듀서, 뮤지컬, 연기 등 공연예술 관련 업무
검정과목	공연예술사로 각 영역별 개론, 역사, 종류, 순수예술과 대중예술의 이해와 특징 ,예술행정과 저작권, 공연마케팅 ,공연 펀드레이징, 유통 티칭법에 관한 이론
합격기준	270점 이상 / 300 만점
응시자격	[연령]20대 이상, [학력]석사 이상, [기타]
면제요건	해당없음

2급	
직무내용	대학교, 평생교육기관, 학교 방과후 등 강사,공연프로듀서, 뮤지컬, 연기 등 공연예술 관련 업무
검정과목	공연예술사로 각 영역별 개론,역사,종류,순수예술과 대중예술의 이해와특징 ,예술행정과저작권, 공연마케팅 , 공연 펀드레이징, 유통 티칭법에 관한 이론
합격기준	250점 이상 / 300 만점
응시자격	[연령]20대 이상, [학력]학사 이상, [기타]
면제요건	해당없음

3급	
직무내용	대학교, 평생교육기관, 학교 방과후 등 강사, 공연프로듀서, 뮤지컬, 연기 등 공연예술 관련 업무
검정과목	공연예술사로 각 영역별 개론, 역사,종류, 순수예술과 대중예술의 이해와특징, 예술행정과저작권, 공연마케팅,공연 펀드레이징, 유통 티칭법에 관한 이론
합격기준	170점 이상 / 200 만점
응시자격	[연령]20대 이상, [학력]전문학사 이상, [기타]
면제요건	해당없음

자격명	예술난타지도사	민간자격관리자	사)국제MBPA학문진흥협회 주)국제MBPA과학본부 (TEL. 02-993-8677) http://www.mbpaedu.com

예술난타지도사란 기존의 난타에 전공자 수준의 무용, 댄스, 무술과 아크로바틱 등 고난이도 퍼포먼스를 접목하여 좀 더 예술성을 극대화 한 공연용 난타 작품과 콘텐츠를 지도하는 자를 말한다. 예술난타지도사는 평생교육원, 음악학원, 복지관, 문화센터 등에서 예술난타를 지도한다.

최고지도자	
직무내용	교육기관, 복지관, 학교, 주민자치, 문화센터, 지역아동센터 등에서 예술난타를 지도하고 교사 교육을 실시한다.
검정과목	예술난타지도총론,예술난타지도론,실무능력평가
합격기준	70점 이상 / 100 만점
응시자격	[연령]해당없음, [학력]해당없음, [기타]
면제요건	해당없음

1급	
직무내용	교육기관, 복지관, 학교, 주민자치, 문화센터, 지역아동센터 등에서 예술난타를 지도한다.
검정과목	예술난타지도 방법론, 예술난타지도 프로그램 개발론, 예술난타 지도론, 실무 능력 평가
합격기준	60점 이상 / 100 만점
응시자격	[연령]해당없음, [학력]해당없음, [기타]
면제요건	해당없음

2급	
직무내용	교육기관, 복지관, 학교, 주민자치, 문화센터, 지역아동센터 등에서 예술난타를 지도한다.
검정과목	예술난타 지도론, 예술난타론 개론, 실무 능력 평가
합격기준	60점 이상 / 100 만점
응시자격	[연령]해당없음, [학력]해당없음, [기타]
면제요건	해당없음

3급	
직무내용	교육기관, 복지관, 학교, 주민자치, 문화센터, 지역아동센터 등에서 예술난타를 지도한다.
검정과목	예술난타 지도론, 예술난타론 개론, 실무 능력 평가
합격기준	60점 이상 / 100 만점
응시자격	[연령]해당없음, [학력]해당없음, [기타]
면제요건	해당없음

자격명	통합예술심리상담사	민간자격관리자	한국예술심리상담협회 TEL. 02-584-8730 http://kapca.net/

- 통합예술심리상담에 대한 슈퍼비전이 가능한 전문가 수준
- 통합예술심리상담을 통하여 심리 · 사회적 어려움을 지닌 사람을 돕고 책임자로서 갖추어야 할 능력을 갖춘 고급 수준
- 통합예술심리상담을 현장에 적용하고 수퍼비전을 받으며 상담에 가능한 수준

전문가	
직무내용	다양한 심리, 사회적 갈등에 적용가능 한 프로그램 연구 및 슈퍼비전이 가능하다.
검정과목	프로그램구성, 사례연구
합격기준	80점 이상 / 100 만점
응시자격	[연령]20대 이상, [학력]전문학사 이상, [기타]
면제요건	해당없음

1급	
직무내용	아동 청소년 성인 대상으로 통합예술심리상담을 적용해 볼 수 있고 개인상담 및 집단상담이 가능하다.
검정과목	놀이심리, 색채심리, 미술심리, 음악심리
합격기준	70점 이상 / 100 만점
응시자격	[연령]20대 이상, [학력]전문학사 이상, [기타]
면제요건	해당없음

2급	
직무내용	통합예술심리상담을 일상생활, 아동, 청소년, 성인에게 안내할 수 있고 도움을 받아 진행이 가능하다.
검정과목	예술심리치료,예술심리치료기법,심리상담이론
합격기준	60점 이상 / 100 만점
응시자격	[연령]20대 이상, [학력]전문학사 이상, [기타]
면제요건	해당없음

동명기관	한영신학대학교(TEL.02-3439-7959)

자격명	동작예술심리상담사	민간자격관리자	한국예술심리상담협회 (TEL. 02-584-8730) http://kapca.net/

동작예술심리상담사는 신체와 정신, 감정과 신체성의 통합을 통해 심신의 건강을 돕습니다.
내담자의 즉흥적인 동작 형태에 상담사가 개입하여, 동작을 통해 내담자의 내면과 상호교류 할 수 있는 전문가 입니다.

전문가	
직무내용	동작을 이용한 집단 및 개별상담, 동작 프로그램 구성, 수퍼비젼 및 연구가 가능한 전문가 수준
검정과목	상담사 교육, 사례지도, 임상실습
합격기준	80점 이상 / 100 만점
응시자격	[연령]20대 이상, [학력]전문학사 이상, [기타]
면제요건	해당없음

1급	
직무내용	동작을 이용한 집단 및 개인상담이 가능한 준전문가 수준
검정과목	동작상담의 적용, 진단 및 평가, 프로그램 구성의 실제, 내담자 경험
합격기준	70점 이상 / 100 만점
응시자격	[연령]20대 이상, [학력]전문학사 이상, [기타]
면제요건	해당없음

2급	
직무내용	동작을 이용하여 심리적 안정감, 해소가 가능하도록 하는 워밍업 프로그램 진행이 가능한 수준
검정과목	예술상담의 이해, 동작 상담의 이해, 보고서 작성
합격기준	60점 이상 / 100 만점
응시자격	[연령]20대 이상, [학력]전문학사 이상, [기타]
면제요건	해당없음

자격명	국제발도로프교육예술가	민간 자격관리자	사)한국루돌프슈타이너인지학 연구센터 (TEL. 02-832-2823)
발도르프교육과정 프로그램의 체계화와 해당 인력의 전문성을 높임으로써 교육 현장에서 양질의 교육을 펼치고자 함.			

3급	
직무내용	초등생 이하의 어린이들에게 발도르프 프로그램 교육을 진행할 수 있다.
검정과목	교육이수증명, 현장실습증명
합격기준	80점 이상 / 100 만점
응시자격	[연령]20대 이상, [학력]전문학사 이상, [기타]
면제요건	해당없음

2급	
직무내용	초등생 이하의 어린이들에게 발도르프프로그램 교육진행, 성인강좌의 보조강사 활동
검정과목	교육이수증명, 주제에 따른 실기 연구과제 평가, 현장실습증빙, 강의경력증명
합격기준	80점 이상 / 100 만점 (경력증명 100% 충족시)
응시자격	[연령]20대 이상, [학력]전문학사 이상, [기타]
면제요건	해당없음

1급	
직무내용	전문연구과정 / 전문인력 양성과정 운영 가능 / 관련 프로그램 세미나 기획 및 운영
검정과목	교육이수증명,강의경력증명서,프로그램기획
합격기준	80점 이상 / 100 만점 (경력증빙 100% 충족시)
응시자격	[연령]20대 이상, [학력]전문학사 이상, [기타]
면제요건	해당없음

자격명	예술지도사	민간자격관리자	(사)한국기독교문화예술원 (TEL. 02-413-5515)

1. 학원, 선교단체, 중고등학교에서 예술을 지도할 수 있는 능력을 검정
2. 예술지도가 필요한 선교 및 교육 기관의 사무업무 수행 능력을 검정

1급	
직무내용	본원 강사, 예술 감독, 학원 설립운영, 예배연출자, 각 교육원 교육 지도자
검정과목	연극분야, 음악분야, 문학분야, 미술분야, 무용분야, 인형극분야, 아동예술분야
합격기준	70점 이상 / 100 만점 (동일과목 최고수준(박사급이상), 절대평점 70%이상)
응시자격	[연령]20대 이상, [학력]석사 이상, [기타]본원 2급 자격을 취득하고, 1급 정규반 과정을 이수한 자
면제요건	대학원에서 해당분야를 전공하고 학위를 수여받았거나, 해당 활동의 경력을 본원 심사위원회에 의하여 공식적으로 인정받은 경우, 지원과의 이론분야 일부를 면제받을 수 있다.

2급	
직무내용	예술분야 학원 교사, 중고등학교 및 교회 강사, 팀 및 교회의 예배연출, 선교예술단체지도 교사
검정과목	연극분야, 음악분야, 문학분야, 미술분야, 무용분야, 인형극분야, 아동예술분야
합격기준	60점 이상 / 100 만점 (동일과목 전문수준(석사급 이상), 절대평점 60%이상)
응시자격	[연령]20대 이상, [학력]학사 이상, [기타]본원 3급 자격을 취득하고, 2급 정규반 과정을 이수한 자
면제요건	대학에서 해당분야를 전공하고 학위를 수여받았거나, 해당 활동의 경력을 본원 심사위원회에 의하여 공식적으로 인정받은 경우, 지원과의 이론분야 일부를 면제받을 수 있다.

3급	
직무내용	예술분야 학원 조교, 중고등학교 및 교회의 보조강사, 팀 및 교회의 예배연출, 선교예술단체 보조 교사
검정과목	연극분야, 음악분야, 문학분야, 미술분야, 무용분야, 인형극분야, 아동예술분야
합격기준	40점 이상 / 100 만점 (동일과목 기본수준(학사급 이상), 절대평점 40%이상)
응시자격	[연령]20대 이상, [학력]전문학사 이상, [기타]본원의 정규반 3급 과정을 이수한 자
면제요건	해당없음

<table>
<tr><td>자격명</td><td>표현예술상담사(EAC)</td><td>민간 자격관리자</td><td>사)아트라이프다솜
(TEL.02-747-4763)
http://www.dasoma.or.kr/main.asp</td></tr>
<tr><td colspan="4">예술상담 이론에 대한 심층적 이해를 바탕으로 가정과 사회, 교육현장에서 상담적 도움이 필용한 일반인들에게 도움을 줄 수 있는 다양한 기법과 원리를 습득하고, 일상의 행복감을 일깨우는 창조적인 리더십과 전문상담사로서의 자질을 검정</td></tr>
</table>

1급	
직무내용	예술상담의 응용 이론과 적용법을 이해할 수 있고, 아동, 청소년, 여성, 가족, 이주민 등 다양한 대상을 위해 사회의 다양한 교육현장에서 다양한 기법과 원리를 습득하고, 임상현장 실습을 통해 창조적인 리더십과 전문상담사로서의 자질을 갖춤
검정과목	예술상담의 이론과 실제, 상담의 이론과 실제, 몸과 마음의 관계에 대한 심층적 학습, 대인관계 훈련법, 행복의 감수성 계발, 성숙한 상담사로서 자질 및 행복리더십 함양, 전문가 동반평가의 상담 참관 및 임상실습 6시간, 슈퍼비전 6시간
합격기준	0점 이상 / 0 만점 ((사)다솜여성가족문화예술협회가 주관하는 표현예술상담사 32시간 교육과정을 90%이상 이수하고 1급 필기시험 70점 이상의 점수를 획득하고 전문가 동반 평가의 참관 임상실습 6시간 및 슈퍼비전 6시간을 이수함)
응시자격	[연령]해당없음, [학력]해당없음, [기타]20세 이상 여성
면제요건	해당없음

2급	
직무내용	예술상담의 응용 이론과 적용법을 이해할 수 있고, 아동, 청소년, 여성, 가족, 이주민 등 다양한 대상을 위해 사회의 다양한 교육현장에서 다양한 기법과 원리를 습득하고, 임상현장 실습을 통해 창조적인 리더십과 전문상담사로서의 자질을 갖춤
검정과목	예술상담의 이론과 실제, 상담의 이론과 실제, 몸과 마음의 관계에 대한 심층적 학습, 대인관계 훈련법, 행복의 감수성 계발, 성숙한 상담사로서 자질 및 행복리더십 함양, 전문가 동반평가의 상담 참관 및 임상실습 6시간, 슈퍼비전 6시간
합격기준	0점 이상 / 0 만점 ((사)다솜여성가족문화예술협회가 주관하는 표현예술상담사 32시간 교육과정을 90%이상 이수하고 2급 필기시험 70점 이상의 점수를 획득함)
응시자격	[연령]해당없음, [학력]해당없음, [기타]20세 이상 여성
면제요건	해당없음

3급	
직무내용	예술상담의 응용 이론과 적용법을 이해할 수 있고, 아동, 청소년, 여성, 가족, 이주민 등 다양한 대상을 위해 사회의 다양한 교육현장에서 다양한 기법과 원리를 습득하고, 임상현장 실습을 통해 창조적인 리더십과 전문상담사로서의 자질을 갖춤
검정과목	예술상담의 이론과 실제, 상담의 이론과 실제, 몸과 마음의 관계에 대한 심층적 학습, 대인관계 훈련법, 행복의 감수성 계발, 성숙한 상담사로서 자질 및 행복리더십 함양, 전문가 동반평가의 상담 참관 및 임상실습 6시간, 슈퍼비전 6시간
합격기준	0점 이상 / 0 만점 ((사)다솜여성가족문화예술협회가 주관하는 표현예술상담사 32시간 교육과정을 90%이상 이수하고 3급 필기시험 70점 이상의 점수를 획득함)
응시자격	[연령]해당없음, [학력]해당없음, [기타]20세 이상 여성
면제요건	해당없음

자격명	실천예절지도사	민간자격관리자	(사)범국민예의생활실천운동본부 (TEL : 02-745-0921)
건전가정의례의 정착 및 지원에 관한 법률'에 따라 국가 및 지방자치단체가 주관하는 사회의례 및 의전 담당을 주관할 능력 및 전국 234개 향교(鄕校) 및 294개 유도회(儒道會) 지부를 통한 대민 교육을 담당할 능력을 검정			

등급없음	
직무내용	12144 (사)범국민예의생활실천운동본부 실천예절지도사 등급없음 "건전가정의례의 정착 및 지원에 관한 법률'에 따라 국가 및 지방자치단체가 주관하는 사회의례 및 의전 담당 전국 234개 향교(鄕校) 및 294개 유도회(儒道會) 지부를 통한 대민 교육
검정과목	경전, 예학론, 공통예절, 생활예절, 가정의례, 국가의전, 배례법시연, 작명례시연, 성년례시연, 혼인례시연, 수연례시연, 상장례시연, 제의례시연, 자세와소양 실무능력(면접)
합격기준	60점 이상 / 100 만점 (필기시험100점 만점에 60점 이상 실기시험100점 만점에 60점 이상 면접시험100점 만점에 60점 이상)
응시자격	[연령]해당없음, [학력]해당없음, [기타]필기시험 시행일을 기준으로 만 19세 이상인 내국인 및 외국인(단, 실천예절지도사 자격관리 규정 제37조 결격사유에 해당하는 자는 응시자격에서 제외됨)
면제요건	해당없음

「2016년도 예술강사 지원사업(2차)」

예술강사 활동 희망자 모집 안내

1. 사업개요

○ 지원기간 : 2016. 3월～12월(10개월)

○ 지원대상 : 전국 초 · 중 · 고등학교, 특수학교, 대안학교

※2016 예술강사 지원사업 1차 선정학교(8,777개교)는 제외

○ 지원교과 : 기본교과, 선택교과, 창의적체험활동(자율, 동아리, 봉사, 진로활동), 토요동아리, 초등학교 돌봄 동아리, 중학교 자유학기제(예술체육활동, 동아리활동)

※ 방과후학교 지원 불가

○ 지원내용 : 학교가 선택한 예술강사의 예술교육 프로그램을 지원

○ 지원분야 :

파견대상 학교	분야	비고
초중고등학교	음악(관현악 등), 미술(서예 · 한국화 등), 국악, 무용, 연극, 영화, 만화/애니메이션 사진, 공예, 디자인, 문학, 미디어아트 등	※ 기존 예술강사 지원사업 8개 분야 및 학교의 수요를 반영 ※ 분야 통합 및 세부전공을 특화한 교육계획 제안 가능

○ 모집방식 :

- 예술강사가 제안한 교육계획서(붙임2)를 기반으로 교육프로그램 안내 가이드북 제작
- 가이드북을 참고하여 학교가 원하는 강사의 배치를 신청

※ 학교의 배치 신청을 받은 예술강사에 한하여 활동가능(강사 선발 후 학교 미배치시 활

동이 불가하며, 별도 수당 지급 없음)

○ 모집인원 : 800명 내외

2. 신청자격(※1개 이상 요건 충족 시 지원가능)

분 야	학교교육과정	
	관련교과/창의적 체험활동	토요 동아리 / 초등 돌봄 동아리 / 자유학기제
국 악	○ 문화예술교육사 자격증 소지자 ○ 국악 관련학과 4년제 대학 졸업자 ○ 국악 관련학과 대학원 졸업자	○ 문화예술교육사 자격증 소지자 ○ 국악 관련학과 2년제 대학 졸업자 ○ 최근 10년 이상 국악 현장경력자
연 극	○ 문화예술교육사 자격증 소지자 ○ 연극 관련학과 4년제 대학 졸업자 ○ 연극 관련학과 대학원 졸업자	○ 문화예술교육사 자격증 소지자 ○ 연극 관련학과 2년제 대학 졸업자로서 졸업 후 현장경력이 2년 이상인 자 ○ 최근 4년 이상 현장경력자
영 화	○ 문화예술교육사 자격증 소지자 ○ 영화 관련학과 4년제 대학 졸업자 ○ 영화 관련학과 대학원 졸업자	○ 문화예술교육사 자격증 소지자 ○ 영화 관련학과 2년제 대학 졸업자로서 졸업 후 현장경력이 2년 이상인 자
무 용	○ 문화예술교육사 자격증 소지자 ○ 무용 관련학과 4년제 대학 졸업자 ○ 무용 관련학과 대학원 졸업자	○ 문화예술교육사 자격증 소지자 ○ 무용 관련학과 2년제 대학 졸업자로서 최근 2년 이상 현장경력자
만화 애니메이션	○ 문화예술교육사 자격증 소지자 ○ 만화 · 애니메이션 관련학과 4년제 대학 졸업자 ○ 만화 · 애니메이션 관련학과 대학원 졸업자	○ 문화예술교육사 자격증 소지자 ○ 만화 · 애니메이션 관련학과 2년제 대학 졸업자로서, 졸업 후 현장경험이 2년 이상인 자 ○ 만화 · 애니메이션 관련학과 3년제 대학 졸업자로서, 졸업 후 현장경력이 1년 이상인 자 ○ 최근 5년 이상 만화 · 애니메이션 현장 경력자
공 예	○ 문화예술교육사 자격증 소지자 ○ 공예 관련학과 4년제 대학 졸업자로서 최근 3년 이상 현장경력자 ○ 공예 관련학과 대학원 졸업자로서 최근 3년 이상 현장경력자	

사 진	ㅇ 문화예술교육사 자격증 소지자 ㅇ 사진 관련학과 4년제 대학 졸업자로서 최근 3년 이상 현장경력자 ㅇ 사진 관련학과 대학원 졸업자로서 최근 3년 이상 현장경력자
디자인	ㅇ 문화예술교육사 자격증 소지자 ㅇ 디자인 관련학과 4년제 대학 졸업자로서 최근 3년 이상 현장경력자 ㅇ 디자인 관련학과 대학원 졸업자로서 최근 3년 이상 현장경력자
음악 (관현악 등)	ㅇ 해당분야 문화예술교육사 자격증 소지자 ㅇ 서양음악 관련학과 4년제 대학 졸업자 ㅇ 서양음악 관련학과 2년제 대학 졸업자로서 2년 이상의 음악교육 경력자 ㅇ 서양음악 관련학과 대학원 졸업자
미술 (서예 · 한국화 등)	ㅇ 해당분야 문화예술교육사 자격증 소지자 ㅇ 미술 관련학과 4년제 대학 졸업자 ㅇ 미술 관련학과 2년제 대학 졸업자로서 2년 이상의 미술교육 경력자 ㅇ 미술 관련학과 3년제 대학 졸업자로서 1년 이상의 미술교육 경력자 ㅇ 미술 관련학과 대학원 졸업자
문학	ㅇ 시범사업 참여자에 한하여 지원가능
미디어아트	ㅇ 시범사업 참여자에 한하여 지원가능

《활동 제한 사항》

1) 성범죄 경력이 있는 자(아동 · 청소년의 성보호에 관한 법률 제56조)

2) 문화예술교육지원법 제27조의2(문화예술교육사)에 따른 결격 사유가 있는 자

1. 미성년자 · 금치산자 또는 한정치산자
2. 금고 이상의 형을 선고받고 그 집행이 종료되거나 집행을 받지 아니하기로 확정된 후 2년이 경과되지 아니한 사람
3. 금고 이상의 형의 집행유예를 선고받고 그 유예기간 중에 있는 사람
4. 법원의 판결 또는 법률에 의하여 자격이 상실되거나 정지된 사람

3. 신청방법

ㅇ 접수기간 : 2015. 12 .14(월) ~ 2015. 12. 27(일) 24:00까지 ※시간 엄수

ㅇ 신청방법 : 이메일 접수 (artistinschool@arte.or.kr)

※이메일 접수만 가능하며 증빙서류는 하기 내용 참고하여 우편 제출

ㅇ 문의 : applyarte@gmail.com

※이메일 문의만 가능하며 업무일 기준 문의 24시간 이내 답변 예정

4. 증빙서류 제출

ㅇ 제출 대상자 : 2016년 모든 지원자

ㅇ 제출서류

① 학부 및 최종학력 졸업(예정)증명서 1부 ② 학부 및 최종학력 성적증명서 1부
③ 교원자격증(자격취득 예정증명서) 사본 각 1부 (해당자에 한함)
④ 각종 경력증명서 사본 각 1부(해당자에 한함)
⑤ 공연실적증빙자료 사본 각 1부(해당자에 한함)
⑥ 기타 증빙자료 사본 각 1부(해당자에 한함)
⑦ 고용노동부의 재정지원 일자리사업 지침에 따른 취업취약계층에 해당하는 자는 증빙자료 각1부 (해당자에 한함, 별첨 참조)
⑧ 범죄경력조회서
⑨ 성범죄 경력 조회 동의서

*취업취약계층: ① 저소득층(최저생계비 150% 이하: 차차상위계층) ② 장애인 ③ 6개월 이상 장기 실직자 ④ 결혼이민자 ⑤ 북한이탈주민 ⑥ 여성가장 ⑦ 한부모가족지원법에 의한 보호대상자 등

※ 증빙자료가 제출되지 않은 학력 및 경력사항은 인정하지 않음

ㅇ 제출방법 : 등기우편으로 제출

ㅇ 제출기한 : 신청마감일 (2015. 12. 28(월)) 등기우편 소인까지 유효

○ **제 출 처** : (03965) 서울시 마포구 성산로 128 (성산동 275-3번지)
한국문화예술교육진흥원 3층 학교교육팀
예술강사 지원사업(2차) 담당자 앞(예술강사 지원서류 재중)

○ **신청방법** : 이메일 접수 (artistinschool@arte.or.kr) 후 증빙서류 우편 제출

○ **문의** : applyarte@gmail.com

※이메일 문의만 가능하며 업무일 기준 문의 24시간 이내 답변 예정

5. 선발 절차

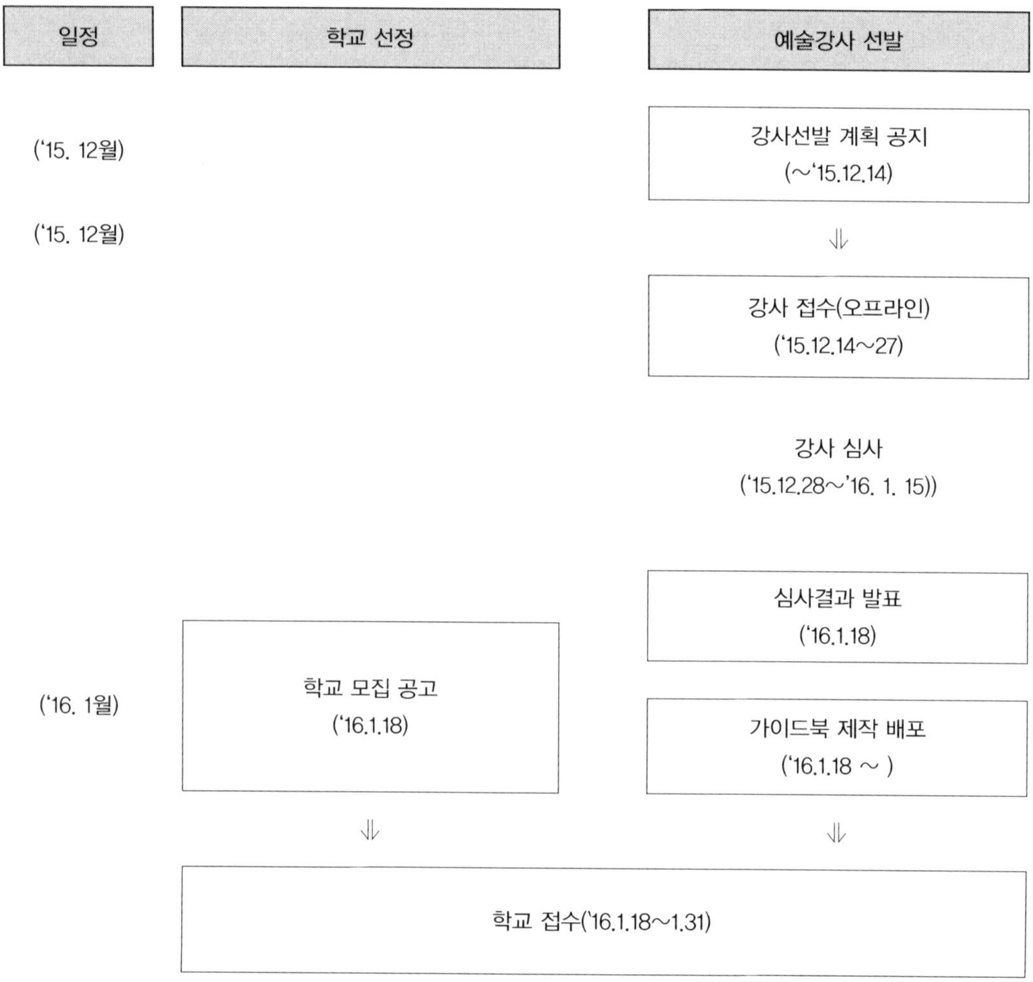

⇓

학교 선정 및 학교-강사 매칭결과 발표('16.2.5)

('16. 2월) ⇓

권역별 학교-강사 설명회('16.2.15~2.27)

⇓

('16. 3월) 학교-강사 프로그램 수행일정 협의/ 예술강사 학교 방문 교육

6. 심사방법 및 기준

구분	심사기준	비고
서류심사	○ 예술활동 경력 ○ 문화예술교육 프로그램 참여경력 ○ 교육계획서 정성 평가	※ 범죄경력조회서 및 성범죄 경력 조회 동의서
	※ 서류심사 시 고려사항 1) 경력사항 관련 - 최근 3년 이내의 것으로 인정 - (공통) 교육경력 중 학원, 문화센터 경력 제외 2) 우대사항 - 취업취약계층 증빙자료(별첨 참조) 제출 및 해당 내용을 충족하는 지원자는 서류심사 시 가산점 부여를 통한 선발 우대 - 문화예술교육사자격증, 교원자격증 소지자 소지자 대상 가산점 부여	

7. 예술강사 배치 및 조정

○ 배치방법 및 고려사항 :

- 서류심사 합격자 대상 예술강사가 제안한 교육계획서(붙임2)를 기반으로 교육프로그램 안내 가이드북 제작

- 가이드북을 참고하여 학교가 강사를 선택

※ 강사가 거주하는 시도내의 학교에 배치, 학교의 배치 신청을 받은 예술강사에 한하여 활동 가능

○ **활동조정 방법**

- 배치된 강사는 학교와 교육내용 및 일정을 협의하여 결정된 사항을 기준으로 계약 체결

○ **배치안내** : 1차 배치 결과 안내는 `16. 2월 5일(금) (예정)

8. 활동내용 및 지원사항

○ **교육활동 기간** : 2016년 3월 ~ 12월 (10개월 이내)

- 1개 학교별 1인 파견 기준
- 연간 최대 200시수 교육
- 세부일정은 배치된 시설-강사의 교육 계획에 따라 협의하여 진행

○ **교육장소** : 2016 예술강사 지원사업(2차) 선정학교

○ **예술강사 지원사항**

구분	지원 내용
공통	○ 강사비 : 1시간당 40,000원 ○ 교통 보조금 : 출강 회차당 지원 (우리원 지급기준에 의거) ○ 역량 강화를 위한 예술강사 선택연수 및 컨설팅 등 ○ 각종 기획사업 참여 기회 등
개별	○ 장애인 수당, 도서벽지 수당 등 ※「도서벽지교육진흥법」지역 시설 출강 시 도서벽지수당 10,000원 추가 지급 ※ 본인이 장애인 기준에 해당함을 증명할 경우 장애인보조금 수당 10,000원 추가 지급(복지카드, 장애인등록증 사본으로 증명)

9. 근로계약 개요

○ 사업기간 : 2016년 3월~12월

○ 계약기간 : 2016년 3월~12월 중 최초 출강일부터 최종 출강일까지

※ 예술강사별 배치된 학교의 교육계획에 따라 계약기간이 상이

※ 최종 배치 완료된 예술강사 대상 근로계약 추진 예정 (`16년 3월 중)

※ 강사비 지급의 경우, 각 계약주체가 강사에게 지급

○ 근로조건

- 신분 : 계약직 단시간 근로자 (연 10개월 미만, 월 60시간 미만)

- 보수 : 1시수당 40,000원 ※ 사업 운영기준에 따라 원거리 교통보조금 별도 지원

○ 3대 보험 적용 : 고용보험, 산재보험, 국민연금

○ 근무장소 : 전국 초 · 중 · 고등학교, 특수학교, 대안학교 등

※ 활동 관련 유의사항

○ (주소지 입력) 강사 접수 시 거주지 기준 시도내 학교에 배치를 원칙으로 함

○ (강사 교육활동계획 공개) 본 사업 '강사 지원'은 강사가 제출한 교육활동계획(교육분야, 교육계획서 등)을 공유하는 것에 동의하는 것으로 간주함

○ (역량강화) 선발강사는 오리엔테이션, 워크숍, 선택연수, 컨설팅 등에 적극 참여하는 등 역량강화를 위해 노력해야 함.

※ 관련 세부 일정은 추후 안내 예정

○ (사업 참여 제한) 공공부문 일자리 사업(희망근로, 공공근로 등)과 예술강사 활동 병행 불가. 국가 및 지방자치단체의 재정지원 일자리 사업 중복참여 불가. 단, 재정지원 일자리 사업의 경우에는 전일제가 아닌 시간제 내지 간헐적 사업으로 시간대가 중첩되지 않는 범위에서 가능

○ (범죄 경력조회 동의)

※ 아동복지법 제29조 3에 의거한 아동학대관련범죄 전력조회 및 아동 · 청소년의 성보호에 관한 법률 제56조에 의거한 성범죄 경력조회 동의

※ 형사사건으로 기소되고 형이 미확정된자의 경우 판결 등의 확정 전까지 교육활동 참여 제한

※ 활동 제한자 참고 사항

1. 미성년자 · 금치산자 또는 한정치산자
2. 금고 이상의 형을 선고받고 그 집행이 종료되거나 집행을 받지 아니하기로 확정된 후 2년이 경과되지 아니한 사람
3. 금고 이상의 형의 집행유예를 선고받고 그 유예기간 중에 있는 사람
4. 법원의 판결 또는 법률에 의하여 자격이 상실되거나 정지된 사람

10. 향후 일정

- ㅇ 예술강사 활동 희망자 및 학교 대상 사전 사업설명회 : 2015. 12. 14(월) ~ 27(일)

  ※ 권역 별 추진, 별도 공지 확인 필요

- ㅇ 서류심사 결과 공지 : 2016. 1월 18일(월) (예정)
- ㅇ 선정결과 및 배치결과 발표 : 2016. 2월 5일(금) (예정)
- ㅇ `16년 활동 학교교사 대상 오리엔테이션 : 추후 안내(예정)

  ※ 상기일정은 교육진흥원의 사정에 의해 변경될 수 있음

※ 별첨 : 취업취약계층 범주 및 확인방법

<table>
<tr><th>구 분</th><th>대상자 확인 시 참고할 수 있는 자료</th></tr>
<tr><td>저소득층</td><td>• 가구원수별 건강보험료 부과액(납입액) 한도('15년)
<table>
<tr><th>구 분</th><th>1인가구</th><th>2인가구</th><th>3인가구</th><th>4인가구</th><th>5인가구</th></tr>
<tr><td>15년 최저생계비</td><td>617,281</td><td>1,051,048</td><td>1,359,688</td><td>1,668,329</td><td>1,976,970</td></tr>
<tr><td>최저생계비 150%</td><td>925,922</td><td>1,576,572</td><td>2,039,532</td><td>2,502,494</td><td>2,965,455</td></tr>
<tr><td>직장 보험료(노인장기요양보험료포함)</td><td>30,326</td><td>51,536</td><td>66,275</td><td>80,957</td><td>96,610</td></tr>
<tr><td>지역 보험료(노인장기요양보험료포함)</td><td>7,171</td><td>28,618</td><td>52,147</td><td>77,333</td><td>97,891</td></tr>
</table></td></tr>
<tr><td>장애인</td><td>• 장애인증명서, 복지카드, 상이군경회원증, 장애진단서(전문의)</td></tr>
<tr><td>6개월 이상 장기 실직자</td><td>• 고용센터, 지방자치단체 또는 국가나 지방자치단체가 고용촉진을 위한 사업을 위탁한 민간 취업알선기관에 구직을 신청한 날부터 기산하여 6개월 이상 실업상태에 있는 자
• 구직등록 여부 및 고용보험가입 이력조회
• 20세~35세 청년으로서 최근 6개월 이내에 대학 등 교육기관 재학생이 아니고, 고용된 사업장에 사실이 없으며, 구직등록을 마친 자</td></tr>
<tr><td>결혼이민자</td><td>• 국적 취득 전: 외국인등록증(F2 또는 F-5, F-6비자)
• 국적 취득 후: 가족관계등록부의 혼인관계증명서</td></tr>
<tr><td>북한이탈주민</td><td>• 북한이탈주민 등록확인서</td></tr>
</table>

<table>
<tr><td rowspan="12">여성가장</td><td>구분</td><td colspan="2">첨 부 서 류</td></tr>
<tr><td>배우자 無</td><td colspan="2">• 가족관계등록부
• 부모가 근로능력 없음을 증명하는 서류(해당자에 한)</td></tr>
<tr><td rowspan="10">배우자 有</td><td>가출 · 행방불명</td><td>실종신고서</td></tr>
<tr><td>장애</td><td>장애인등록증, 국가유공자증명서, 장해급여지급통지서 중 1</td></tr>
<tr><td>질병</td><td>의사의 진단서</td></tr>
<tr><td>군복무</td><td>복무확인서</td></tr>
<tr><td>학교 재학</td><td>재학증명서</td></tr>
<tr><td>교도소 입소</td><td>수용증명서, 형확정판결문</td></tr>
<tr><td>구직등록후 6개월 이상 실업상태에 있는 배우자</td><td>직업안정기관(고용센터) 또는 자치단체 장의 확인서</td></tr>
<tr><td>이혼소송 제기</td><td>이혼소송확인서</td></tr>
<tr><td>기타 가족 생계 부양</td><td>통 · 반장의 확인서(검토)</td></tr>
<tr><td colspan="2"></td></tr>
<tr><td>한부모가족 지원법에 의한 보호대상자</td><td colspan="3">• 한부모가족 증명서(읍면동 발급)</td></tr>
</table>

※ 상기 '취업취약계층 범주 및 확인방법'은 고용노동부의 「15년 재정지원 일자리사업 중앙-자치단체 합동지침(2014.12)」내용 중 일부를 발췌한 내용이며 기타 자세한 내용은 해당 지침을 참고하기 바라며 각 증빙자료 발급 방법 등은 고용노동부 등 관련부처에 문의

〈붙임1〉

「2016 학교 예술강사 지원사업」 추가모집

예술강사 지원신청서

<table>
<tr><td>강사 번호</td><td>*일련 번호는 운영기관에서
별도 부과</td><td rowspan="9">사진</td><td rowspan="9"></td></tr>
<tr><td>강 사 명</td><td></td></tr>
<tr><td>전화번호
(핸드폰)</td><td></td></tr>
<tr><td>주민번호</td><td></td></tr>
<tr><td>이메일</td><td></td></tr>
<tr><td rowspan="2">문화예술교육사
자격증</td><td>□ 유 □ 무</td></tr>
<tr><td>증명서번호 (　　　)</td></tr>
<tr><td rowspan="2">교원자격증
(중등교원2급이상)</td><td>□ 유 □ 무</td></tr>
<tr><td>증명서번호 (　　　)</td></tr>
<tr><td rowspan="6">학력사항</td><td>학교명</td><td>기간</td><td>세부전공(부전공) 및 기타</td></tr>
<tr><td>(　　　) 고등학교</td><td></td><td></td></tr>
<tr><td>(　　　) 대학교</td><td></td><td></td></tr>
<tr><td>(　　　) 대학원</td><td></td><td></td></tr>
<tr><td></td><td></td><td></td></tr>
<tr><td></td><td></td><td></td></tr>
<tr><td>지원 교육대상</td><td>□ 초등 □ 중·고등</td><td></td><td></td></tr>
<tr><td rowspan="2">지원분야
(세부전공 기재)</td><td rowspan="2">□ 국악 (　　　)
□ 음악 (　　　)
□ 미술 (　　　)
□ 연극 (　　　)
□ 영화 (　　　)
□ 무용 (　　　)
□ 만화/애니메이션 (　　　)
□ 공예 (　　　)
□ 사진 (　　　)
□ 디자인 (　　　)
□ 문학 (　　　)
□ 미디어아트 (　　　)</td><td>교과연계
* 중복체크 가능</td><td>□ 기본교과
□ 선택교과
□ 창의적체험활동
□ 자유학기제
□ 토요 · 돌봄동아리</td></tr>
<tr><td>통합교육
가능분야
*중복체크 가능</td><td>□ 국악 □ 음악
□ 미술 □ 연극
□ 영화 □ 무용
□ 공예 □ 사진
□ 디자인 □ 만화/애니메이션
□ 문학 □ 미디어아트
□ 기타 (　　　)</td></tr>
</table>

거주지 *실거주지 주소 기재 *전입세대열람원 증빙 예정	

주의사항

1. 강사 주소는 주민등록등본상(전입세대열람원)의 주소와 반드시 동일하여야 하며, 학교 배치 후 주민등록등본(최근 30일 이내)상의 주소와 일치하지 않은 경우 활동 불가
2. 주민등록등본(전입세대열람원) 외 파일(가족관계증명서, 운전면허증, 부동산임차계약서 등) 인정 불가
3. 대학(원) 졸업예정자로서'16년 2월에 자격증 취득예정자는 해당학교에서 예정증명서를 발급 받은 후 기재 및 제출

자기소개서 및 지원동기	
예술활동 경력	
문화예술교육활동 경력	

2016 학교 예술강사 지원사업 추가모집

예술강사 교육계획서

1. 기존 교육경험

1) 교육개요

구분	주요내용
교육가능 교급	예시) 초등학교 저학년 / 8~9세
교육가능 기간	예시) 2015년 3월~9월
교육방향	
주요 교육내용	

※ 다수의 경험이 있는 경우 1개의 사례(연도 무관)에 대해 심도 있게 작성 필요

2) 교육 성과 및 효과 ※ 사례 중심, 구체적으로 기술

구분	주요 내용
참여자 및 관계자의 반응과 변화	○ ○
자신의 교육에 대한 평가와 변화	○ ○

2. 2016년 연간 교육계획서

※ 본인의 예술(창작)작업을 기반으로 계획

연간 교육주제	ㅇ 예시) '나의 몸 알아가기'	
기획의도 (※ 3~5줄 내외)	ㅇ 예시) 학생들과 함께 스스로 '몸'을 통해 상호 교감하는 방법을 이해하고 체육 수업에서 자연스럽게 녹아들 수 있는 작업을 진행하고자 함. 신체적 활동과 더불어 무언극을 통한 소통을 체험하게 됨	
기간	교육 내용	교육 회차
사전방문 (3월)	ㅇ (교육 전 학교 담당교사와 확인할 사항, 내용 등을 기재) ㅇ	
오리엔테이션	ㅇ (학생들과 공유하고자 하는 내용을 기재 / 연간 교육의 주제, 세부 진행 내용 등)	1
전반기	ㅇ (교육 주제, 주요 진행 내용을 기재) ㅇ ㅇ	예) 2~5
	ㅇ ㅇ ㅇ	예) 6~10
중반기	ㅇ ㅇ ㅇ	예) 11~20

후반기	○ ○ ○	예) 21~25

3. 1회차 교육계획안(※ 1회차 교육 계획 예시를 기재)

※상기 내용 관련 이미지 제출(가이드북 제작 시 활용 예정)

강 사 명		교육 소요시간	
분 야	예) 무용 (지원분야로 기재)	교육 대상 (연령대)	예) 초등(저학년) 예) 고등(전학년)

수 업 명	
수업주제	
교육 목표	○ (본인의 예술(창작) 작업을 기반으로 자신이 생각하는 문화예술교육 지향점이 ○ 드러나도록 기재)
기대효과 / 수업의 효과	○ ○
주요 교육내용	○ (내용을 간추려 주요 사항만 기재) ○ ○
수 업 내 용	
※필요시 작성란 확장 가능	
예상되는 유형 혹은 무형 결과물	
※필요시 작성란 확장 가능	
준비물 및 필요물품	
※필요시 작성란 확장 가능	
공간활용 계획	
※필요시 작성란 확장 가능	

성범죄 경력 조회 동의서

<table>
<tr><td rowspan="7">대상자</td><td rowspan="2">성 명</td><td colspan="3">한글</td></tr>
<tr><td colspan="2">한자</td><td>영문</td></tr>
<tr><td>주민등록번호</td><td>-</td><td>외국인인 경우: 국적과 여권번호 또는 외국인등록번호</td><td></td></tr>
<tr><td>주 소</td><td colspan="3"></td></tr>
<tr><td>전화번호</td><td>자택</td><td colspan="2">휴대전화</td></tr>
</table>

본인은 ㅇㅇ기관(시설)(예: 유치원, 어린이집, 아동복지시설, 청소년쉼터, 청소년활동시설, 의료기관 등) 취업자(취업예정자)로서, 「아동 · 청소년의 성보호에 관한 법률」 제56조 및 같은 법 시행령 제25조에 따른 성범죄경력 조회에 동의합니다.

년 월 일

동의자 (서명 또는 인)

______경찰서장 귀하

유의사항
대상자가 외국인인 경우 한글 · 영문의 성명, 국적과 함께 여권번호 또는 외국인등록번호를 적습니다.

210㎜×297㎜[백상지 80g/㎡(재활용품)]

참고문헌

〈 단행본 〉

과학백과사전출판사(1972), 「문화예술사전」, 과학백과사전출판사
교육부(2015), 「2015 개정 교육과정」, 교육부 보도자료 2015.9.23.
김매자(2003). 「한국의 춤」. 서울:대원사
김방옥(1984). 「유치원 유아원 교사를 위한 유아무용교육」. 서울:학문사
김애순(2001), 「청년기 갈등과 자아이해」, 시그마프레스
김영실, 홍예주(2004). 「아동무용개론」. 서울:해란
김화순 외(2013), 「무용교육론」, 한학문화
메들린 배리(1993), 「몸으로 드리는 예배, 조계인 옮김」, 나침반
무용교육연구회 편. 현희정 역(1997). 「무용학 강의」. 서울:보진재
무용교재 연구회(2011), 「초등학교 무용 교수-학습자료」, 한국문화예술교육진흥원
문애령(2001), 「대중성과 예술성의 대립과 조화」, 한국문화예술진흥원
문화체육관광부, 「문화체육관광부 동향/연구보고서, 문화향수 실태조사」, 2000~2014
박순자(2004), 「21세기 기독교적 무용의 접근」, 서울 : 금광
박순자(2012), 「성서에 의한 무용창작의 완성과 조건」, 스포츠북스
박승원 외(1997), 「유아무용」, 아이앤지북원영신(2006), 「유아체육지도와 움직임」, 대경북스
박형근·김일중(2014), 「문화예술교육사를 위한 교육학개론」, 신정
방정미(1976). 「교육무용원론」. 보신문화사
배소심, 김영아(1999). 「서양무용사」. 서울:금광
변학수, 엄옥자공저(1992). 「어느 무용가의 미관」. 서울:하나미디어
소림신차(1990), 「무용미학」, 김경자, 정화자역, 고려원
송수남(1983). 「교육무용개론」. 녹원출판사
송수남(1989). 「한국무용사」. 서울:금광
송종건(1998), 「무용학원론」, 도서출판 금광
송종건(2003). 「무용의 비평적 지평」. 서울:한학문화
송종건(2005). 「무용예술의 비평적 조망」. 서울:금광
심성경 외(2007), 「유아를 위한 동작교육의 이론과 실제」, 서울:학지사
심정민(2001) .「서양무용비평의 역사」. 서울:삼신각

심정민(2004). 「무용비평이란 무엇인가」. 서울:삼신각
심정민(2007). 「21세기 전화기의 무용 변동과 가치」. 서울:현대미학사
양종회(2006). 「문화예술사회학」. 서울:그린
유정아(2003), 「실천을 위한 교육학 개론」, 교육과학사
육완순(1987), 「안무」, 이화여자대학교출판부
이정표·권영신(2008), 「교육학개론」, 교육과학사
이종록(2006), 「성서로 읽는 디지털시대의 몸 이야기」, 책세상유안진(2002), 「아동발달의 이해」, 운음사
이찬주(2007). 「춤예술과 미학」. 서울:금광
장 조르주 노베르(1987). 「무용가에게 보내는 노베르의 편지」. 육완숙 역, 서울:금광미디어
정옥분(2004), 「발달 심리학」, 학지사
정은혜(2001). 「무용원론」. 서울:대광문화사
조벽(2004), 「나는 대한민국의 교사다」, 해남출판사
진 에드워드 비이스(1994), 「그리스도인에게 예술의 역할은 무엇인가」, 나침반
최보가(2000), 「영유아의 발달」, 정림사
톨스토이(1989), 「예술이란 무엇인가」, 이철 번역, 범우사
한국문화예술교육진흥원(2014), 「2014 예술강사 교육활동 및 운영학교 협조도 평가안내(예술강사용)」
허순선(1985), 「유아무용」, 도서출판 금광
호리 신이치로(2008), 「자유와 교육이 만났다, 배움이 커졌다」, 민들레
황상호(2006), 「한 권에 담은 무용이야기」, 도서출판 미건사
C. 작스(1983), 「세계무용사, 김매자(역)」, 도서출판 풀빛
CHANGMU ARTS CENTER, 「몸」, 2015년 3월호
Copeland, R. and Cohen, M(1983), 「What is Dance」, Oxford:oxford unive. Press
Janet Kestenberg Amighi 외(1999), 「The Meaning of Movement」, N.V. Published by license under the Gordon Breach Publishers imprint
Loman, S.(2007), 「KMP Workshop -Kestenberg Movement Profile」, 한국댄스테라피협회 국제 무용/동작치료 Workshop 자료집
Susan Leigh Foster(1988), 「Reading Dancing」, University of California Press5
Susanne Langer(1979), 「Feeling and Form」, London:Goutledge

Theresa M. Purcell(1994). 「어린이들을 위한 무용교육 훌륭한 지도자가 되기 위한 지침서」, 김두련 역(2001). 서울:금광

〈 논문 〉

강미리(2015), 「무용지도자의 리더십 역량 강화를 위한 기독교적 리더십의 적용」, 숙명여자대학교

강미선(1986), 「무용수의 스트레스에 관한 진단 연구」, 이화여자대학교

구교선(2012), 「무용 지도자의 리더십 유형별 지도 신뢰성 및 무용활동 몰입에 미치는 영향」, 동국대학교

권경화(1999), 「학습수행효과를 위한 대학 무용과의 교과과정과 시설, 설비 환경에 관한 연구」, 숙명여자대학교

김미주(2012), 「유아무용교육 현황의 연구동향 및 발전방향」, 숙명여자대학교

김수연(2015), 「대학무용교육에서 비실기교과 현황 및 향후 이론전공생 배출의 필요성에 관한 연구」, 숙명여자대학교

김성은(2015), 「톨스토이의 예술사상을 바탕으로 한 창의력 움직임 무용」, 숙명여자대학교

김수진(2015), 「기독교 예술관을 적용한 무용예술의 방향」, 숙명여자대학교

김이경(1996). 「무용교육의 질적향상을 위한 교육과정 개선방안에 관한 연구」, 숙명여자대학교

김인숙(2000), 「무용/동작치료활동을 통한 영아와 부모간의 상호 작용에 관한 연구」, 숙명여자대학교

김인숙·박순자(2014), 「KMP의 "Tension flow rhythms"를 적용한 유아율동심리교육 프로그램 모형개발」, 한국무용교육학회 25권4호

김지현(2003). 「대학 무용과생의 이론교육에 대한 인식. 미간행 석사학위논문」, 숙명여자대학교

김혜정·김보라(2013), 「무용지도자와 학생의 상호작용이 무용성취 동기 및 미래포부에 미치는 영향」, 한국무용기록학회지, Vol.29

도정님(2004), 「발레뤼스 안무가들의 안무적 특성에 관한 연구」, 淸大學術論集(The Journal of Sciences and Arts), Vol.4 No.-

박귀남(2012), 「초등학생을 위한 한국무용 몸풀이 프로그램에 관한 연구」, 숙명여자대학교

박순자(1996), 「한국여성의 평생교육과 무용의 관계」, 아시아여성연구 85-118

박윤희(2012), 「무용전공대학생의 취업환경변화에 따른 교과과정의 개선방안」, 숙명여자대학교

박혜은(2012), 「무용전공 대학생이 인식하는 '좋은 지도자'의 유형과 특성」, 단국대학교

박황숙(1986), 「기독교 전통과 무용 : 성서 안에서의 무용을 중심으로」, 이화여자대학교

서용석(1999), 「무용실기학습성취도를 높이기 위한 지도자 리더쉽에 관한 연구」, 경희대학교
손경순(1982), 「무용교육의 필요성과 무용교육과정 모형설계의 방향 모색」, 한국무용연구제1집
송혜순(2009). 「사적흐름으로 본 한국 고대 춤의 종교적 양상」. 무용예술학연구 26 봄
신은경(2004). 「21C 대학 무용교육과정을 위한 패러다임 연구」. 한국무용교육학회, 15(2), pp. 113-127
신지혜(1999), 「여자무용전공자들의 적성 및 직업 선호도 분석」, 숙명여자대학교
안비화(2012), 「다문화사회 아동을 위한 합창무용교육 프로그램」, 숙명여자대학교
양진숙(1993), 「무용수를 위한 심리적 기술훈련」, 숙명여자대학교
이현아(2010), 「발레수업이 초등학생의 정서발달에 미치는 영향」, 숙명여자대학교
장유빈(2012), 「대학무용교육에서 융합교육의 필요성」, 숙명여자대학교
조선의(2016), 「선교사역을 위한 기독교무용 지도자의 리더십」, 숙명여자대학교
조영인(2012), 「융합적 무용교육을 위한 교육과정 개선방안에 관한 연구 : 국내대학 무용학과를 중심으로」, 중앙대학교
최경희(1999), 「한국대학 무용(학)과의 특성화를 위한 교육과정 개발에 관한 연구」, 이화여자대학교
최의창(2011). 「댄스리터러시 혹은 무용소양 -문화예술교육으로서의 무용교육의 목적 재검 토」. 한국무용기록학회, 21
최지영, 김영은, 문소미(2003). 「삼국 및 통일신라시대 무용에 관해」. 서강대학교 교육대학원. Vol.-No.1. P104~123
탁지현(2014), 「문화예술교육 지원사업에 대한 예술강사 인식에 관한 연구」, 한국무용교육학회 25권3호
한국무용교육학회(2014). 「무용교육:학문의 경계를 넘어 교육의 접경으로」
한국무용사학(2006). 「한국무용사학」. 한국무용사학회, 5
한국춤비평가협회(2012), 「춤비평」, Vol.31 2012(II)

〈 인터넷 〉

국립무용단의 단의 표절시비 검색, blog.daum.net/toanova/51
교육통계서비스. (인터넷 검색한 날짜 2012. 12. 6.). http://cesi.kedi.re.kr/index.jsp
취업스트레스 '청년자살' 이대로 둘 것인가, www.suicide.or.kr/bbs/board.php?bo_table=press_room

교육무용의
이론과 실제

박 순 자 교수 프로필

숙명여자대학교 무용과 교수
숙명여자대학교 평생교육원 선교무용반 교수
한국기독교무용학회 회장
한국무용예술학회 이사
한국무용교육학회 이사
사) Argon Dance Association대표

〈학력〉

숙명 여자 대학교 체육학과 졸(무용 전공)
숙명 여자 대학교 대학원 체육학과 졸(무용 전공)
중앙총회신학원대학교 M.Div과정 졸

◎ 논문

무용예술의 발전을 위한 대학무용교육의 방향 제시(2013)
잠언의 분석과 기독무용인의 자세(2012)
무용의 미적가치관 변화의 필요성(2009)
크리스천댄스의 사적 고찰과 그 유형에 관한 연구(2005)
기독교적 관점에서의 무용치료의 가능성(2003)
동.서양 무용사를 통한 여성무용가 출현의 사회적 배경과 영향(2001)
무용교육에 있어서 선교의 필요성(2000)

◎ 저서

성서에 의한 무용창작의 완성과 조건(2012), 스포츠북스
21세기 기독교적 무용의 접근(2004), 도서출판 금광
좋은 춤 만들기(2001), 프레이즈
좋은 춤 추기(2001), 프레이즈
아름다운 춤, 성령의 춤(2001), 프레이즈

◎ 공연

제19회 박순자의 춤 춤으로 받으소서「70년, 희년의 춤」 워싱턴 공연
제18회 박순자의 춤 춤으로 받으소서「생명... 만남」 공연
2015년 종교문화축제 기독교무용 공연 참가

◎ Festival 기획

2015년 제4회 Argon Dance Festival
2015년 제11회 대한민국선교무용축제

◎ 수상

제5, 6회 대한민국 무용제 참가 (5회 안무상 수상)
2009 문화예술선교대상-한국기독교총연합회 문화예술위원회
2011 시사투이데 선정 올해의 신한국인 교육인 대상

교육무용의 이론과 실제

초판 인쇄 2025년 6월 17일
초판 발행 2025년 6월 25일

저자 김두련
펴낸이 김태헌
펴낸곳 토담출판사

주소 경기도 고양시 일산서구 대산로 53
출판등록 2021년 9월 23일 제2021-000179호
전화 031-911-3416
팩스 031-911-3417